古典文獻研究輯刊

三三編

潘美月・杜潔祥 主編

第 33 冊

元代墓碑文研究（上）

范雪琳 著

國家圖書館出版品預行編目資料

元代墓碑文研究（上）／范雪琳 著 -- 初版 -- 新北市：花木
蘭文化事業有限公司，2021〔民110〕
目 4+192 面；19×26 公分
（古典文獻研究輯刊 三三編；第 33 冊）
ISBN 978-986-518-649-4（精裝）
1. 碑文 2. 研究考訂 3. 元代
011.08   110012111

ISBN-978-986-518-649-4

9 789865 186494

古典文獻研究輯刊
三三編　第三三冊　　　　　ISBN：978-986-518-649-4

元代墓碑文研究（上）

作　　者　范雪琳
主　　編　潘美月、杜潔祥
總 編 輯　杜潔祥
副總編輯　楊嘉樂
編　　輯　許郁翎、張雅淋、潘玟靜　美術編輯　陳逸婷
出　　版　花木蘭文化事業有限公司
發 行 人　高小娟
聯絡地址　235 新北市中和區中安街七二號十三樓
　　　　　電話：02-2923-1455 ／傳真：02-2923-1452
網　　址　http://www.huamulan.tw 信箱 service@huamulans.com
印　　刷　普羅文化出版廣告事業
初　　版　2021 年 9 月
全書字數　326349 字
定　　價　三三編 36 冊（精裝）台幣 90,000 元

元代墓碑文研究（上）

范雪琳　著

作者簡介

范雪琳（1990.10～），女，漢族，2009 年考入北京大學中國語言文學系古典文獻專業，2013 年畢業後進入北京師範大學就讀，2019 年自北京師範大學文學院古典文獻專業畢業。博士畢業後工作於中國國家圖書館，從事古籍保護相關工作，現為館員。曾發表《論先塋碑在元代的興盛與衰落》《論新塋碑在元代的興起與衰落》等文章。

提　　要

　　墓碑文作為中國古代重要的文體之一，自先秦產生以來，在漢代、唐宋出現了兩個發展巔峰，元代碑文上承唐宋，下啟明清，又因其獨特的社會文化背景而有其特色所在，本文分為上下兩編，上編是元代墓碑文綜合研究，下編則是個案研究。緒論部份筆者簡要梳理了元代墓碑文獻的創作、收錄、現存概況，並對近年以來學界關於元代碑文的研究進行了分析。第一章中，筆者先整理了墓碑文自起源至元前的發展特點，也對元代碑文的文體等進行了介紹，探討了《金石例》與元代碑文之間的關係。在第二章，筆者通過梳理碑文之中關於元代社會生活相關記載，具體分析碑文所反映的獨具特色的元代社會文化，並以此說明其文獻價值。第三章筆者主要關注了元代墓碑文的文學價值，元代碑文受到了當時復古文風等因素的影響，又成為了史料的載體之一；而在刻畫人物、敘事等角度，元代則繼承了唐宋以來的寫作方式。第四章筆者探討了元代碑文中所蘊含的思想觀念，理學的廣泛傳播使得「忠孝節義」觀念再次得到了強化，碑文教化功用也為元人所重視。第五章是個案研究，筆者選取了姚燧、虞集、歐陽玄、蘇天爵與危素五人，以他們的作品為例，來分析其碑文在寫作手法、藝術風格等方面的特點。結語部份主要是對於元代碑文創作成就的整體總結。

目

次

緒　論

第一節　選題緣起

　　碑文是一種以石碑為載體的實用性文體。《說文解字》中將「碑」釋為「豎石也」，是從碑的形制來進行說明的，早期的碑是銘文的載體，主要是銘記功德之用，直到秦漢才成為一種獨立的文體。隨著碑文的發展，其與銘文逐漸脫離，而功用也有所擴展，魏晉南北朝時因禁碑政策而迅速發展的墓誌，與碑文逐漸融合，成為了「碑誌」一類文體。但是「碑誌」作為一個廣義的概念，又可以根據不同的標準來進行劃分，褚斌傑在《中國古代文體概論》中就根據內容與用途將其分為紀功碑文、宮室廟宇碑文和墓碑文。本文中所要討論的就是墓碑文一類，即有銘有序、有序無銘、有銘無序，可幽埋於地下或立於地上，對墓主身份、生平、家族世系等內容進行書寫的文章，具體包括了神道碑、墓碑、墓誌銘、墓碣等等小類。

　　漢代是墓碑文創作的第一個高峰期，蔡邕的作品確定了墓碑文創作前序後銘的體制和逐節敷寫的規範，魏晉時期的墓碑文也基本延續了蔡邕確立的文章佈局，《文心雕龍·誄碑》中就曾經提到過「其序則傳，其文則銘。標序盛德，必見清風之華；昭紀鴻懿，必見峻偉之烈：此碑之制也。」〔註1〕雖然有禁碑政策的影響，但是墓誌銘卻由此得到了發展，到了唐代，墓誌銘已經是佔據墓碑文大半江山的重要文體小類，宋、元兩代的碑文組成也繼承了這一特點。

〔註 1〕〔梁〕劉勰：《文心雕龍》，陸侃如、牟世金譯註，齊魯書社，2009 年，頁 212。

　　唐初，南北朝的文風依然持續。初唐四傑等人的墓碑作品仍不脫蔡邕、庾信影響，以駢體為碑，而陳子昂的墓碑文創作雖有意散化，但仍然局限於蔡、庾的章法佈局之中。張說、王維、顏真卿等作家的墓碑文創作雖成果頗豐，但是從文體角度來說，並未使墓碑文的駢儷化從根本上發生改變。墓碑文真正的變革是在唐代中期，由韓愈、柳宗元等人所倡導的古文運動興起，對許多文體進行了改革與開拓，墓碑文就是其中之一，韓愈將史傳手法引入墓碑文創作，打破了原有的由蔡邕所建立的書寫格局，以散體進行創作，以事寫人，並多加議論；柳宗元則改進了墓碑文的題名，豐富了墓碑文下的小類。宋代歐陽修等人繼承了韓、柳的改革成果，提倡古文反對駢文，他將韓愈所引入的「史家手法」加以發展，曾鞏、王安石、蘇軾等人也在此基礎上有所發揮。唐、宋兩代的文體變革對元代墓碑文創作產生了非常深刻的影響，可以說，墓碑文發展到元代，已經是一種相當成熟的文體。

　　公元 1206 年鄂嫩河大會上，鐵木真被尊號為「成吉思汗」，大蒙古國宣告成立，此後數十年間，蒙古與金人交鋒不斷。金哀宗天興三年（1234），蒙古人滅金，統一了北方地區，並將目光轉向了偏安一隅的南宋王朝。忽必烈登基後，將國號改為「大元」，以示承繼中原正統。南宋德祐二年（1276），元兵攻入臨安，宋室歸降，三年後南宋流亡政權覆滅，至此，元人結束了多個政權並立的局面，實現了「大一統」。元代是我國歷史上一個非常特殊的朝代，蒙古鐵騎的強大力量使得其幅員空前遼闊，官方的大力支持令經濟得到了發展，商業繁榮更勝以往，不同的民族文化、不同的宗教之間相互交融，理學成為了官方學術代表，並得到了廣泛傳播。但伴隨著這些的，是各種社會矛盾的逐漸凸顯：雖然漢化是主要趨勢，但四等人與區別取士等制度的實行加深了各個民族之間的矛盾，時斷時續的科舉令大量儒生被迫轉向其他行業，皇位的頻繁更迭令元代中後期的政權不穩，施政措施的不斷反復、地位低下再加上經濟的盤剝，造成了底層人民生活困苦，相應的反抗戰爭從未停止。順帝至正二十八年（1368），明軍佔領大都，蒙古皇室倉皇北逃，也標誌著元王朝的終結。

　　在這樣具有特色的時代背景下所成長起來的元代文學，自然也對其別具一格的社會風貌有所展現，元代墓碑文可以說是在繼承前人的基礎之上又有所發展、變化。本文的寫作目的，意在釐清現存的元代墓碑文文獻概況，並

在此基礎之上對於其文體的發展，碑文的文獻價值、文學價值與思想價值以及元代墓碑文代表作家進行研究，以此來梳理出元代墓碑文的成就及其在整個墓碑文發展史上的地位。

第二節　元代現存墓碑文概況

一、元代現存墓碑文獻概況

元代的墓碑文主要依靠兩種載體流傳，一是傳世的紙質文獻，包括金石目錄、作者別集、文學總集、地方志等等，二是出土石刻，這是由於墓碑文獨特的文獻載體決定的。傳世的紙質文獻主要有以下幾種：

一是金石目錄。碑刻著錄大約是自宋代開始有專書出現，但元明時相關作品較少，至清代而大盛。現存大部份收錄元代碑刻的目錄多為清人所作，此處僅就幾種有代表性的、載錄元碑較多的作品進行簡要說明。

《元碑存目》。《元碑存目》一卷，清黃本驥編次，劉世珩校刊，黃本驥另有《金石萃編補目》三卷，根據卷首序言，《金石萃編》只錄至宋代為止，而元碑亦有如歐陽玄之文、趙孟頫之書法，而後世可取，因此「就荷翁所已採者另為元碑存目」，附於其所作的《金石萃編補目》之後。序言中稱元代是自蒙古至元十六年始，至正二十七年為止，但實際收錄分為「蒙古」、「元」兩期，所收碑刻可以判斷時間者，自太宗十年始，至至正二十五年為止，按照時間順序排列。所收作品並不僅限於碑刻，題名等也收入其中，共有 320 條，每條列碑名、時間、地點，不錄碑文。此書有《聚學軒叢書》本，收於《叢書》第三集中，《石刻史料新編》即採用此本，此外嶽麓書社曾出版《黃本驥集》〔註2〕，其中也收錄了《元碑存目》一書。

《寰宇訪碑錄》。《寰宇訪碑錄》十二卷，清孫星衍、邢澍合撰。此書著錄自周至元的金石碑刻，按朝代分列，每種碑石著明撰者、書體、時間以及所在地、拓本收藏等信息，個別碑刻之下有簡略提要，但不錄碑刻全文。《寰宇訪碑錄》共收錄元代碑刻 1893 種，其中有墓碑文 247 種。此書有初刻本、嘉慶十七年《平津館叢書》本、朱氏重刊本、《行素草堂金石叢書》本、《叢書集成初編》本以及《國學基本叢書》本，其中前兩種質量最好，但後二種最易

〔註 2〕〔清〕黃本驥：《黃本驥集》，嶽麓書社，2009 年。

得。《寰宇訪碑錄》一書價值很高，影響較大，後世刊誤、補遺的作品也較多，如羅振玉《寰宇訪碑錄刊誤》一卷、劉聲木《續補寰宇訪碑錄》二十五卷等，對此今人已有研究作品〔註3〕。

二是各類金石志。金石志的編纂自歐陽修《集古錄》開始，至清代而盛，是我們整理、輯佚碑刻文獻的重要參考依據，如清代畢沅與阮元合作而成的《山左金石志》，此書蒐羅廣泛，錄有元代墓碑文128篇，體制成熟，前有目錄，後有碑文全文，是收集元代墓碑文的重要來源之一。目前比較收錄金石志較多的當屬臺灣新文豐公司出版的《石刻史料新編》。《新編》分為四輯，共收錄1096種金石史料，分為一般類、地方類、目錄題跋類、考證類等類別，但是此書的一大缺陷在於對某些史料的版本來源並沒有進行說明，因此在使用時或許有些不便。

三是文人別集。元代保存墓碑文作品較多的別集有元好問《遺山集》（97篇）、姚燧《牧庵集》（94篇）、吳澄《吳文正公文集》（204篇）、程鉅夫《雪樓文集》（104篇）、虞集《道園類稿》及《道園學古錄》（158篇）、黃溍《金華黃先生集》及《黃文獻公集》（187篇）、蘇天爵《滋溪文稿》（94篇）等，這也是元代墓碑文最主要的來源。

四是文學總集。收錄元代墓碑文較多的文學總集當屬蘇天爵所編《元文類》，共收錄墓碑作品十八卷125篇，其中墓誌一卷，墓誌銘三卷，墓碣一卷，墓表一卷，神道碑十二卷，從篇數來看，則有墓誌10篇，墓碣12篇，墓表12篇，墓誌銘21篇，神道碑70篇。《元文類》中保存了部份文集失收篇目，如元好問的《故金漆水郡侯耶律公墓志銘》一文，存世的數個版本《遺山集》中均未收錄此篇，但元好問「以碑存史」的觀念其實就是在這篇《耶律公墓志銘》中明確提出的，因此這篇碑文是我們研究元好問史學思想、墓碑文創作理論的重要依據。書中採錄姚燧作品為最多，共36篇，其次有虞集作品14篇，再如馬祖常、元明善、孛朮魯翀作品較多，歐陽玄僅有2篇，黃溍、許有壬並無入選。姚燧的《牧庵集》曾經四庫館臣改動，而《元文類》中收錄了不少姚燧的墓碑文，由此可見文獻之原貌。除文獻保存、輯佚以外，《元文類》也是我們研究元人對於墓碑文認知的重要材料，因為一部文學總集的編定，必然有其收錄作品的標準所在，而這一標準恰恰能夠反映作者以及當時人們

〔註3〕詳見王鍔：《〈寰宇訪碑錄〉及其補作》，《圖書與情報》，1992年第1期。

對於墓碑文的看法，這一點我們在之後的章節也會作具體分析。

今人關於元代墓碑文裒輯、整理之作。主要有以下幾種：

《道家金石略》〔註4〕。此書為陳垣所編纂的石刻史料彙編，所收金石碑刻自漢魏至明朝，根據陳垣在《南宋初河北新道教考》中言，《道家金石略》所收作品主要來源為道藏碑記，各家金石志、文集，藝風堂所藏拓片，共有1300餘通，按照時間排列。經後人增補，共有1538通，其中元代有760通，可見其收錄之豐富。《全元文》編纂時對《道家金石略》採錄較多，也可見其價值所在。此外，今人王宗昱編有《金元全真教石刻新編》〔註5〕，書中按照今日行政區劃進行劃分，共收錄11省185篇碑刻，後又附有《全真碑石存目》。

《遼金元石刻文獻全編》〔註6〕。此書為國家圖書館善本金石組所編，主要收錄了民國以及民國前所編印的金石卷書（包括地方志中的金石志）中有關遼、金、元代的石刻文獻資料，按照各書目進行排列，篇目錄有原文及考釋文字。

《北京圖書館藏中國歷代石刻拓本彙編》〔註7〕，此書共收錄北京圖書館所藏拓本約兩萬種，其中第48至50冊為元代石刻，約有五百種左右，以時間為序排列。北京圖書館館藏石刻拓本資源豐富，其中包括了顧千里、瞿鏞、葉昌熾等人舊藏，因此參考價值較高，筆者自其中輯出《全元文》所未收作品48篇。

《全元文》。由李修生主編的《全元文》六十冊，是目前可見的、收錄元代墓碑文獻最多的今人整理之作，其收錄時間上限分別為金哀宗天興三年（1234）與南宋末帝祥興二年（1279），下限為元順帝至正二十八年（1368），按照作者生年順序排列，並附有小傳，寫明作者生平、著述、所據底本以及校勘版本等信息，大大方便了今人研究。根據筆者統計，《全元文》中共收錄墓碑文2887篇，包含了元代絕大部份墓碑作品，也是本文主要的材料來源。關於《全元文》中墓碑文的具體情況，接下來我們會做具體說明，此處不再

〔註4〕陳垣編纂：《道家金石略》，陳智超、曾慶瑛校補，文物出版社，1988年。

〔註5〕王宗昱編：《金元全真教石刻新編》，北京大學出版社，2005年。

〔註6〕國家圖書館善本金石組編，《遼金元石刻文獻全編》北京圖書館出版社，2003年。

〔註7〕北京圖書館金石組：《北京圖書館藏中國歷代石刻拓本彙編》，中州古籍出版社，1989年。

贅述。另外，《全元文》篇目的補遺工作也已開展，其中金石碑刻篇目也是補遺的重點之一。

除此之外，近年來各地方也對當地所存石刻進行彙集、整理，並出版了一系列相關著作：如鄭嘉勵、梁曉華所編《麗水宋元墓誌集錄》〔註8〕，其中收錄了七篇《全元文》未收的元代墓碑文。

除以上已經結集出版的整理之作，元代尚有一些散見的、各地新出土的墓碑。又由於元代本身的特殊性——民族與宗教的多樣性，因此元代的出土墓碑相較其他朝代而言，除了漢文墓碑外，少數民族文字碑也是重要的組成部份。

近年來新出土的漢文墓碑如《耶律鑄墓誌》。耶律鑄為耶律楚材之子，其夫婦合葬之墓與 1998 年在頤和園附近出土，目中有兩方墓誌，對耶律鑄生平以及家族情況進行了詳細說明，可補史書之闕〔註9〕。再如發現於河北易縣的《張弘範墓誌銘》，此墓誌蓋已不見但碑身保存良好，文字清晰，是研究張弘範生平以及當時歷史的重要材料〔註10〕。

少數民族文字碑主要有以下幾種：

一是蒙古文碑。從已出土的碑刻來看，蒙古文可以分為兩種，一是回鶻蒙古文，二是八思巴文，現今留存的很多蒙古文碑其實是蒙漢雙語碑刻，如張起巖所作《張氏先塋碑》，此碑為漢文與回鶻蒙古文雙語，日本學者田村實造、美國學者柯立夫（F. W. Cleaves）已對此碑有一定的研究考釋。《竹溫臺公神道碑》，此碑全名《大元敕賜枚中順大夫諸色人匠都總管府達魯花赤竹君之碑》，於民國年間在內蒙古赤峰市被發現，原碑已失，今存抄件。碑文為揭傒斯所作，康里巙巙書丹，以蒙漢雙語書寫，日本學者田村實造、美國學者柯立夫（F. W. Cleaves）在上世紀三十至五十年代就已經對此碑有所研究，國內學者王大方則對竹溫臺生平做了簡單考證〔註11〕。《西寧王忻都公神道碑》，此碑正面刻漢文，碑文為危素所作，背面為蒙古文，清代《甘肅通志》《武威縣志》中均有所著錄，早在 1908 年，伯希和的《蒙古與教廷》一書中就曾引

〔註 8〕鄭嘉勵、梁曉華：《麗水宋元墓誌集錄》，浙江古籍出版社，2013 年。

〔註 9〕關於耶律鑄墓誌的具體情況，參見劉曉：《耶律鑄夫婦墓誌札記》，《暨南史學》，2004 年 00 期。

〔註 10〕關於張弘範墓誌的具體情況，參見張洪印：《河北易縣發現元代張弘範墓誌》，《文物》，1986 年 02 期。

〔註 11〕王大方：《元代竹溫臺碑初考》，《文物》，1997 年 06 期。

用過此碑拓片，後柯立夫進行翻譯、注釋，碑文中保存了元代西域相關史料，價值較高。《全寧張氏先德碑銘》為馬祖常所作，傳世文集及《全元文》中未見收錄，今人已有考釋作品〔註12〕。

二是敘利亞文。根據牛汝極在《十字蓮花—中國元代敘利亞文景教碑銘文獻研究》中的介紹來看，敘利亞文墓碑的墓主大部份為景教徒，族屬上包括畏兀兒（多數墓主）、回鶻、乃蠻等。目前元代敘利亞文墓碑主要有以下發現：一是在達爾罕茂明安聯合旗和四子王旗共發現約30件帶有敘利亞文銘文的墓碑；二是內蒙古赤峰市松山區曾出土一方瓷質墓磚，上有敘利亞文、回鶻文雙語；三是揚州曾發現一件敘利亞文墓碑；四是福建泉州出土了約十方敘利亞文墓碑。

三是波斯文、阿拉伯文。我國出土的元代波斯文、阿拉伯文墓碑大多在沿海地區，這與伊斯蘭教在我國的傳播路線有關，浙江杭州鳳凰寺中留存有一塊波斯文與阿拉伯文混合的石碑〔註13〕，揚州出土有一方阿文斷碣（已佚），三方阿文墓碑，兩方阿文墓蓋，一方中阿雙語墓碑〔註14〕。廣州在先賢古墓陵園中出土的剌馬丹碑為漢、阿雙語碑，而哈馬德碑則全為阿拉伯文書寫〔註15〕。福州、泉州等地也有類似碑刻出土。此外北京牛街禮拜寺篩海墳有兩方阿拉伯文墓碑，據譯文來看，兩碑分別作於至元十七年（1280）和至元二十年（1284）。〔註16〕

四是回鶻文。根據張鐵山在《我國收藏刊佈的回鶻文文獻及其研究》〔註17〕

〔註12〕關於此碑考釋，詳見李俊義，吳甲才，張雲成：《元代〈全寧張氏先德碑銘〉漢文考釋》（《北方文物》，2016年01期）以及嘎日迪，斯欽巴圖，都仁：《元代〈全寧張氏先德碑銘〉蒙古文考釋》（《北方文物》，2017年02期）。

〔註13〕詳見程彤：《杭州鳳凰寺波斯文阿拉伯文碑銘—兼談元代穆斯林在杭州的足跡》，《上海文博論叢》，2006年01期。

〔註14〕郭成美、楊志娟：《揚州回族伊斯蘭教碑刻述評》，《回族研究》，2015年第3期。

〔註15〕陳鴻鈞：《廣州出土一方元代蕃客墓碑——兼述廣州阿拉伯文石刻》，《羊城今古》，2003年第4期。

〔註16〕關於牛街兩碑的來歷，姜緯堂曾提出質疑（《北京牛街禮拜寺阿拉伯文墓碑來歷質疑》，《文物》，1987年11期），劉盛林對此予以反駁（《牛街禮拜寺的篩海墳及阿文墓碑無可置疑—與姜緯堂同志商榷》，《文物》，1988年10期），本文從劉說，認為兩方墓碑確為元代遺存。

〔註17〕張鐵山：《我國收藏刊佈的回鶻文文獻及其研究》，《新疆社會科學》，1989年04期。

一文所載，我國目前出土的回鶻文碑刻文獻較少，如《大元肅州路也可達魯花赤世襲之碑》，此碑在甘肅酒泉市發現，為漢文、回鶻文雙語寫成，耿世民先生曾對此碑進行了部份譯釋；《亦都護高昌王世勳碑》，此碑最早於清代在武威發現，碑正面為漢文，背面為回鶻文，現碑已不存，但今人有校記、考證作品。

二、元代現存墓碑文概況

本文中所指的元代墓碑文，其收錄的時間範圍大致與《全元文》一致，即按照《全元文》「以文從人」的收錄原則，時間上限分別為金哀宗天興三年（1234）與南宋末帝祥興二年（1279），下限為元順帝至正二十八年（1368）。

（一）數量

按照筆者從《全元文》中統計所得，《全元文》共收錄墓碑文作品 2887 篇，此外，筆者又自《遼金元石刻文獻全編》、《北京圖書館藏中國歷代石刻拓本彙編》等書中輯得失收篇目 117 篇。

本文中所使用的墓碑文，以《全元文》中所收錄的 2887 篇墓碑文為主，從題名來看，各類目下的數量分別為：墓誌（銘）1423 篇，神道碑（銘）400 篇，先塋（包含先德，世德等）171 篇，墓表 166 篇，墓碣（銘）158 篇，墓碑（銘）150 篇，阡表 40 篇，塔銘 82 篇，道行碑 56 篇，壙誌 19 篇，墓記 13 篇，新塋碑 10 篇，權厝誌 6 篇，墓磚銘 4 篇，墓幢 4 篇，殯誌 4 篇〔註18〕。

單獨來看，這些數字似乎並沒有特別之處，我們試著將其與唐、宋兩代進行對比：

	總　　量	墓誌（銘）	神道碑（銘）	墓　　表	墓碣（銘）
《全唐文》《全唐文補編》	1599	1188	262	7	10
《全宋文》	4849	3942	218	205	71
《全元文》	2887	1423	400	166	158

〔註18〕塔銘、磚銘、墓幢等小類，主要的寫作對象雖然是釋氏子弟，但是到了宋代，姚鉉《唐文粹》中已將其歸入「碑」一類，且從其體制、內容等方面來看，符合前文所言「有銘有序、有序無銘、有銘無序，可幽埋於地下或立於地上，對墓主身份、生平、家族世系等內容進行書寫」這一收錄標準，因此也一併歸入統計範圍之內。

	墓　碑	先塋碑	阡　表	塔　銘	道行碑
《全唐文》《全唐文補編》	23	0	0	85	2
《全宋文》	48	0	4	153	0
《全元文》	150	171	40	115	56

	壙誌	墓記	新塋碑	權厝誌	墓磚（銘）	殯誌	墓幢
《全唐文》《全唐文補編》	2	12	0	4	0	2	2
《全宋文》	68	114	0	2	0	0	6
《全元文》	19	13	10	6	4	4	4

　　根據以上統計數字，對比《全唐文》、《全唐文補編》、《全宋文》中的墓碑文，我們可以發現從唐至元墓碑文的各類比例構成有了如下發展：

　　一是墓誌（銘）在墓碑文創作中佔據有絕對優勢。從數量上來看，墓誌（銘）佔據了元代墓碑文整體的一半左右，這一情況與唐、宋兩代相似，元代所佔比例稍小，不過仍是居於主導地位。這大約是因為「碑」的樹立有一定的品級要求，但是墓誌（銘）並無，且墓誌埋於地下墓室之內，從保存條件上來說相較樹於地上的墓碑更好，因此墓誌（銘）較多。

　　二是如神道碑（銘）、墓碑（銘）等幾類明顯相較前代數量更多。《全唐文》、《全宋文》中神道碑（銘）都在 200 餘篇左右；而元代相較兩宋存在時間更短，但是神道碑數量卻多出近一倍左右，佔據了整體的七分之一。誠然，碑文數量的多少往往與文獻的留存有一定關係，唐、宋兩代距今較遠，文獻散佚情況更為嚴重，但是近一倍左右的數量如果單純以「文獻流傳」這樣的理由來解釋，未免有些過於偏頗。自唐代以來，神道碑對官員的品級是有一定要求的，一般來說只有官階較高的官員才有可能樹立神道碑，元代神道碑較多，主要是與其封贈制度寬泛相關，導致「越制」現象較多，這一點我們在後文還會有說明。道行碑的增多，主要是與元代道教，尤其是全真教的興起與壯大有關。

　　三是元人繼承了前人所創製的文體小類，並有所創新。有些題名的作品在《全唐文》或《全宋文》中幾乎無法找到，但是在《全元文》中卻有所收錄。以墓磚銘為例，墓磚銘是產生較早的一類墓碑文，從出土材料來看，南

北朝時曾有不少墓磚銘作品，《全唐文》《全宋文》中並未收錄，但是《全元文》中卻再次出現了，之所以會出現這種現象，或許是由於文獻本身流傳過程中的亡佚所導致的，也或許是墓磚銘這一文體在唐、宋兩代並不流行，但元人既然有墓磚銘作品存世，就說明他們繼承了前人對於墓碑文題名改革、創製的成果。此外，先塋碑與新塋碑則明顯是元時新出現的題名，這一點我們在第一章還會有更詳細的介紹。

（二）分期

墓碑文是散文的一種，因此元代墓碑文的分期也與元代散文的分期密切相關。關於元代散文的分期，目前學界說法不一，查洪德在《元代散文的發展與分期》〔註19〕一文中進行了總結，主要有以下幾種觀點：

一是兩期說。持兩期說的學者相對來說較少，范寧在其《淺談元代散文》一文中就主張以延祐為界限，將元代散文分為兩期〔註20〕。

二是三期說。元末陳基就曾提出「三期」說，將元散文劃為中統、至元，延祐，天曆三期。郭預衡主編的《中國古代文學史長編·元明清卷》〔註21〕中將元代詩文分為初期（1271～1294）、中期（1295～1332）、後期（1333～1368），章培恒、駱玉明主編的《中國文學史新著》〔註22〕也分為第一期（太宗取中原至統一全國）、第二期（全國統一後的穩定時期）、第三期（元末）。鄧紹基的《元代文學史》〔註23〕也將元代散文分為三期。

三是四期說。歐陽玄在《潛溪後集序》將元文發展分為四個階段：中統一至元；元貞一大德；至大一延祐；泰定一天曆。楊維楨也持相似觀點。今人張夢新在其《元代散文簡論》〔註24〕也採用了四分法：前期（中統、至元）、中期（延祐）、後期（泰定、天曆）、末期（元統、至正）。

可以看出，就算是同樣採取「三分」、「四分」法，在具體的時間斷限上，學界也仍然無法達成統一。參考以上分期方法，根據元代墓碑文發展的實際狀況，我們大約可以將其分為前、中、後三期。

前期是金亡後至大德年間。這一階段的墓碑文風格各有所宗，且南北兩

〔註19〕查洪德：《元代散文的發展與分期》，《古典文學知識》，2000 年 04 期。
〔註20〕范寧：《淺談元代散文》，《光明日報》，1984 年 11 月 27 日。
〔註21〕郭預衡主編：《中國古代文學史長編》，首都師範大學出版社，2000 年。
〔註22〕章培恒、駱玉明：《中國文學史新著》。復旦大學出版社，2007 年。
〔註23〕鄧紹基：《元代文學史》，人民文學出版社，1991 年。
〔註24〕張夢新：《元代散文簡論》，《杭州大學學報》，1990 年 04 期。

地有一定差異，金亡以後的北方墓碑文以元好問為大家，風格融合唐宋，其
以碑存史的觀念也影響了元代墓碑文的創作，其後有王惲、胡祗遹、姚燧等
人繼之，其中以王惲、姚燧成就最高。而南方的墓碑文創作以吳澄為代表，
沿襲宋人典雅之風，篇幅中等。元代前期的墓主中有不少是成吉思汗至元代
開國時期的功臣，因此墓主身份較為貴重。

　　中期是至大至至順年間。這一時期是元代散文的重要轉折期，也是墓碑
文創作的高峰期，相對前期來說，作品數量更加可觀，名家也較多，如虞集、
歐陽玄、黃溍、許有壬、揭傒斯等等，整體風格較為偏向宋人的平易、雅正，
這與當時整個文壇的復古風氣、文風轉變有較大關係。元中期的作家繼承了
前人以碑存史的觀念，在碑文之中留意保存史料，因此碑文篇幅也較長。

　　後期是元統年間至元代滅亡。這一時期作品較前兩期較少，風格沿襲了
元代中期的特點，依然以雅正為主，只有蘇天爵、楊維楨、危素等幾人的墓
碑文在質量、數量上較為可觀，篇幅上較元代前、中兩期較短。

第三節　元代墓碑文研究現狀

　　我國對於「碑」這一文體的研究早在古時就已經開始，到了宋代，墓碑
又作為「金石學」的一類登上了研究舞台，並在清代達到了全盛，人們對於
碑刻的義例、價值等有了更加深刻的認識。可以說，墓碑文作為一種天然具
有文學、金石學雙重屬性的實用性文體，一直都是學者們所關注的對象之一。
近現代以來，隨著學科分類的細緻化，文學與金石考古之學各成一家，研究
方向也逐漸有所區分，但是墓碑文的整理與研究從未停止。從近幾十年來看，
墓碑文的整理與研究大概有以下幾種趨勢：

　　一是對墓碑文獻及相關研究文獻的整理及研究。如趙超《古代墓誌通論》
〔註25〕及《中國古代石刻概論》〔註26〕，作者從考古發現中的石刻實物出發，
對於古代碑刻的產生、發展，碑刻的各仲類型進行了探究，為後人打下了基
礎。再如《中國歷代碑誌文話》，書中分為上下兩編，上編為中國歷代碑誌文
史話，著者從文學史的角度對碑誌文的產生、文體規範的形成以及發展進行
了描述，並對碑誌文的創作進行了分期；下編是中國歷代碑誌文話輯要，著

〔註25〕趙超：《古代墓誌通論》，紫禁城出版社，2003年。
〔註26〕趙超：《中國古代石刻概論》，中華書局，2019年。

者裒集了自先秦至近代的大量有關碑誌文理論的文獻，包括專著與篇目元代墓碑文相關文獻也收錄於其中，如潘昂霄《金石例》、盧摯《文章宗旨》等，為後人研究墓碑文打下了堅實的文獻基礎，也提供了極大的便利〔註27〕。除此之外，還有對某一朝代墓碑文文獻匯集的專著，如王其禕、周曉薇《隋代墓誌銘匯考》〔註28〕等。近年來關於元代墓碑文獻的彙集、考釋之作，除了上一節我們提到的《全元文》《遼金元石刻文獻全編》等書之外，還有由南開大學等開展的「元代北方金石碑刻遺存資料的搶救、發掘及整理研究」項目，此項目包含京津、河北等八個子課題在內，形成了二十二卷的金石碑刻集成，目前已經交付出版，但截至目前筆者還未得見。

二是從文體角度探析墓碑文。這一類研究作品一般從文體學角度剖析墓碑文定義、體制、分類等因素，對文體學研究的發展起到了推動作用，如褚斌傑《中國古代文體概論》〔註29〕等，這一類專著對我們釐清墓碑文體的定義、起源、分類、功用以及文體的發展等問題提供了重要依據。近年來的墓碑文研究論文也多側重於其起源、文體演變等方面的問題，如黃蓓《魏晉南北朝墓誌銘流變及文體特徵研究》〔註30〕一文就重點論述了墓誌銘文體在魏晉南北朝時期的流變，為後代學者研究墓誌銘這一文體的產生、沿革提供了幫助。學界一般認為，唐宋兩代是墓碑文發展的巔峰期，因此對於宋代以後的墓碑文文體研究涉及較少，但是近年來已有有海外學者關注到了元代所出現的新的墓碑文體，〔日〕飯山知保《金元時期北方社會演變與「先塋碑」的出現》〔註31〕一文，作者對山東地方志所存元代先塋碑進行了分析並探討其成因——作者認為這與金元之際家譜世系的留存具有很大關係，這對我們研究先塋碑的源流與成因都有所啟示。此外，元代潘昂霄所編撰《金石例》是我們研究唐宋以來墓碑文文體、義例的重要作品，但目前學界對《金石例》的研究一般都只限於文獻層面，如慈波《潘昂霄〈金石例〉小考》〔註32〕就

〔註27〕于景祥、李貴銀編著：《中國歷代碑誌文話》，遼海出版社，2009年。

〔註28〕王其禕、周曉薇編：《隋代墓誌銘匯考》，線裝書局，2007年。

〔註29〕褚斌傑：《中國古代文體概論》，北京大學出版社，1990年。

〔註30〕黃蓓：《魏晉南北朝墓誌銘流變及文體特徵研究》，華中師範大學碩士學位論文，2009年。

〔註31〕〔日〕飯山知保：《金元時期北方社會演變與「先塋碑」的出現》，《中國史研究》，2015年第4期。

〔註32〕慈波：《潘昂霄〈金石例〉小考》，江西科技師範學院學報，2009年第3期。

對潘昂霄本人的生卒年和《金石例》的版本流傳等內容進行了考證，這對我們研究《金石例》一書提供了幫助，但是《金石例》一書中所歸納的義例、《金石例》與元代及前代墓碑文的關係及其他內容則少有涉及。

三是從文學史角度來對墓碑文進行研究。此類研究作品主要是從文學史角度對較為著名的或是有一定特色的作家進行書寫，多見於各種文學史教材之中，例如錢基博《中國文學史》〔註33〕、鄧紹基《元代文學史》〔註34〕均對元代一些有名的墓碑文作家及其代表作品、風格等內容有簡要介紹、評析，這對我們分析元代作家、評價作品都有較大助益，但是此類書寫仍屬於文學史框架下，而並非專門的墓碑文研究。

四是專人與斷代類研究。專人研究主要以某人或某類特定人物群體為研究對象，從而對其所撰寫的墓碑文或為其撰寫的墓碑文進行研究，試圖說明某一人或某一時期的墓碑文所呈現出的特點。元代目前最受關注的墓碑文作家當屬元好問，作為金元易代之際的重要文人，元好問的墓碑文不僅具有較高的文學價值，還保存了大量金元時期的史料，其「以碑存史」的觀念也受到了人們的重視，因此研究成果頗為豐富，主要涉及其文學成就及史學價值以及創作觀念。例如喬芳《元好問碑誌文研究》〔註35〕一文，作者在文章中著重突出了元好問碑誌文「以碑存史」的重要特點，舉例論證其史學價值，並對元好問碑誌文進行了系統總結，同時也討論了元好問碑誌文的文學成就，這為我們研究元代墓碑文也提供了一定幫助。再如俞樟華、郭亞磊《略論姚燧墓誌銘的史傳文學價值》〔註36〕一文，對姚燧墓碑文的補史價值進行了分析，並以全真教道士為代表對其墓碑文中的人物形象刻畫做了說明。比較特別的是李卓婭《元代女性墓誌銘研究》（華中師範大學碩士學位論文，2012 年）一文，作者通過對女性這一類群體墓碑文的探究，闡述了元代女性的生存與生活狀況，並以虞集所撰女性墓碑文為個案來說明其具體創作風格與藝術成就，對後來學者了解元代女性生活、女性墓碑文書寫特點以及虞集的墓碑文創作提供了幫助。近年以來也有學者將元代作家的傳、狀、碑、誌等作品結

〔註33〕錢基博：《中國文學史》，上海古籍出版社，2011 年。

〔註34〕鄧紹基：《元代文學史》，人民文學出版社，1991 年。

〔註35〕喬芳：《元好問碑誌文研究》，揚州大學碩士學位論文，2007 年。

〔註36〕俞樟華、郭亞磊：《略論姚燧墓誌銘的史傳文學價值》，《荊楚理工學院學報》，2011 年 08 期。

合起來進行傳記研究，代表作如江夢佳《黃滔傳記研究》〔註37〕，作者通過對黃滔傳、狀、碑、誌這幾類作品所產生的文化背景、傳主的選擇以及寫作特徵的梳理來說明黃滔作品所呈現出的清和、雅健以及務實等特點。斷代類即以某一朝代的墓碑文為研究對象，一般探析其文體發展特點、思想內容、創作狀況等，如魏宏利《北朝碑誌文研究》〔註38〕一文，作者在文章中探討了碑誌文這一實用文體的文學價值與思想內容，剖析了北朝碑誌文的體制、題材、語體等特點，並分析了作者身份等因素對於碑誌文創作的影響以及碑誌文「虛飾」一事，為後人的斷代類研究提供了較好的例證。值得注意的是，《北朝碑誌文研究》雖然以碑誌為題，但其實文中所涉及到的碑誌只有墓碑與墓誌兩種，因此這篇文章實際上也是我們所說的「墓碑文」的研究成果。但是，此類研究也存在某些局限：著者多選取在文學史上特定時段或特定人物，導致研究成果過於集中，人物選擇多有局限，因此空白領域較多，亟待填補：截至筆者目前所見，此類斷代性研究基本集中于秦漢至隋唐時期，兩宋至明清則尚有大片空白領域。陳高華《元代墓碑簡論》〔註39〕當屬目前可見的、最早的對於元代墓碑文進行較為系統評述的作品，作者在文中對於元代的行狀、墓誌銘與神道碑三類墓碑作品進行了分析梳理，並加以對比說明其區別所在，此外，文中還對現存的多種文字墓碑加以整理、說明，並肯定了碑文的史料價值。但此文所說的「墓碑」包括了「行狀」一類，在文體種類上其實與一般的「傳記」更加相似。

　　五是對墓碑文的內容進行利用，將其作為語料或史料來進行考證。以碑文作為語料，對其用詞、用韻、用字等特點進行研究是近十幾年來較為風行的一種做法，但研究成果目前大多集中在漢魏至隋唐時期，李雅卉《元代墓誌人物品評詞語研究》〔註40〕一文是目前較為罕見的、對元代人物品評詞彙使用問題進行研究的作品，作者通過分類描寫的方式展現了元代人物品評常用的詞彙，並且總結了其在結構、句式等方面的特點，對於元代碑文詞彙的研究做出了貢獻。以碑文作為史料的研究早在上世紀就已經開始，研究者往往將墓碑文與史書以及其他文獻相結合，對某一問題進行考證，其所考證的

〔註37〕江夢佳：《黃滔傳記研究》，浙江師範大學碩士學位論文，2015 年。
〔註38〕魏宏利：《北朝碑誌文研究》，西北大學博士學位論文，2008 年。
〔註39〕陳高華：《元代墓碑簡論》，《隋唐遼宋金元史論叢》，2017 年第 0 期。
〔註40〕李雅卉：《元代墓誌人物品評詞語研究》，蘭州大學碩士學位論文，2018 年。

內容也非常豐富，如語言、制度、歷史、地理沿革、思想道德、社會背景等等，這是由於墓碑文本身涉及到的內容較為廣泛。元代也有不少通過梳理墓碑文內容來對史事、人物、民族部落、宗教等各方面進行考證的作品，如周清澍《汪古部事輯》[註41]，作者通過元代存留的兩篇墓碑文將汪古部的族源、統治者、經濟、文化等方面進行了考證，對於我們了解汪古部相關事蹟有極大助益，此後也陸續有其他學者利用墓碑文對元代克烈等部落進行考證[註42]。再如與墓碑文撰寫關係極為密切的封贈制度，王曉帆《元代封贈制度三題》[註43]中就大量採用元代墓碑文為材料來說明元代封贈制度的確立、實施、變化與其意義所在。

六是出土文獻研究。二十世紀以來，隨著考古工作的不斷發展，新出土墓碑文也越來越多，對其的保存、整理也逐漸成為一種趨勢，因此新出土墓碑文數十年來一直是學界關涉的重點，在可預見的未來時期，也將會一直作為墓碑文研究的重要分支之一，對新出土墓碑文的解讀、研究有利於補充現有材料的不足，現今對於新出土墓碑文的研究主要集中在對史料的補充上，尤其是墓主世系、家庭、生平經歷以及相關的制度、歷史事件等內容，以及對於新出土墓碑的蒐集整理。以《大理叢書・金石編》[註44]為例，書中收錄了大量在大理以及附近地區出土的墓碑文獻，其中有數十篇為元人所作，這對我們研究元代大理地區的歷史沿革、風土習俗、宗教文化以及語言文字等方面都有重要的意義。出土文獻研究一直是學界關注的重點之一，元代由於其獨有的政治文化背景，除了漢文墓碑外，少數民族文字碑刻以及雙語碑刻自現世起就一直吸引著眾多學者的目光，如牛汝極《十字蓮花：中國元代敘利亞文景教碑銘研究》[註45]，就對二十世紀以來中國境內發現的五十餘件敘利亞文景教徒墓碑進行了釋讀，對於我們了解景教在元代的傳播與發展提供了寶貴的材料。再如李俊義等人《元代〈全寧張氏先德碑銘〉漢文考釋》[註46]，就對現存的漢蒙雙語碑《全寧張氏先德碑銘》進行了考釋。

〔註41〕周清澍：《汪古部事輯》，《中國蒙古史史學會會議論文集》，1979 年。

〔註42〕如蘇北海：《元代克烈部考》，《新疆師範大學學報》，1987 年 01 期。

〔註43〕王曉帆：《元代封贈制度三題》，中央民族大學碩士學位論文，2013 年。

〔註44〕楊世鈺主編：《大理叢書・金石篇》，中國社會科學出版社，1993 年。

〔註45〕牛汝極：《十字蓮花—中國元代敘利亞文景教碑銘文獻研究》，上海古籍出版社，2008 年。

〔註46〕李俊義、吳甲才、張雲成：《元代〈全寧張氏先德碑銘〉漢文考釋》，《北方文物》，2016 年 01 期。

　　此外，已有學者對近十年以來的碑刻研究文獻進行整理與綜述，如劉琳琳《近十年石刻研究文獻綜述》〔註47〕一文，這對我們分析近年來墓碑文的研究現狀提供了較大的幫助。

　　從臺灣地區的研究來看，漢魏至唐宋依然是研究重點，研究內容主要包括：一是墓碑文所反映出的社會文化背景，如邱佳慧《從「請銘」與「撰銘」探究宋代社會的倫常關係》〔註48〕等；二是從文體角度探究其發展變化，如羅漪文《東漢至中唐碑誌文體書寫演變》〔註49〕；三是從墓碑文的創作觀角度進行探究，如李貞慧《史家意識與碑誌書寫——以歐陽修〈范文正公神道碑〉所書呂、范事及其相關問題為討論中心》〔註50〕；四是將墓碑文作為史料作補史之用，如黃寬重《宋史研究的重要史料——以大陸地區出土宋人墓誌資料為例》〔註51〕。

　　整體說來，近年來的墓碑文研究主要有以下成就：一是對墓碑文的起源、分類、發展、文體內部的體制要素等進行了研究，使後來的學者能夠對墓碑文文體有深入了解；二是對漢至唐宋的墓碑文整體創作以及一些比較有名的墓碑文作家、作品進行了系統的探究，對其文學價值、文獻價值及創作成就有了較為公允的評價；三是新出土墓碑的持續關注，其補充史料價值也得到了充分的發掘。可以說，在這一時期，墓碑文研究領域得到拓寬，各個方向、分支均有不同程度的發展與深入，然而研究傾向性明顯，各領域發展不夠均衡。

　　而單就元代墓碑文來說，幾類研究的成果都大多散見於各論文中，目前學界並沒有對元代墓碑文的現存情況進行梳理，也缺乏集中而系統地闡釋元代墓碑文的文學、文獻價值的研究論著。但是元代的墓碑文上承唐宋遼金，又有其獨特之處：從文體來看，不但繼承了傳統的墓碑、神道碑、墓誌銘等，也發展出了先塋碑與新塋碑兩種新的小類，其產生原因、文體特點、職能功

〔註47〕劉琳琳：《近十年石刻研究文獻綜述》，吉林大學碩士學位論文，2015 年。

〔註48〕邱佳慧：《從「請銘」與「撰銘」探究宋代社會的倫常關係》，《東華人文學報》，2008 年第 12 期。

〔註49〕羅漪文：《東漢至中唐碑誌文體書寫演變》，國立清華大學博士學位論文，2013 年。

〔註50〕李貞慧：《史家意識與碑誌書寫——以歐陽修〈范文正公神道碑〉所書呂、范事及其相關問題為討論中心》，《清華學報》，2015 年第 4 期。

〔註51〕黃寬重：《宋史研究的重要史料——以大陸地區出土宋人墓誌資料為例》，《新史學》九卷二期，1998 年 6 月。

用以及衰落過程等都需要我們進行進一步的探索與分析；前所未有的廣闊疆
域以及多民族的文化融合為墓碑文的創作帶來了新的特色；元人蘇天爵編纂
《元文類》一書中，收錄了大量墓碑文作品，其選錄與分類標準對我們研究
元人的墓碑文理論也提供了相關依據；因此，對元代墓碑文進行整體而系統
的研究是非常必要的。

上編：元代墓碑文綜合研究

第一章　元代墓碑文的文體與文體論

　　從文體角度來看，元代承襲了唐、宋兩代對於墓碑文文體的改革，多以散體為主，如遼代一般高度駢化的墓碑文作品則較為罕見；逐節敷寫的文章較少，大部分作家都繼承了韓愈、歐陽修以事寫人的手法，側重於選取事蹟來突出墓主的個性特徵；從二級文體分類來看，唐宋時期所產生的一些新的文體——譬如權厝誌、歸祔誌等均有所繼承，並且出現了先塋碑、新塋碑這樣新的墓碑文小類，此外，關於墓碑文的專著——《金石例》出現，對墓碑文的體制、程式、等級進行了規範，標誌著對墓碑文這一文體的研究進入了重要的發展階段。

第一節　元前及元代的墓碑文體

一、墓碑文的起源

　　《說文解字》卷九「石部」有：「碑，豎石也。」注云：「古宗廟立碑以繫牲耳，後人因於其上紀功德。」〔註1〕根據注中所言，先秦時期的碑是一種豎石，位置在「堂下，三分庭之一」。它的用處有三種，一是立於宮中測量日影之用；二是立於廟中拴繫牲口之用，《禮記・祭義》云：「牲入麗于碑」；三是喪葬下棺之用，立於墳墓前，即為紀功德之用，《禮記・檀弓》云：「季康子之母死，公肩假曰：『公室視豐碑。』」鄭注：「豐碑，斲大木為之，形如石碑。於槨前後四角樹之，穿中於間，為鹿盧，下棺以綍繞。」〔註2〕

　　此後，碑的紀功德之用為後人所沿襲，《文心雕龍・誄碑》篇有云：「碑者，埤也。上古帝皇，紀號封禪，樹石埤岳，故曰碑也。周穆紀跡於弇山之石，亦

〔註1〕〔漢〕許慎：《說文解字》卷九，〔宋〕徐鉉等校訂，《四部叢刊初編》本。
〔註2〕〔清〕郝懿行：《鄭氏禮記箋》，齊魯書社，2010 年，頁 1123。

古碑之意也。又宗廟有碑，樹之兩楹，事止麗牲，未勒勳績。」〔註3〕又有：「而
庸器漸缺，故後代用碑，以石代金，同乎不朽，自廟徂墳，猶封墓也。」〔註4〕
先秦以後，由於「庸器漸缺」，即用來銘功的青銅器逐漸減少，人們開始刻石為
碑，書銘於其上，此時的「碑」成為了「銘文」的載體，而不再僅是器物之用。
銘文自產生開始即刻於器物之上，用以自警、紀功。《文章辨體序說》中也稱：
「（銘）按銘者，名也，名其器物以自警也。……迨周武王，則凡几席觴豆之屬，
無不勒銘以致戒警。厥後又有稱述先人之德善勞烈為銘者，如春秋時孔悝《鼎
銘》是也。又有以山川、宮室、門闕為銘者，若漢版孟堅之燕然山，則旌征伐
之功；晉張孟陽之劍閣，則戒殊俗之僭叛，其取義又各不同也。」〔註5〕

　　秦代李斯的嶧山刻石即藉此以表功德，但此時多稱「刻石」，而少用「碑」
這一稱呼，不過碑這一文體大約在此時已經逐漸產生。後來人們開始在墓前
立碑，這裡的「碑」已經不再僅僅是銘文的載體，而是單獨成為一類文章，以
表墓主生前功德政事。墓碑的出現，大約是在秦至西漢時期，到了東漢，墓
碑已經成為了一種比較重要的、為死者表述生前功績的方式。陸龜蒙《野廟
碑》中有：「碑者，悲也。古者懸而窆用木，後人書之以表其功德，因留之不
忍去，碑之名由是而得。自秦漢以降，生而有功德政事者，亦碑之。而又易之
以石，失其稱矣。」〔註6〕

　　有學者指出，碑雖然逐漸脫離銘文成為一種獨立的文體，但墓碑文的寫作
卻受到了銘文的影響，如銘文創作中「稱美而不稱惡」的原則使得碑文的主要
內容就是對墓主的言行事蹟進行褒美，但過多的溢美之辭往往會導致內容失
實，這或許也是「諛墓」這一現象產生的原因之一；另外，銘文有「天子令德，
諸侯言時計功，大夫稱伐」的等級規定，這一點蔡邕在其《銘論》中也有繼承，
因此碑文創作也遵循了一定的等級標準，但這在紀功德類碑文中表現的更為
明顯一些，不過，這一等級規範也在一定程度上為表墓的行為提供了合法性；
此外，銘文的語言特點也為碑文所吸納，碑文中的「銘曰」部分（或稱「辭曰」
「頌曰」），是對銘文體制的繼承，多為韻語，由蔡邕確定為常例〔註7〕。

〔註3〕〔梁〕劉勰：《文心雕龍》，陸侃如、牟世金譯註，齊魯書社，2009 年，頁 209。
〔註4〕〔梁〕劉勰：《文心雕龍》，陸侃如、牟世金譯註，齊魯書社，2009 年，頁 209。
〔註5〕〔明〕吳訥：《文章辨體序說》，人民文學出版社，1998 年，頁 46～47。
〔註6〕〔清〕董誥等編：《全唐文》卷八〇一，中華書局，1992 年，頁 8418。
〔註7〕以上觀點來自于景祥、李貴銀編著：《中國歷代碑誌文話》，遼海出版社，2009
　　　年，頁 9～12。

　　與墓碑相近的是墓碣，墓碣大約在晉代出現。根據《文體明辨序說》中所稱，墓碣起源於潘尼所作《潘黃門碣》，古時碑與碣通用，後世因官階而區別，唐制碣為方趺圓首，五品以下官吏可用，但從文體角度來看，墓碑文與墓碣文區別不大。

　　從文化觀念角度來說，墓碑文的產生源自於「三不朽」的價值觀。「三不朽」最早被提出是在《左傳》一書中，《左傳》襄公二十四年，叔孫豹有云：「魯先有大夫曰臧文仲，既沒，其言立，其是之謂乎……大上有立德，其次有立功，其次有立言，雖久不廢，此之謂不朽。」〔註8〕關於臧文仲，《國語‧晉語》中有：「魯先大夫臧文仲，其身歿矣，其言立於後世，此之謂死而不朽。」〔註9〕

　　孔穎達在《正義》中對「三不朽」進行了具體解釋：「立德謂創制垂法，博施濟眾，聖德立於上代，惠澤被於無窮，故服以伏羲、神農，杜以黃帝、堯、舜當之，言如此之類，乃是立德也。禹、湯、文、武、周公與孔子皆可謂立德者也。立功謂拯厄除難，功濟於時。故服、杜皆以禹、稷當之，言如此之類，乃是立功也……立言謂言得其要，理足可傳，記傳稱史逸有言，《論語》稱周任有言，及此臧文仲既沒，其言存立於世，皆其身既沒，其言尚存，故服、杜皆以史佚、周任、臧文仲當之，言如此之類，乃是立言也。老、莊、荀、孟、管、晏、楊、墨、孫、吳之徒，製作子書，屈原、宋玉、賈逵、楊雄、馬遷、班固以後，撰集史傳及製作文章，使後世學習，皆是立言也。」〔註10〕

　　通過孔穎達在《正義》中的解說來看，三不朽的價值觀與儒家所強調的君子的自身道德修養的追求具有一致性，因此三不朽的觀念自誕生後一直為後世儒家文人所提倡。西漢時期，漢武帝罷黜百家獨尊儒術，使得這種觀念的傳播愈加廣泛而為世人所接受。司馬遷在《與摯伯陵書》中亦曾提及：「遷聞君子所貴乎道者三，太上立德，其次立功，其次立言。」〔註11〕因此，以「君子」作為人生目標的儒家人，自然會看重「立德、立功、立言」這一人生價值所在，而實現死後聲名的「不朽」，做到青史留名，最直接的方式就是通

過墓碑文的撰寫。劉楨在《處士國文甫碑》中有：「咸以為誄所以昭行也，銘所以旌德也。古之君子，既沒而令問不忘者，由斯一也。」〔註12〕而從實現「三不朽」的角度來講，墓碑文天然地與史家、史書具有一定聯繫。上文我們曾經提到過，墓碑文中的銘文部分本就來源於先秦時期的「銘文」，其功用在於自警、紀德，而後銘文載體發生了變化，由青銅器變為石刻，於是碑出現，碑文又逐漸演變成為一種獨立文體。此外，以墓碑為逝者歌頌，也符合當時人的觀念。因此，墓碑文的使用在「三不朽」價值觀念的影響下逐漸擴大，並在漢代迎來了第一個發展高峰期。漢蔡邕《郭有道碑文》有：「於是樹碑表墓，昭銘景行。」〔註13〕這說明在漢代，樹碑表墓已經是通行做法。

到了元代，這種「三不朽」和崇孝的觀念也依然影響著墓碑文的創作：

> 為人子孫者，孰不欲其親之不朽哉？此銘誌所以作也。惟其一于不朽，故襃其美不本于理，侈其名弗顧其定。為文辭者從而摭奇以動俗，伸此而誣彼，于是銘始不實，於傳乎何有？古之人知其然，始有自誌其親者。詎託之難其人，亦其耳目之所聆矚，志意之所識知，非他所能贊道。（王沂《揮涕集序》）〔註14〕

除此之外，墓碑文亦繼承了銘文的自警、教化作用。《禮記·祭統》曾提及：「顯揚先祖，所以崇孝也。身比焉，順也。明示後世，教也。夫銘者，一稱而上下皆得焉耳。」〔註15〕墓碑文在後來的發展過程中能夠得到官方的重視，與其教化作用密不可分。仔細分析官方所作的墓碑文，我們可以看出其對儒家道德品質——忠、孝等的宣揚，這說明墓碑文的創作是符合統治者需求的，被提倡也就理所當然了。

二、墓碑文的發展

墓碑文自產生以後第一個發展高峰時期在兩漢。《後漢書》有碑、碑文兩種文體名稱，這說明在東漢時期，已經有相當數量的作品出現。研究表明，

〔註12〕〔唐〕歐陽詢等：《藝文類聚》卷三十七「隱逸下」，《影印文淵閣四庫全書》本。

〔註13〕〔清〕嚴可均輯：《全上古三代秦漢三國六朝文·全後漢文》卷七六，中華書局，1958年，頁1767。

〔註14〕李修生主編：《全元文》卷一八二二，第六十冊，鳳凰出版社，2004年，頁50。

〔註15〕〔清〕孫希旦：《禮記集解》卷四七，沈嘯寰、王星賢點校，中華書局，1989年，頁1250。

東漢時期無論官方抑或私人，對樹碑表墓這一行為都相當重視，這一時期的碑文作品大部分都是由官署下屬的委任掾吏或是門生商討後推舉之人所作，並且在創作過程中體現出了一些共同的傾向：一是繼承了前序後銘的碑文體制，二是在序文中介紹墓主的名諱、家族世系，並逐節敘寫墓主的生平事蹟，最後再闡明立碑情況，三是銘文部分多以四言韻語形式出現。〔註16〕

　　而兩漢時期最有名的墓碑文作家當屬蔡邕，《文心雕龍・誄碑》有云：「自後漢以來，碑碣雲起；才鋒所斷，莫高蔡邕。觀《楊賜》之碑，骨鯁訓典，《陳》《郭》二文，詞無擇言。《周》《胡》眾碑，莫非清允。其敘事也該而要，其綴采也雅而澤；清詞轉而不窮，巧義出而卓立；察其為才，自然而至矣。」〔註17〕蔡邕的墓碑文作品典雅肅穆，精煉簡潔，一直被後世奉為圭臬，他的作品也確立了墓碑文創作的體例，為後世墓碑文樹立了創作規範，可以說自蔡邕開始，魏晉南北朝及隋代幾乎大部分墓碑作品都是按照這一體例進行創作，直至韓愈對墓碑文體進行改革。到了元代仍有文人提出墓碑文的撰寫應宗法蔡邕，可見其影響深遠。同時，這種延請名家進行墓碑文創作的風氣也流傳開來，為後世所承繼。其次，蔡邕再次明確了墓碑文的創作目的。在《銘論》一文中，「天子令德，諸侯言時計功，大夫稱伐」這種禮制等級規範得到了再次確認，而「鍾鼎禮樂之器，昭德紀功，以示子孫，物不朽者莫不朽於金石，故碑在宗廟兩階之間。近世以來咸銘之於碑，德非此族，不在銘典」〔註18〕則說明了墓碑文的功用即在於昭明功德，凸顯德行。再次，蔡邕的作品也呈現出了一種駢儷化的傾向，這與整個漢代文章創作特點有關，蔡邕在創作中多駢散結合，以散文敘述墓主生平經歷，而以駢文來進行評價，這對南北朝時期墓碑文駢儷化有著重要影響。但同時，蔡邕也指出了墓碑文創作存在的一大弊病——諛墓，《後漢書・郭泰傳》中有：「……蔡邕為文。既而謂涿州盧植曰：『吾為碑銘多矣，皆有慚德，唯郭有道無愧色耳。』」〔註19〕樹碑表墓既以稱美為主，有時難免言過其實，因

〔註16〕于景祥、李貴銀編著：《中國歷代碑誌文話》，遼海出版社，2009年，頁7～25。

〔註17〕〔梁〕劉勰：《文心雕龍》，陸侃如、牟世金譯註，齊魯書社，2009年，頁209。

〔註18〕〔清〕嚴可均輯：《全上古三代秦漢三國六朝文・全後漢文》卷七四，中華書局，1958年，頁1750。

〔註19〕〔南朝宋〕范曄：《後漢書》卷六十八，〔唐〕李賢等注，中華書局，1965年，頁2227。

而導致文章內容失實，這也是墓碑文一直為後人所詬病的一點。

魏晉時期，墓碑文基本承襲了東漢以來蔡邕所確立的規範，但同時由於外在因素和文體發展的影響，又有所創新。一是在於對墓碑文體的看法上，這一時期人們對於碑文和銘文的認知是統一的，銘即代表碑、銘的綜合含義，摯虞在《文章流別論》中提及：「夫古之銘至約，今之銘至繁，亦有由也。質文時異，論既論則之矣。且上古之銘，銘於宗廟之碑。蔡邕為揚公作碑，其文典正，末世之美者也。後世以來器銘之嘉者，有王莽鼎銘、崔瑗杌銘、朱公叔鼎銘、王粲硯銘，咸翳表顯功德。天子銘嘉量，諸侯大夫銘太常，勒鍾鼎之義。所言雖殊而令德一也。」〔註20〕可以看出，對此時的魏晉人來說，銘刻於碑，因此碑是銘的載體，二者是不可分割的。

二是墓誌銘的興起。上文中我們提到，東漢以後樹碑表墓的行為愈加普遍，但同時喪葬奢靡也成為了一種社會弊病，在此情形下魏武帝下令禁碑。《宋書‧禮志二》：「漢以後，天下送死奢靡，多作石室、石獸、碑銘等物。東漢建安十年，魏武帝以天下凋敝，下令不得厚葬。又禁立碑。魏高貴鄉公甘露二年，大將軍參軍太原王倫卒，倫兄俊作《表德論》，以述倫遺美，云『祇畏王典，不得為銘』。乃撰錄行事，就刊於墓之陰云爾。此則碑禁尚嚴也。」〔註21〕又有：「晉武帝咸寧四年，又詔曰：『此石獸神表，既私褒美，興長虛偽，傷財害人，莫大於此，一禁斷之。其犯者雖會赦令，皆當毀壞。』至元帝太興元年，有司奏：『故驃騎府主簿故恩營葬舊君顧榮，求立碑。』詔特聽立。自是後，禁又漸頹。大臣長吏，人皆私立。義熙中，尚書祠部郎中裴松之又議禁斷，於是至今。」〔註22〕可以看出，從魏武帝建安十年直至晉安帝年間，共有三次下詔禁碑，可見政策之嚴格，而禁碑政策主要針對的是「送葬奢靡」以及「褒美虛偽」的問題。由於禁碑政策的執行，墓碑文的數量急劇下降，取而代之的是墓誌銘等文體的發展。蕭統《文選序》中所描繪的「碑碣志狀，眾製鋒起，源流間出」〔註23〕也正說明了這一點。

到了南北朝時期，北朝並無碑禁。這一時期創作的墓誌一般不載撰書人，

〔註20〕〔晉〕摯虞：《文章流別論》，《歷代文話續編》，余祖坤編，鳳凰出版社，2013
　　　　年，頁1581。
〔註21〕〔梁〕沈約：《宋書》卷十五，中華書局，1974年，頁407。
〔註22〕〔梁〕沈約：《宋書》卷十五，中華書局，1974年，頁407。
〔註23〕〔梁〕蕭統編：《文選》序，〔唐〕李善校注，上海古籍出版社，1986年，
　　　　頁2。

墓誌銘與墓碑文也尚有一定區別，但墓碑與墓誌並行則成為常態。從《文選》一書可以看出自先秦至南朝梁初的文章創作狀況，按《文選》分類來看，碑文與墓誌均為一級類目，可見當時墓誌銘創作之豐富。

錢基博先生在《中國文學史》中曾對南北朝這一時期的墓碑文創作有所總結，南北朝的墓碑文基本沿襲了蔡邕所奠定的格局，語言則駢散結合，以散句敘事而以駢文寫典。而佛教的傳入與玄學的興起，對墓碑文創作也產生了一些影響：譬如議論、抒情成分的加強，佛理內容的滲入，對祖先世系的強調與繁複書寫，駢儷化趨勢加強以及對人物評價標準的改變。南北朝後期，墓碑文以繁縟、典雅為主，駢體文佔據大半江山，主要代表人物有袁宏、孫綽、徐陵、庾信等，其中以庾信成就最高，對唐初的墓碑文創作也有較大影響。

但是，過於繁縟的駢體文風，會使得墓碑文內容上處於一味頌美的狀態。曹丕在《典論·論文》中提出「書論宜理，銘誄尚實」，一是為了區分文體，二是或許由於諛墓現象的普遍發生而有此言。桓范《世要論·銘誄》對此進行了闡發：「勢重者稱美，財富者文麗。後人相踵，稱以為義，外若贊善，內為己發。上下相效，競以為榮，其流之弊，乃至於此。欺曜當時，疑誤後世，罪莫大焉。且夫賞生以爵祿，榮死以誄謚，是人主權柄，而漢世不禁。使私稱與王命爭流，臣子與君上俱用，善惡無章，得失無效，豈不誤哉。」〔註24〕從這裡我們看出，當時的墓碑文創作存在的已經不僅僅是一味頌美的問題，也對封建等級制度產生了破壞，因此碑禁才會一直延續。

到了隋朝碑禁被解，李諤作《上隋高帝革文華書》，對南北朝時期的繁縟華美文風進行了批評，隋文帝也頒布號令要求「公私文翰，一概實錄」，但由於隋代兩世而亡，陷於戰亂，改革的影響並不大，此時的墓碑文創作仍然延續南北朝時期的特點。隋煬帝在《立楊素碑詔》中提及：「夫銘功彝器，紀德豐碑，所以垂名跡於不朽，樹風聲於沒世。」〔註25〕此外，隋代在碑文等級制度上有了明確的劃分，確立了碑與碣的使用規範，《隋書·禮儀志》：「三品已上立碑……七品已上立碣。」〔註26〕

〔註24〕〔清〕嚴可均編：《全上古三代秦漢三國六朝文·全三國文》卷三七，中華書局，1958 年，頁 2526。

〔註25〕〔唐〕魏徵、令狐德棻：《隋書》卷四八，中華書局編輯部點校，中華書局，1973 年，頁 1292。

〔註26〕〔唐〕魏徵、令狐德棻：《隋書》卷八，中華書局編輯部點校，中華書局，1973 年，頁 157。

　　唐代張說最早將文體改革引向了墓碑文領域，其墓碑文作品繼承了蔡邕、庾信，宗法經典，駢散結合。同時，墓碑文創作的等級規範、儒家的評判標準也在張說這裏得到了繼承。值得一提的是，張說對六朝以來缺乏人物個性、虛飾而程式化較為嚴重的墓碑文創作弊病進行了糾正，他的作品根據墓主本人特點進行選材，並在撰寫過程中突出墓主人物個性，章法結構與以前的作品相較有了一定的變化，敘述精煉，並且有意識地使用了史家筆法進行創作，在墓碑文作品中留下了大量精彩的議論〔註27〕。此外，在銘辭方面，張說打破了原有的千篇一律的四言韻語格局，對三言、五言、七言等均有使用。可以說，張說的創作對於扭轉南北朝以來的積弊起到了重要的改革作用。《舊唐書》曾評價其「前後三秉大政，掌文學之任凡三十年。為文俊麗，用思精密，朝廷大手筆，皆特承中旨撰述，天下詞人，咸諷誦之。尤長於碑文、墓誌，當代無能及者。」〔註28〕自張說之後，包括王維、顏真卿在內的作家的墓碑文創作成果頗豐，但是從文體角度來說，並未使駢儷化的問題從根本上發生改變。

　　自劉知幾開始，唐人提出了反對駢文書寫史文的口號，而後包括元結、獨孤及、權德輿等人先後從文體角度進行改革，強調以散體古文代替駢體，即「宗經復古」，並通過實際創作為後人打下了理論與實踐的基礎。到了中唐時期，復古思想盛行，以韓愈、柳宗元為代表人物的「古文運動」興起，提出「文以載道」的理論思想，強調經世致用，但同時重視文學的抒情特徵，繼承與創新相結合，對許多文體具有改革、開拓之功。唐以後，幾乎所有文學評論作品皆以韓愈為墓碑文第一家，「古今作者，惟昌黎最高。」〔註29〕錢基博在《中國文學史》中也稱碑誌之文有兩體：一是蔡邕體，「語多虛贊而緯以事歷」，魏晉南北朝至隋唐碑文大多宗法蔡邕體；二是韓愈體，「事尚實敘而裁如史傳」，宋代歐、蘇、曾、王諸人則以此為宗〔註30〕。

　　一方面，韓愈的作品承繼了墓碑文等級規範的傳統，仍以經典為本；另一方面，他打破了自蔡邕以來的「逐節敷寫」的格局，將史傳文學的創作手

〔註27〕關於張說的墓碑文，詳見肖瑞峰、楊潔琛：《論「大手筆」張說的散文》，《清華大學學報》，2003 年 06 期。

〔註28〕〔後晉〕劉昫等：《舊唐書》卷九十七，列傳第四十七，中華書局編輯部點校，中華書局，1975 年，頁 3057。

〔註29〕吳訥《文章辨體序說》，人民文學出版社，1962 年，頁 52。

〔註30〕錢基博：《中國文學史》，上海古籍出版社，2011 年。

法引入了墓碑文中，以事寫人，選取具有代表性的事蹟來刻畫墓主人物形象，表現其個性特徵，沒有固定的章法格局，墓碑文創作不再千篇一律。另外，韓愈在墓碑文中經常以議論的方式來抒發個人感情，表明碑文撰者的個人立場，並且發展了張說對於銘辭部分的革新，不拘一格。韓愈的墓碑文一直為後世所稱讚，元代潘昂霄在《金石例》一書卷六至卷八中，即是以韓文為例概括了墓碑文寫作的具體程式，使之成為後世典範。

除韓愈外，柳宗元也堪稱唐代墓碑文創作大家。他同韓愈一起高舉復古旗幟，對墓碑文的體例進行了改革，文章佈局不拘一格，體式靈活，富於變化。此外，柳宗元對墓碑文的題名也有所改進，包括權厝誌、歸祔誌在內的九種題名，在柳宗元之前似並未有人使用過，這就意味著他對墓碑文下的二級文體小類的形成做出了巨大的貢獻〔註31〕。

晚唐文人繼承了韓愈的墓碑文創作特點，常借為歷史人物作碑而抒發自己的觀點，然而，社會風氣與文學思潮的變化使得晚唐五代時期駢文得到了復歸，並在墓碑文創作中有所顯現。以李商隱為代表的一批作家，在創作墓碑文時多使用雕琢過度的華美詞藻，而忽視了墓碑文「尚實」的本質特點。至宋初，這種綺靡的文風依然持續，北宋的古文作家上承韓愈、柳宗元的改革傳統，提倡古文，反對綺麗的駢文。改革自柳開、王禹偁始，其後姚鉉編纂《唐文粹》，所收墓碑文作品均為散體之作，可見其思想之傾向。到了歐陽修倡導古文運動，駢文一統的格局得到了徹底改變。

歐陽修提倡文、道並重，他認為文與道既有緊密聯繫，又各自獨立而不可替代；他明確反對綺靡的西崑體與生澀怪僻的太學體，但又並非全盤推翻駢文或採用古文，而是將文章的實用性與藝術性相結合。從墓碑文創作來看，歐陽修繼承了韓愈以來的創作傳統又有所發展：同韓愈一樣，歐陽修會根據墓主本身特點量度材料，寫出人物個性，模仿墓主文風，佈局方式也會隨之變化，並無統一定式。而歐陽修在《論尹師魯墓誌》《再與杜訢論祁公墓誌書》中強調以書寫史傳的方式來書寫墓碑文，即以史筆為碑，言簡意深，重視抒情、議論，採用「互見」等史傳手法〔註32〕，在這種情況下，墓碑文的文體

〔註31〕靳月靜：《柳宗元碑誌文研究》，暨南大學碩士學位論文，2012 年。

〔註32〕詳可參見陳曉芬：《論歐陽修碑誌文的文學意義》，《楚雄師專學報（社會科學版）》，1992 年第 2 期；李志剛，徐正英：《歐陽修碑銘文基本特徵簡論》，《殷都學刊》，1991 年第 3 期。

功能發生了改變，墓碑文的創作已經不單單是為了表彰人物功德，且是對後世具有垂鑑之功，這一點也為元人所繼承；另外，作者身份在碑文中的凸顯也使得墓碑文的抒情功能得到了發揮。

繼歐陽修之後，曾鞏、王安石、蘇軾等人在墓碑文寫作上均受到了歐陽修影響，但又有所發展。曾鞏在《寄歐陽舍人書》中曾明確提出了墓碑文與史之關係：「夫銘志之著於世，義近於史，而亦有與史異者。蓋史之於善惡，無所不書，而銘者，蓋古之人有功德材行志義之美者，懼後世之不知，則必銘而見之。或納於廟，或存於墓，一也。苟其人之惡，則於銘乎何有？此其所以與史異也。其辭之作，所以使死者無有所憾，生者得致其嚴。而善人喜於見傳，則勇於自立；惡人無有所紀，則以愧而懼。至於通材達識，義烈節士，嘉言善狀，皆見於篇，則足為後法。警勸之道，非近乎史，其將安近？」〔註33〕曾鞏區別了史書與銘的內容，史書書善惡而銘則頌功德，銘對於墓主「惡事」是加以隱晦的，墓碑文創作的目的是為了使死者無憾，使生者可以表達其崇敬之情，但墓碑文對於「善」的書寫又具有一定的警世之用，這是其與史傳相近之處。在曾鞏看來，史書與銘雖然在內容上有所區別，但是其對世人的警勸之用是一致的。

相對韓、歐、曾來說，蘇軾本人的墓碑文創作較少，僅有二十六篇作品存世，但是通過今人研究可知，蘇軾的墓碑文不僅繼承了前人的體制規範與「史筆」創作方式，而且其實事求是的嚴謹態度在一定程度上糾正了「諛墓」這一弊病，對散體墓碑文的發展起到了一定作用，並對金元以後的墓碑文產生了深刻影響，為王若虛、元好問等人所推崇〔註34〕。王安石則發展了曾鞏「碑義近於史」的觀念，其關於墓碑文創作的觀點主要見於《答錢公輔學士書》一文中，王安石的墓碑文也大多言簡意深，好發議論之言，在文體佈局方式上刻意求變，自成一家。

到了南宋時期，墓碑文的創作又回復到了南北朝駢儷繁縟的風格之中，只有陸游仍堅持以散體為碑文的創作，但是他仍遵循蔡邕逐節敷寫的模式，並未對墓碑文文體有所創新和發展。

可以看出，自唐人革新之後，墓碑文文體在以下幾方面發生了變化：

〔註33〕〔宋〕曾鞏：《曾鞏集》卷十六，陳杏珍、晁繼周點校，中華書局，1995年，頁253。
〔註34〕趙徵：《蘇軾的碑誌文研究》，遼寧師範大學碩士學位論文，2012年。

　　一是散體墓碑文成為主流。唐以前墓碑文大多採用駢體形式，堆砌辭藻，但唐代革新以後，散體墓碑成為了創作主流，一直延續至元代，其中只有遼代較為特殊，遼代墓碑文「駢化程度很高，如李仲宣、史克忠、宋璋、向載言等人的碑誌文創作就是明證」〔註35〕，至晚期則以駢散結合為主，從整個古代墓碑文發展史來看，遼代的駢體墓碑文也實屬特殊存在，到了金代，墓碑文創作又回到了散體的主流中。

　　二是逐節敷寫的單一格局被打破。自韓愈開始，唐、宋兩代的墓碑文作家大多採用散體創作墓碑文，以墓主刻畫為中心，通過選取墓主生平有代表性的事蹟來寫出其德行、才學等，佈局也隨之有所變化，並沒有統一的格式，打破了舊有的程式化問題。

　　三是文體功用的變化。在唐宋以前，墓碑文創作的主要目的是為了昭示墓主的德行，但是自唐宋文學家將「碑」與「史」緊密結合後，墓碑文除了歌頌墓主以外，也具有了記錄史事、垂鑑後世的作用。此外，抒情成份的增加也使得墓碑文從單純稱美德行的應用文體變成了兼具抒情功用的存在。

　　四是墓碑文下屬的小類增多，分類也隨之發生了變化，歷代文學總集、選集之中對於墓碑的分類並沒有完全統一的劃分標準，筆者參考了郭英德先生《中國古代文體學論稿》〔註36〕中關於文學總集對碑誌文分類的具體情況，並將其列入以下表格之中：

《文選》	《文苑英華》	《唐文粹》	《宋文鑒》	《元文類》
1. 銘	1. 銘（子目6）	1. （1）銘	1. 銘（與碑誌無關）	1. 銘（與碑誌無關）
	（1）塔廟			
2. 碑文	2. 碑（子目14）	2. 碑	2. 碑文	2. 碑文
3. 墓誌	3. 誌（子目5）		3. 墓誌	3. 墓誌
	4. 墓表		4. 墓表	4. 墓表
			5. 神道碑銘	5. 神道碑
				6. 墓碣（銘）

〔註35〕于景祥、李貴銀編著：《中國歷代碑誌文話》，遼海出版社，2009年，頁101。
〔註36〕郭英德：《中國古代文體學論稿》，北京大學出版社，2006年。

《文章辨體》	《明文衡》	《文體明辨》	《明文在》
1. 銘（與碑誌無關）	1. 銘（物銘）	1. 銘（物銘、宮室銘等）	1. （1）銘（器物銘）
			（2）銘（地銘）
2. 碑	2. 碑	2. 碑文	2. 碑
3. 墓誌	3. 墓誌	3. 墓誌銘	3. 墓誌銘
4. 墓表	4. 墓表	4. 墓表（阡表、殯表、靈表）	4. 墓表
	5. 神道碑		5. 神道碑
5. 墓碣		5. 墓碣文	
6. 墓碑	6. 墓碑	6. 墓碑文	6. 墓碑
7. 墓記			

從兩張表格中，我們可以看出墓碑文的分類大概有以下幾種趨勢：

一是碑、誌並提與碑銘分離。《文選》中碑、誌並行，這是因為北朝一直執行禁碑政策，因此墓誌在這一時期大量增長，與碑文並行為一類。此後墓誌快速發展，根據上一章的統計數字來看，唐、宋、元三代墓誌已經成為了墓碑文的絕對主體。《文苑英華》也將碑與誌分為兩類，並且增加了一類「墓表」，此外，塔銘仍被歸入「銘」一類中，而《唐文粹》中的「銘」類仍有部份作品屬於我們所說的墓碑文。但自《宋文鑒》開始，銘文已經與碑文逐漸脫離，銘文主要指宮室、器物、地域等銘，碑文成為實際上獨立的一類文體，元代也繼承了這一「碑銘分離」的分類特點。

二是分類趨繁。從具體的分類來看，各部總集全不相同，且《文苑英華》與《唐文粹》雖然同成於北宋人之手，但是分類也不同，由此或許可以推知，當時人對於墓碑文的認識並不是全然相同的。但是從總體趨勢來講，分類是逐漸「繁化」的，墓碑文從開始的碑、銘、誌三類逐漸細化且增多，這或許是因為墓碑文的題名種類在逐漸增加，作品也愈來愈多，因此人們對於其劃分也要更加細緻。

然而，在分類細化的同時，各種小類的具體寫作則有趨同的傾向，即從文章內容、體制來看，各類墓碑文的差異逐漸模糊，唐以後的墓碑、神道碑、墓誌、墓碣、墓表等文章除了題名不同外，內容與體制差別不大。到了元代，一篇完整的墓碑文一般包含以下要素：

一是題名。有些題名末尾帶有「並序」或「有序」兩字，有些不帶，有時「並序」或「有序」作小字，也有不題「並序」而題「並引」的情況，如元好

問《通奉大夫鈞州刺史行尚書省參議張君神道碑銘並引》〔註37〕。如果題名中不帶有「有序」或「並序」，大部分文章中也還是有序文存在的。如果是敕賜作品，一般以墓主謚號為題，這樣的文章一般題名較長，如許有壬所撰寫的《故奉政大夫淮西江北道肅政廉訪使贈嘉議大夫禮部尚書上輕車都尉追封恆山郡公謚正肅普顏公神道碑銘並序》，淮西江北道肅政廉訪使是普顏去世前的官銜，去世後其子請立謚，按制贈官嘉議大夫、禮部尚書、上輕車都尉，追封恆山郡公，謚號正肅，由此可以看出這一類題名大致是按照實際官職、贈官、謚號、名諱的順序來書寫的。功臣謚號自唐、宋以後逐漸增加，許有壬在《有元札拉爾氏三世功臣碑銘》一文中曾寫到：「謚以尊名，古之制也。功臣之號，李唐昉有奉天定難之稱，趙宋因之始加四字或六字，有至十餘字、二十字者，皆施之於生，以為結銜。雖治非隆古，而勸忠勵節有取焉。我元儀禮制度，尤不輕畀，至治著令，立廟有大節，功勳在王室者許加焉，皆施之於沒，以冠易名。」〔註38〕因此在唐宋以後，我們可以看到墓碑文的題名較以前更長。如果是私人請銘的作品，題名中有時不寫墓主名諱而稱字或號，如元好問《閑閑公墓銘》。

　　二是序文。元代墓碑文的序文撰寫繼承了韓愈、歐陽修以來的寫作手法，一般以敘事為主，即選取墓主生平重要事蹟進行重點敘述，並兼有評論於其中，因此，序文多以散體寫成，也存在不少駢散結合的作品，甚至有幾篇純以駢體而作，然而從整體情況來看，駢體類墓碑文實屬少數，如張晏《王磐墓神道碑銘》〔註39〕等，但是，元代的駢體墓碑也很少如六朝時期一樣通過堆砌辭藻來對墓主作大量的褒美，而是將墓主的生平、族源、名諱、妻子等信息以駢體的形式表現出來。

　　明代王行曾在其《墓銘舉例》中概括了墓碑文序文書寫的基本內容：「凡墓誌銘書法有例，其大要十有三事焉：曰諱，曰字，曰姓氏，曰鄉邑，曰族出，曰行治，曰履歷，曰卒日，曰壽年，曰妻，曰子，曰葬日，曰葬地，其序如此，如韓文《集賢校理石君墓誌銘》是也。其曰姓氏，曰鄉邑，曰族出，曰諱，曰字，曰行治，曰履歷，曰卒日，曰壽年，曰葬日，曰葬地，曰妻，曰子。其序如此，如韓文《故中散大夫河南尹杜君墓誌銘》是也。其他雖序次或有

〔註37〕李修生主編：《全元文》卷三一，第一冊，鳳凰出版社，1997年，頁510。
〔註38〕李修生主編：《全元文》卷一一九五，第三八冊，鳳凰出版社，2004年，頁343。
〔註39〕李修生主編：《全元文》卷一一二〇，第三五冊，鳳凰出版社，2004年，頁207。

先後，要不越此十餘事而已，此正例也。其有例所有而不書、例所無而書之者，又其變例，各以其故也。」〔註40〕從這段文字中可以看出，無論是王行所謂的「正例」還是「變例」，都只是在書寫順序上有所不同而已，內容上其實並無差別。自韓愈革新之後，墓碑文序文的主要內容也基本固定下來，概括來說，不過是名諱字號、家族鄉邑、生卒年月、葬日葬地、生平履歷、妻子兒女、才學德行這幾類，但作家在創作過程中會根據需要來自由安排這些要素，以達到其刻畫人物的目的。

除此十三要素外，還有一些經常在墓碑文中提及的內容，如請銘緣由，一般來說墓碑文的請銘緣由包括三種，一種是去世後直接由家族中人為其作銘，比如丈夫為妻子作銘，父親為子女作銘，為家中長輩或者族中親戚作銘，比如吳澄的《故次男吳袞墓銘》〔註41〕；第二種是家中長輩去世後，由子孫向長輩生前好友或是有名的文人請銘，如程鉅夫《吳君載墓誌銘》〔註42〕；第三種是官職較高的官員去世後，一般由其子孫請易名，即請謚，與謚號同時下封的還有贈官，同時會有史官或學士等為其作銘，或者是家中子孫因功得到封贈，特意請人作碑，如許有壬的《贈通議大夫大都路都總管上輕車都尉清河郡侯謚莊惠張公神道碑銘》〔註43〕。此外，作者往往也會在序文之中抒發自己的感慨或者發表一些議論，但這並不屬於墓碑文本身所必須書寫的基本內容，而是作者自己借題發揮。

三是銘文。銘文一般是對墓主德行、功業等進行總結的文字，元代的銘文撰寫同序文一樣，也繼承了前人對墓碑文的發展，有三言、四言、五言、七言、雜言等，但四言韻語仍是創作的主要趨勢。劉辰翁《丁守廉墓誌銘》使用了三言銘文：「貢不貢，為槐夢，邱蓋多，於謳誦。羿之彀，而不中，名淹中，何必用。涕斯沾，安致鳳。」〔註44〕趙文《康氏螺湖阡合葬墓誌》則使用了雜言：「是惟康氏螺湖之墳，尚利其子孫，以式其鄉人。」〔註45〕有些墓碑文

〔註40〕〔明〕王行：《墓銘舉例》卷一，淮建利點校《金石三例》本，中州古籍出版社，2015年，頁137。
〔註41〕李修生主編：《全元文》卷五一六，第十五冊，鳳凰出版社，1999年，頁522。
〔註42〕李修生主編：《全元文》卷五四二，第十六冊，鳳凰出版社，2000年，頁496。
〔註43〕李修生主編：《全元文》卷一一九八，第三十八冊，鳳凰出版社，2004年，頁424。
〔註44〕李修生主編：《全元文》卷二八〇，第八冊，鳳凰出版社，1998年，頁748。
〔註45〕李修生主編：《全元文》卷三三七，第十冊，鳳凰出版社，1998年，頁157。

有序無銘，如楊奐《錦峯王先生墓表》〔註46〕；有些則有銘無序，如楊文郁《孔元墓銘》〔註47〕，吳澄《秋堂陳居士墓銘》〔註48〕，全文僅有銘文而無序文。

除了銘文一定位於文章結尾外，以上書寫的要素並沒有完全固定的順序，如果是朝廷敕賜的墓碑文，一般會將封贈敕賜的部分放在開篇以示尊崇。一般說來，並不是每一篇墓碑文都完整包含以上內容，作者會根據自己的所知與需要來進行選擇，如有時由於家譜遺失，墓主的家族譜系等內容並不可考，或是在作者寫作時，其下葬之日、之地未定，便以「某年某月」等方式來代替，在刻碑之時再由刻工添加。

可以看出，元代的大部份墓碑文在文體上都沿襲了前人的革新成果，但元代也有兩類與此前墓碑文截然不同的作品──先塋碑與新塋碑，我們在接下來的部份將會詳細分析這兩類新的墓碑文體。

第二節　新文體的出現

一、先塋碑

元代墓碑文體除了繼承前代之外，另有一類「先塋碑」作品興起。所謂先塋，楊弘道在《李氏遷祖之碑》一文中有所解釋：「人之所居為鄉，所居之世既久，則謂之故里；人之所葬為墳，所葬之世既久，則謂之先塋。」〔註49〕先塋即家族世代喪葬之地，在此立碑作文，追述家族世系源流，並以家族三代世系為主要寫作對象，紀錄其生平與德行，以彰顯先人之不朽，盡孝子之追思。這種先塋碑類作品，除了以先塋（祖塋）外，另有以「先德」「世德」「昭先」為題目的篇目，從文章體例、內容等方面均與先塋碑相似，碑石也立於家族塋地中〔註50〕，因此也歸入先塋碑類。

〔註46〕李修生主編：《全元文》卷七，第一冊，鳳凰出版社，1997年，頁151。
〔註47〕李修生主編：《全元文》卷三五八，第十冊，鳳凰出版社，1998年，頁611。
〔註48〕李修生主編：《全元文》卷五一五，第十五冊，鳳凰出版社，1999年，頁474。
〔註49〕李修生主編：《全元文》卷一○，第一冊，鳳凰出版社，1997年，頁207。
〔註50〕元好問《歸德府總管范陽張公先德碑》，文中有：「我卜行營之原，當置萬家。」語出自《史記・淮陰侯列傳》：「其母死，貧無以葬，然乃行營高廠地，令旁可置萬家」。按《說文解字注》，塋有經營其地而葬之意。因此行營即喪葬之地，可見先德碑也應樹立於家族塋地中，與先塋碑相同。

從數量上來看，《全元文》中共收錄先塋碑類作品 171 篇，其中包括先塋（祖塋）碑 115 篇，先德碑 27 篇，世德碑 23 篇，昭先碑 6 篇。從作者來看，元代文壇較為有名的作家，自元好問始，到姚燧、趙孟頫、虞集、黃溍、蘇天爵，甚至少數民族作家如馬祖常等均有有先塋碑作品的創作。從目前留存的材料來看，元代最為大力創作先塋碑的作者當屬劉敏中，共有約 20 篇作品存世，其餘如李庭實、張養浩、虞集等，也有不少篇目留存。先塋碑興起於金末，興盛於元代，但是到了元代後期，先塋碑也逐漸衰落，作品不斷減少，不過，先塋碑並沒有就此消失，從目前現存的文獻以及出土的文物來看，明清兩代先塋碑依然被人們所使用。雖留存篇目不多，但研究元代墓碑文，先塋碑是不可繞過的重要一環。

（一）產生時間

從目前現存的材料來看，最早的先塋碑作品以及創作者或已不可考，潘昂霄在《金石例》卷二「先塋先德昭先等碑之始」一條中有：

> 蒼崖先生曰：先塋、先德、昭先等碑例，似與神道碑、墓誌碑不同。先塋、先德、昭先等碑，創建于國朝，已前唐、宋、金皆無之。所書三代並妻子，例似與神道、墓誌不同也。〔註51〕

潘昂霄首先提出了先塋碑類文章與傳統的墓碑文在文章體例上並不相同，因此這一類文章應該歸為一類單獨的墓碑文體。從目前的材料來看，「先塋碑」這一題名使用更為廣泛，因此本文以「先塋碑」來統稱這一類文章，其餘先德、昭先、世德、祖塋碑等，皆歸入這一類下。就產生的時間來說，潘昂霄認為其創建於「國朝」，即元代。先塋碑的創作的確在元代較為盛行，且唐、宋兩代並未有見，但根據材料來看，其確切的產生時間應該更早。

考察現存的金代文獻，《金文最》卷八六中有兩篇文章，一是黃晦之《濟寧李氏祖塋碑》〔註52〕，二是鹿汝弼《成氏葬祖先墳塋碑》〔註53〕，從文章本身來看，其篇幅中等，內容以敘述先祖世系、家中祖塋改遷為主，對於三代以內的生平交代較少，與元代先塋碑相比略有不同，但是作為先塋碑文體的基本要素較為齊備，因此可以算作早期的先塋碑類作品。

〔註51〕〔元〕潘昂霄：《金石例》，淮建利點校《金石三例》本，中州古籍出版社，2015 年，頁 23。

〔註52〕閻鳳梧主編：《全遼金文》，山西古籍出版社，2002 年，頁 1994〜1996。

〔註53〕閻鳳梧主編：《全遼金文》，山西古籍出版社，2002 年，頁 2062〜2064。

　　黃晦之《濟寧李氏祖塋碑》一文具體寫作時間不明，但是根據《全遼金文》作者小傳考證，黃晦之本人大約在金章宗明昌六年（1195 年）前後在世，那麼這篇文章的寫作年份或許早於元好問的兩篇作品。鹿汝弼《成氏葬祖先墳塋碑》一文中則有較為明確的時間點：「次明昌乙卯十一月，命進古為祭主，葬諸祖同考妣於二林內」〔註 54〕，文章中所出現的最晚的時間點即為明昌乙卯年，亦即金章宗明昌六年（1195 年），則本文當創作於 1195 年或此後不久，早於元好問的作品三十年左右。按照這兩篇文章來看，我們可以將先塋碑的產生時間再往前推一些，即不晚於金代章宗明昌年間。

　　再來看宋代的作品，《全宋文》中並未有以「祖塋碑」「先塋碑」為題的作品，但是北宋時期，祭告先塋的文章倒是存有數篇，如韓琦《葬安國夫人祭告祖塋文》，這一類文章屬於祭文，篇幅很短，內容體例與我們所說的先塋碑相差略遠，因此不能算作同類。但是寫作於北宋神宗熙寧九年（1076）《蔡展公先塋記》〔註 55〕則與後世的先塋碑內容較為相似，其追述蔡氏一門功績，根據文章內容來看這是蔡公在祭奠先塋之後由朱長文所寫的文章，因此在文體上又和祭文較為相近。類似情況的，還有秦觀於北宋哲宗元祐八年（1093）所作《祖氏先塋芝記》，因先塋之地有瑞芝生長而作文，追述先祖之德。這兩篇文章與先塋碑略有相似，然而生平描寫較短，也沒有世系、宗族的簡要說明，而且以「記」為題，文中並未提及刻於碑上之事，從載體這一角度來看，並不能屬於我們所說的「先塋碑」類文章，但是我們可以說，這一類先塋記文對後世先塋碑的產生及發展或許具有一定的影響。到了南宋，歐陽守道作有《賀氏先塋誌序》〔註 56〕，其中提及賀君作有《先塋誌》，具體篇目現已不得見，不過從題目來看，這種先塋誌似乎和後世的先塋碑相似，按文中內容，是喪親卜塋下葬後所作，以明家族來源世系，寫作時間大致為南宋寶祐六年（1258），較之《濟寧李氏祖塋碑》和《成氏葬祖先墳塋碑》晚了大約六十年左右，那麼從現有材料看，先塋碑這一文體應當是最早產生於金代中期，且北方早於南方。

〔註 54〕閻鳳梧主編：《全遼全文》，山西古籍出版社，2002 年，頁 2062～2064。

〔註 55〕曾棗莊，劉琳：《全宋文》卷一〇一五，第九十三冊，上海辭書出版社，2006年，頁 170。

〔註 56〕曾棗莊，劉琳：《全宋文》卷八〇一〇，第三四六冊，上海辭書出版社，2006年，頁 458。

（二）產生原因

關於先塋碑產生的原因，日本學者飯山知保在其《金元時期北方社會演變與「先塋碑」的出現》〔註57〕一文中進行了探究，認為金元時期先塋碑的產生與朝代更替所帶來的社會、文化變動密不可分，社會動盪導致家族四散逃亂而帶來的危機感促使人們將家族譜系刻於石上，而遵循禮制的需求也令低級官吏與平民尋求一種不同於傳統神道碑、墓誌的作品來紀錄自己家族的來源、世系，於是先塋碑這一文體應運而生。按文章所述，金代自世宗、章宗兩朝，以「先塋」等為題的作品逐漸增加，並且這些碑刻所屬的家族大部分為平民，這是由於北宋末年戰亂以來，北方家族對於保存家族譜牒具有深刻的危機感。而將家族譜系刻於金石之上的行為其實早已有之，如自唐代開始的「家廟碑」等。但是究其內容，大多以家族中人的功德為主，與元代這種追述世系的先塋碑又不盡相同。

《成氏葬祖先墳塋碑》也有云：「迨至天會間，兵革之亂，四方雲擾，居民逃難解散。」〔註58〕既四散逃難，則歸葬祖塋談何容易，不少家族在此時期遷至他處，並別立新塋。為了保存祖先的事跡，知姓氏源流、祖先為誰，明族別，立先塋之碑是非常有必要的，《成氏葬祖先墳塋碑》即是如此，成氏祖先自北宋太祖建隆元年合葬於先塋，後世別卜新塋葬其祖考，請人作碑以紀錄。北宋末年之時，南方相對來說偏安一隅，未經戰火洗禮，百姓流離失所、家族散逸的情況較少，但是北方在經過金兵入侵，破壞嚴重，可以說，族譜散佚的情況早在當時的北方地區就已經比較常見了，因此先塋碑最早在金代產生，有其合理性所在。

事實上，在戰亂之後看重家族譜系的保存，早在南北朝時就已經有相似行為了。《北齊史·魏收傳》記錄了這樣一件事：楊愔認為《魏書》在論及諸家譜系、姻親關係方面過於繁瑣，失卻舊史體例，但是魏收對此有所解釋：「往因中原喪亂，人士譜牒，遺逸略盡，是以具書其枝流。」〔註59〕不同的是，魏收以史書記譜系，而金元之人則以碑刻記之。

除了戰爭帶來的恐慌之外，先塋碑的產生也與當時的禮制有關。《濟寧李

〔註57〕〔日〕飯山知保：《金元時期北方社會演變與「先塋碑」的出現》，《中國史研究》，2015 年第 4 期。

〔註58〕閻鳳梧主編：《全遼金文》，山西古籍出版社，2002 年，頁 2062～2064。

〔註59〕〔唐〕李百藥：《北齊書》卷三七，中華書局編輯部點校，中華書局，1972 年，頁 489。

氏祖塋碑》一文，甫一開篇就寫道：

> 近世習俗，祖、考既葬，不問貴賤，皆為之立碑。人有疑而見問者，曰：「禮歟？」余應之曰：「禮也。」夫碑碣固同，而立□之意各異。□閥之家，不止軒冕焜燿，有大功德，可以上衛國而下庇民，子孫榮之，於是為神道碑；其次德行文章，顯然為時聞人，慮其湮沒於世，則有墓表、墓誌紀其實，以貽不朽，二者古今皆然，至於比閭之民，若子若孫，奉先世遺體，貴與賤不殊，既葬之後，不一二世，叩其誰為祖，誰為高曾，卷舌而不能言者，十常七八。物莫靈於人，至不知身之所出，豈理也哉！昔聖人沿人情以制禮，而況遭際聖時，人人漸沐生事死葬、尊祖報本與夫敦睦九族之教，因其葬也，必有碣以樹於林，使慶流之源，族派之別，後世曉然皆知其詳，其誰曰不可。〔註60〕

墓碑文的產生與「禮」息息相關，刻碑作銘一直是儒家所強調的禮法，早期的墓碑一般僅限於貴族或上級官吏使用，隨著後世發展，其使用對象逐漸下移，但是對於平民或者低級官吏來說，仍然具有較大的限制。按照禮法來看，刻碑作銘是子孫必須為祖先所做的，這也是傳統的「三不朽」觀念的延續，而且人們認為的「立德行」的內容比起一開始也更加廣泛，保家衛國建立不世功勳是德行，友善鄉里接濟貧窮也是德行，不過是大小之別。因此，墓碑文的發展過程其實也是其寫作對象從王公貴族到平民與低級官吏的、逐漸下移的過程。作為墓碑文的一類，先塋碑自然也繼承了其與禮法相合的特點，只不過寫作對象發生了變化，由一變多，紀錄的是家族的生平，而先塋碑最初的產生，也基本限於低級官吏與平民家族之間。

飯山先生在文章中揭示了先塋碑產生的兩點重要原因，一是戰亂導致的社會動蕩，二是遵禮的需求，但是先塋碑的出現其實還受到了其他因素的影響。

前文我們曾經提到過，先塋即家族世代喪葬之地，不少人相信祖塋的風水會影響後人的運勢。如《濟寧李氏祖塋碑》：「術者觀之，謂得山水之秀，故久而不衰。後世以兩林為福地，皆祔葬焉。」〔註61〕一般來說，如無特殊情況，家族塋地少有改遷，如若塋地不足，大多是再行卜兆，挑選附近的風水寶地另立新塋，就如濟寧李氏一般，李氏自唐代開始就葬於小黑村西南之原，

〔註60〕閻鳳梧主編：《全遼金文》，山西古籍出版社，2002 年，頁 1994～1996。
〔註61〕閻鳳梧主編：《全遼金文》，山西古籍出版社，2002 年，頁 1994～1996。

墳西亦有祖林，術者觀之，認為其為風水寶地，可護祐子孫，後世便以附近兩林為福地，附葬先祖。自此後家族子孫蕃茂，闔族五百餘人，衣食充羨，「遠祖一林與南北兩林，其為福蔭，子孫賴之」〔註62〕，因此對後人來說，立先塋之碑一是感念先祖墳塋庇祐之功，二是警示子孫家中先塋所在之地是風水寶地，不得隨意改遷。

從文體發展角度來看，以碑銘昭世系之先德，這並不是從金元時期開始的，早在唐代就已經有這樣的作品出現。《文苑英華》卷七八五收有一篇權德輿所作《世德銘》，作者以銘文體裁介紹了權氏一族的由來與世系，銘其家族之德行，宣揚家族之世德。上一章我們曾經提到過，墓碑文的寫作其實是受到了銘文的影響，雖然《世德銘》與後世的先塋碑在文體等方面有比較明顯的區別，但是無論從這種紀家族世系、功德的理念還是寫法的角度，我們都可以說這類「世德銘」對後世先塋碑的產生具有文體和寫作觀念上的影響。另外，以碑來銘刻世系的行為也並不是金代才產生的，在唐代就已經產生了具有這種職能的家廟碑。《全宋文》中也收錄了一篇李淑所作《李氏世德銘》，篇幅短小，內容與權德輿之文相似，這種銘刻家中世代德行的內容與行為均為後來先塋碑的產生和發展打下了基礎。

因此，先塋碑其實是在文體發展的基礎之上，受到了當時社會背景、禮制以及風水之說的影響而產生的。

（三）功用演變

先塋碑這一文體，起於金代，紀錄家族世系與德行，作族譜之用，但是隨著蒙古帝國的逐漸南侵，戰亂興起，社會背景的急劇變化使得先塋碑的功用發生轉變，並由民間走向了朝廷，成為官方敕賜之作。先塋碑之所以在元代得以延續，一是對於禮制的恢復與繼承。釋、道兩教的發展，使得儒家傳統的喪葬方式受到了衝擊：

> 問：治天下者莫大于禮，所以辨上下定民志也。冠、婚、喪、祭，民用尤切，前代皆有成式。今冠禮廢久，世不復知有成人之義，昏禮壞于隨俗，喪禮壞于異端，龐雜不經甚已。（吳師道《國學策問四十道》）〔註63〕

〔註62〕閻鳳梧主編：《全遼金文》，山西古籍出版社，2002年，頁1994～1996。
〔註63〕李修生主編：《全元文》卷一〇八一，第三十四冊，鳳凰出版社，2004年，頁250。

　　因此，強調人死後立碑作銘其實是對儒家傳統禮制的一種恢復。元代以《朱子家禮》為尊，《家禮》卷四中對於立碑也進行了說明：「別立小碑……乃略述其世系名字行。」〔註64〕所以，立先塋碑對於文人儒士來說，是一種符合禮制的行為。

> 昔有君子，潛德弗耀，世遠族大，為州郡所尊敬。天下久治平，
> 子孫奉遺業，守先訓，有佐於時，有祿於官，則思所以表其先塋焉，
> 禮也。（虞集《河中張公墓誌銘》）〔註65〕

此外，先塋碑的產生本身就是一種「崇孝」觀念的體現，元代理學興盛，提倡「忠孝節義」，因此樹立先塋碑也是符合當時理學教化的一種行為。

　　二是宗族收聚的需要。金代末年，戰爭為人們帶來了極大的恐慌感，宗族散落，到了元代初年，宗族收聚成為了許多人迫切而必要的一件事〔註66〕。胡祗遹在《大元故懷遠大將軍彰德路達嚕噶齊揚珠台公神道碑銘》一文中有：

> 上皇喜其忠貞，許以土地人民，辭不敢受曰：「俱非臣所欲也。
> 臣宗族散落，願托天威聚集之。」得四百餘，家復為大族。〔註67〕

既然要收聚宗族，那麼族譜對於當時人來說則是非常必要的，因為宗族的收聚要依靠族譜來進行：

> 《禮》曰：「尊祖故敬宗，敬宗故收族。」古有大宗以收族，今
> 宗法弛，猶賴譜可以收族也。人之言曰：「宗法弛，故族不可收。」
> 以余觀之，所謂弛者，特無採地之人，以世世合食序昭穆而已。（徐
> 明善《太原族譜序》）〔註68〕

但是當時族譜亡佚的情況也非常嚴重，戴表元在《清茂軒記》中提到：「剡源在雲山，與四明洞天相為犬牙。異時避世幽棲之士，蓋多有之。而故家荒蕪，遺牒散落，余嘗恨之久矣。」〔註69〕因此，如何保存族譜，使其長久地流傳下去，就成為當時人必須解決的問題。金石之物向來被用於刻碑作銘，昭示

〔註64〕〔宋〕朱熹：《家禮》，王燕均、王光照校點，《朱子全書》，第七冊，上海古籍出版社，2002年，頁922。

〔註65〕李修生主編：《全元文》卷八九三，第二十七冊，鳳凰出版社，2004年，頁547。

〔註66〕關於元代宗族收聚的特點，詳見李治安《中國基層社會秩序演變軌跡述略》一文，見於張國旺：《元代権鹽與社會》，天津古籍出版社，2009年，頁1。

〔註67〕李修生主編：《全元文》卷一五五，第五冊，鳳凰出版社，1997年，頁400。

〔註68〕李修生主編：《全元文》卷五五三，第十七冊，鳳凰出版社，2000年，頁239。

〔註69〕李修生主編：《全元文》卷四二五，第十二冊，鳳凰出版社，1999年，頁330。

後人，以示不朽，所以將族譜刻於石碑之上，寫明祖先世系與生平事跡，不失為一個好的選擇。人們學會了如何在戰亂時保存家中譜系，以供來日收聚宗族之用。在此情況下，碑陰有時也被利用作為詳細的族譜紀錄或其他用處，因此碑陰文在這時也得到了一定的發展，到了明代，徐師曾在《文體明辨》中單獨設立「碑陰文」一類，也說明碑陰文在元明兩代的發展以及作品數量的增長。

此外，元人不但對家譜極為重視，對於追溯家族源流、姓氏來源也很看重，陳櫟作有《陳氏本始》〔註70〕《前代姓陳人》〔註71〕《始祖鬲山府君》〔註72〕《本房先世事略》〔註73〕等等文章，對陳氏的祖先、家族世系、生平有非常清晰的敘述。因此，在這種情況下，能夠記錄家族姓氏來源、世系生平的先塋碑在元代得到發展也是必然的結果。

金末元初的臣子，大多以軍功受封賞，除了本人加官進爵，家族亦有所惠及，對於已經去世的先祖來說，一是獲得贈官，所謂「生封死贈」即是如此，然而僅僅獲得贈官並不能滿足孝子賢孫之心，發揚先人之言、德也是感恩先人、宣揚崇孝的重要途徑，因此，將前人事跡紀錄下，請名家作碑銘並刻石以昭不朽，是極好的選擇。

> 孝莫大於顯親，此前哲之格言也。蓋人子有不幸不能終養其親，而於既歿之後，摭親之功寔行義，懇求當世立言之士發揚論撰，著之金石，傳於後世，使不與草木俱腐，以自慰其疇昔養親不足之心，亦可尚也已。（李庭《故嵩州安撫使成公墓表》）〔註74〕

祖先立功德，則會有福報給子孫；子孫立功德，被認為是先祖庇祐之功，正如《李氏祖塋碑》所述。因此，「立功德」一事將祖先與子孫連結到了一起，子孫今日所立功德，皆仰祖先之庇祐，所以一旦有加封賞賜，則興修先祖之碑，請當時名家作碑銘以紀之。元初不少布衣之士因戰功等特殊功績而躋身上流，既有推贈之恩，便延請朝中文士為家中祖先作先塋碑，一方面為自己

〔註70〕李修生主編：《全元文》卷四一，第十八冊，鳳凰出版社，2000年，頁296。

〔註71〕李修生主編：《全元文》卷四一，第十八冊，鳳凰出版社，2000年，頁296。

〔註72〕李修生主編：《全元文》卷四一，第十八冊，鳳凰出版社，2000年，頁297～298。

〔註73〕李修生主編：《全元文》卷四一，第十八冊，鳳凰出版社，2000年，頁298～302。

〔註74〕李修生主編：《全元文》卷五六，第二冊，鳳凰出版社，1997年，頁173。

出身增光添彩，一方面也使自己的宗族一併顯赫，王惲《大元嘉議大夫簽書宣徽院事賈氏世德之碑》就很好地說明了這一點：賈氏三代供奉內庭，高祖為金代庖人，曾祖於甲申年間因功得典司御食，得到世祖及昭睿皇后重視，因此祖父從世祖南征大理，並娶宮女為妻，去世後得贈資善大夫、臨汾郡公，諡「顯毅」。賈氏並非傳統世家大族，高祖僅是庖人身分，但是後人因軍功得贈，因此得由王惲作世德碑。當然，也有人通過作碑的方式將自己與名門望族或有名人物相關係，冒充他族，以求得出身名門。

無論請銘人的目的為何，先塋碑的功用確實在元代發生了變化，在更多的情況下被與子孫功德聯繫在一起，而不僅僅是為了紀念先人，寫明世系與祖塋之事。元代有不少知名文人，如虞集等，都留存有相當數量的先塋碑作品，其風行可見一斑。而作為官方的朝廷，在意識到了這一點之後，對先塋碑加以利用，通過官方敕賜等方式來達到表彰功勳、鼓勵盡忠、宣揚教化的目的。唐宋時期，贈官的品級限定在三品及以上，到了元代就變成了五品及以上官員皆可獲得封贈：

> 由武宗詔內外臣五品而上，列五爵三土，階勳而等威之，封生
> 贈死其先。五品則縣子，男從而正子，與四品郡伯，皆止父一世。
> 三品二品皆郡，三侯二公，上及其祖再世。一品國公，逮其曾三世
> 矣。（姚燧《朝列大夫飛騎尉清河郡伯張君先墓碣》）〔註75〕

後期這一標準又有所下降，黃溍《濟南高氏先塋碑》文中提及七品以上可獲贈官，這就在無形之中擴大了先塋碑所書寫的墓主範圍，也是元代先塋碑作品較多的原因之一。

但是功用發生演變並不代表以保存族譜世系為主要目的的先塋碑消失，這類作品在元代仍有寫作，如虞集《楊氏番禺塋域碑》〔註76〕就是為外祖家所作，文中明確提出寫作目的就是紀錄家中來源、世系，再如董圭《百戶綦公葬先塋之碣》〔註77〕等，都是與金代先塋碑作品相同，記錄家族世系作族譜之用，因此，元代的先塋碑其實是兩類功用並行的。

〔註75〕李修生主編：《全元文》卷三二八，第九冊，鳳凰出版社，1998年，頁788。
〔註76〕李修生主編：《全元文》卷八八五，第二十七冊，鳳凰出版社，2004年，頁415。
〔註77〕李修生主編：《全元文》卷一一一七，第三十五冊，鳳凰出版社，2004年，頁146。

（四）地域的拓展

除了功用的演變之外，先塋碑在元代的一個重要發展就是地域的拓展，具體表現在不僅漢人家族使用先塋碑，女真、蒙古、色目家族也開始樹立先塋碑。《全元文》中收錄元代少數民族先塋碑共十一篇：

	篇　名	作者	冊數	卷數	寫作時間	所屬氏族
1.	敕賜將作院使哈颯不華昭先碑銘	劉敏中	11	397	皇慶元年後（1312）奉敕撰寫	偉吾氏
2.	駙馬昌王世德碑	張士觀	22	699	至治元年（1321）後（奉敕撰寫）	蒙古亦啟列氏
3.	完顏氏先塋碑	張士觀	22	699	延祐元年（1314）（私家請銘）	女真完顏氏
4.	句容郡王世績碑	虞集	27	871	天曆元年（1328）	色目欽察氏
5.	高昌王世勳碑	虞集	27	871	至順二年（1331）（奉敕撰寫）	畏兀亦都護
6.	孫都思氏世勳碑	虞集	27	872	至順二年（1331）（奉敕撰寫）	蒙古速勒都思氏
7.	蒙古拓拔公先塋碑銘	虞集	27	884	後至元三年（1337）	蒙古拓跋氏
8.	敕賜康里氏先塋碑	黃溍	30	963	至正八年（1348）（奉敕撰寫）	康里氏
9.	翰林學士承旨致仕脫脫公先塋碑	黃溍	30	963	後至元五年（1339）（奉敕撰寫）	蒙古默而吉台氏
10.	答祿乃蠻氏先塋碑	黃溍	30	963	至正十年（1350）私家請銘	蒙古答祿乃蠻氏
11.	襄陵完顏氏先塋碑	宋瀚元	33	1047	大德三年（1299）私家請銘	女真完顏氏
12.	大元加封宏吉烈氏相哥八剌魯王元勳世德碑	胡祖廣	52	1610	至正元年（1341）私家請銘	蒙古弘吉剌氏
13.	右都威衛管軍百戶太納先塋之碑	徐佑	58	1787	至正十一年（1351）私家請銘	蒙古塔塔兒氏

從寫作時間來看，這十三篇先塋碑最早一篇作於大德三年（1299），最晚一篇作於至正十年（1350），按上一章我們提到的分期時間來看，這十三篇只

有一篇屬於前期，其餘皆屬中後期，其中中期有五篇，後期有六篇。這說明在大蒙古國時期以及元代早期，或許先塋碑只在漢人家族中較為盛行，而少數民族則是在之後與漢人交往過程之中漸漸習得了這一習俗；從文章內容來看，這些先塋碑所寫的家族大多都是祖先跟隨成吉思汗、窩闊台或忽必烈征戰四方之人，如赤老溫、按察兒、土土哈等，二、三世之後，子孫逐漸融入漢地文化之中，先塋碑也是由其子孫私家請銘或官方封贈所賜。此外，時間的前後也證明了不同民族之間華化的不同進程：這十三篇中最早的一篇是女真家族，且是私家請銘的作品，而先塋碑最早就是在金代北方時期產生，因此女真家族接受先塋碑早於其他少數民族是符合當時的歷史情況的。

從寫作緣由來說，與普通的先塋碑一樣，這十三篇作品也是出於兩種原因所作，一是私家請銘，二是官方封贈敕作，值得一提的是，十三篇中寫作時間最早的《完顏氏先塋碑》是私家請銘之作，這或許也說明先塋碑在少數民族家族中的傳播與在漢地相同，是先由私家所作，逐漸上移至官方敕賜。

從請銘家族的身份來看，這幾個家族的子孫幾乎沒有平民，大多都是官員，且大多在元代幾乎都屬於累世功勳，子孫也多居高位。《駙馬昌王世德碑》的亦啟列氏是蒙古部族中較為重要的一支，其先祖孛禿很早就跟隨成吉思汗，子孫也多受蒙古大汗與元代帝王的重視，世代與皇室聯姻，至第五代，即駙馬阿失被追封昌王，元英宗皇后也出自此族。《答祿乃蠻氏先塋碑》的答祿乃蠻是乃蠻部主太陽罕的後裔，即乃蠻主支。《句容郡王世績碑》的土土哈家族為欽察後裔，初時欽察敗後，族人本多為奴，但因土土哈等人在北伐時驍勇善戰而釋為軍，後欽察軍成為元代軍隊中的重要一支，而土土哈家族在元代政治、軍事上多有參與，燕帖木兒則可稱得上是權傾朝野。《高昌王世勳碑》記載了高昌回鶻王族亦都護家族較為完整的世系，回鶻一族自唐文宗時滅國後，各自遷居，亦都護家族則是當時入安西的一支，後歸附成吉思汗，為大蒙古國以及元代的建立做出了較大貢獻。《孫都思氏世勳碑》則是赤老溫家族，赤老溫為蒙古四傑之一，屬於蒙古孫都思部，其子孫也多追隨太宗、世祖征戰四方。再如《蒙古拓拔公先塋碑銘》的按察兒家族，按察兒隸屬於探馬赤軍，是木華黎部下的一員大將，關於其出身、族屬，由於各家記載不一，也一直是學界著意探討的問題之一。

關於少數民族的族源、世系等信息，《元史》中也有所記載，但史書篇幅有限，修撰者水平不一，材料來源較為複雜，因此很多關於少數民族的內容

或是節略或是有誤，而先塋碑一般是由家族子孫提供行狀或其他材料，更為可信。這數篇先塋碑大多都記錄了完整的家族來源、譜系資料、通婚狀況等，有些相較史書更為詳備，由此我們也可以看出先塋碑補闕史書的價值所在。

（五）文章內容與同體異題

潘昂霄在《金石例》卷二中對先塋碑的主要內容、體例進行了概括，稱所書為三代祖先及妻、子，碑例與神道碑、墓誌不同，可見其最主要的內容是三代先祖及其妻子世系，接下來又以《大丞相劉氏先塋神道碑》《歸德府總管范陽張公先德碑》等九篇文章來作為碑式說明。

早期的先塋碑作品，其內容就是對家中祖先世系的簡單敘述以及對祖塋改葬等事的紀錄，整體來說比較簡單，篇幅也較短，文章主要包含請銘緣由、家族由來、世系、三代生平、先塋所在地這幾點因素，如《濟寧李氏祖塋碑》就是這類作品。

但是到了元初，先塋碑的功用發生了轉變，內容也突然開始增加。元好問《大丞相劉氏先塋神道碑》一文，就與上文我們提到的兩篇金代先塋碑作品不同，不僅篇幅較長，從內容上看，文章對請銘人劉敏本身的經歷及功勳敘述較多，先交代了劉敏年少時隨家人避難被俘，卻為太祖所看中，隸中宮帳下，後因征伐等功績為皇帝所器重，歷經三朝，出將入相，澤被三族，為揚名顯親而請元好問作銘以立碑。接下來，又敘述了劉氏先塋所在地，家族世系與德行，世代孝悌，因此，劉敏有此功德乃是家族德行之陽報，後又加有作者本身的感慨、議論：

> 慕高賢之歸休，師道家之知止。無心富貴，而富貴如見逼；畏遠權寵，而權寵常自至。年甫知命，福祿方來。其深略遠圖、忠良明智，上以尊主，中以庇民，下以為劉氏無窮之傳，當大書、特書、屢書之，不特一書而已也！夫忠以報國，孝以起家。立身行道之義彰，慎終追遠之德厚。不有金石，後裔何觀？〔註78〕

元好問對劉敏本身的功勳和孝道進行了讚美，書寫也較為詳盡，有趣的是，《元史》列傳第四十有《劉敏傳》，其中有提到過兵亂起時其父母棄劉敏而走，後劉敏為人所收養，元好問在碑文中雖然沒有明確提到，但是在描述家族世系時對其父生平幾乎少有提及，也算是為尊者諱。

〔註78〕李修生主編：《全元文》卷三九，第一冊，鳳凰出版社，1997年，頁617。

　　除先塋碑外，元代還有先德碑、昭先碑、世德碑這幾種類別的墓碑文，其文章體例與職能功用與先塋碑基本相同，因此可視為先塋碑的同體異題之作。

　　如元明善《大元新城崔氏先德之碑》，文章一開始交代了崔氏家族的身份：「崔為著氏舊矣。新城之族，其可譜者四世。」〔註79〕而後作者對自崔伯祥夫婦至崔思義夫婦三代人的生平進行了簡要說明，此篇先德碑即是崔思義本人因功位階正三品而追贈三代所作，序言最後，作者又點明了寫作緣由：「新城之崔，潛脩不耀，至治書君而顯，顯而追崇三世。人欲不為善，觀於斯也，能無歉心歟？」〔註80〕

　　劉敏中《敕賜將作院使哈颯不華昭先碑銘》〔註81〕，文章開篇寫明了寫作緣由，即哈颯不華因功得敕賜之碑，接下來自其曾祖答答不華寫起，答答不華追隨太祖征伐西域，為有功之臣，祖父和者不華是霍州路達魯花赤，父親起台不華乃是裕宗潛邸中人，後從征稱海，曾任樞密院斷事官，為人剛正，母親則為節婦，哈颯不華自小長於宮中太后身側，母親去世後歸葬先塋，因此賜碑，劉敏中也感嘆「積善之家，必有餘慶」。

　　同屬於劉敏中作品《商氏世德碑銘》〔註82〕，也是先寫明了請銘緣由，請銘人為劉敏中族弟的親戚，其兄忠顯君因戰功封爵，認為乃先祖積德所致，所以請作先祖之銘，作者又敘述了商氏一族先祖由來、如今佔籍所在，大父商清、父商顯、祖妣、先妣、叔父等人的生平，最後筆鋒轉至忠顯君，至元年間，忠顯於渡江之役立戰功，後元貞年間為百夫長，授忠顯校尉，五世以來，儼然為當地大族，因此作銘。

　　有些作品既不用先塋碑之名，也不用世德碑、先德碑為題，但是從形式和內容上來看，仍然隸屬於先塋碑範圍內，比如王鶚《萬戶張侯孝思之碑》，張柔因功封萬戶，後請王鶚作碑，述先人及三代生平，以表孝子之思。

　　　「今吾（柔）以仡仡一夫，遭際亨會，坐制八郡，出總萬兵，
　　自忖虛庸何以得此，是必先世餘芳有以啟導之耳。吾欲文諸翠琰，

〔註79〕李修生主編：《全元文》卷七六一，第二十四冊，鳳凰出版社，2001 年，頁381。

〔註80〕李修生主編：《全元文》卷七六一，第二十四冊，鳳凰出版社，2001 年，頁382。

〔註81〕李修生主編：《全元文》卷三九七，第十一冊，鳳凰出版社，1999 年，頁547。

〔註82〕李修生主編：《全元文》卷三九八，第十一冊，鳳凰出版社，1999 年，頁569。

發揚遺休，子意以為何如？」僕曰：「古之人立大功名、享大富貴
者，必推本其所自，以追美焉。故有唐李僕射，方節度淮南，而命
白樂天作家廟碑。近世右丞劉任公出鎮中山，亦嘗令蔡正夫作述先
碑。今公問望昭著，不忘其本，禮也。」（王鶚《萬戶張侯孝思之
碑》）〔註83〕

綜上，我們可以對先塋碑的文章體例有了大概了解：首先是對請銘緣由的描
述，根據寫作目的和功用的不同，緣由也不盡相同，一般來說包括兩種，一
是子孫立功，為了顯揚先人而作，二是單純紀錄家族來源世系作族譜之用，
不過到了元代中後期，有追封已逝功臣、加贈的情況出現，這時也會有子孫
請銘或者官方敕賜的情況，比如歐陽玄《元封秘書少監累贈中奉大夫河南江
北等處行省參知政事護軍追封齊郡公張公先世碑》〔註84〕。

其次，也是最重要的，是對請銘人家族世系以及生平事跡的敘述，一般
從主要墓主或請銘人上三代開始，對其妻子、世系、生平、生卒年等信息進
行簡要概述，有時會側重其中一人或數人，多以敘述手法為主，間有評論於
其中，主要目的是表現家族功德。有些篇目是請銘人本人因功績得到封贈，
那麼這時作者一般會以較多筆墨對請銘人進行描述，比如元好問《大丞相劉
氏先塋神道碑》；再次，是對家中先塋所在地進行交代，如果有改遷祖塋的行
為，會一並紀錄；最後是作者本人抒發感慨、發表議論。

從篇幅上來看，先塋碑作品一般短於神道碑銘，篇幅中等，大部分文章
敘述重心不在於事跡選取而在於家族世系及生平簡介，有些篇目中間有一二
事進行著重描寫，但偶爾也有篇幅較長的情況存在，這類作品一般都是封贈
或敕賜之作。

整體看來，這種以敘事為主，輔有議論、抒情等內容的寫法其實也受到
了前人的影響：自韓愈、歐陽修以來，講求以「史家筆法」來創作墓碑，表現
在文章中，就是敘事內容更為詳盡，以「寫實」為主，有時作者也會以史官身
份發有議論，與司馬遷《史記》中的「太史公曰」類似。文章的結構佈局也更
加多樣化，擺脫了金代先塋碑較為單一的書寫格局，文學性更強，語言則以
散文為主，篇幅要更長於前代作品。

〔註83〕李修生主編：《全元文》卷二四六，第八冊，鳳凰出版社，1998年，頁33。
〔註84〕李修生主編：《全元文》卷一一〇九，第三十四冊，鳳凰出版社，2004年，
頁743。

（六）衰落

隨著元代的滅亡，先塋碑也逐漸走向衰落。考察黃宗羲所編《明文海》，先塋碑類作品一篇都沒有收錄，其所撰寫《金石要例》中也沒有先塋碑例，明代王行的《墓銘舉例》中也未收錄此類作品。按照飯山先生在文章中所提到的，明清兩代，先塋碑的創作似乎仍在繼續，但是卻難以再同元代一樣走入朝廷，而只是平民與低級官吏的私家作品。究其衰落的原因，大概有兩點：

首先是由於先塋碑的發展受到了一定的地域和受眾限制。根據飯山先生考察所得，元代的先塋碑作品，幾乎沒有墓主是南人官員，也就是說，先塋碑起源於北方卻也僅興盛於北方家族，南方社會廣泛普及的是編纂文獻宗譜，這大約是因為北方較之南方經歷了更多戰亂，因此認為用石刻保存家譜更為可靠，大力創作先塋碑的劉敏中、張養浩均來自山東，或許可以證明這一點。但是元代中後期著名的文人，如虞集、歐陽玄、黃溍、蘇天爵、危素等，多來自南方，因此除了官方封贈的作品，對先塋碑的創作並不如北方文人那般迫切。

元代是非常重視武功的朝代，因此元初大部分先塋碑墓主都是以武將身份起家，很多家族族中子弟均為行伍中人，先塋碑一般是官方為了表彰本人或者整個家族功勳而賜。關於家族承蔭敘仕，元代規定除武職外皆降殺有差，但「君子之澤，五世而斬」，倘若家中無人繼承先祖基業，衰落不過早晚之事。直到元代後期仍有部分先塋碑作品的寫作對象還是當年隨忽必烈南伐之人，如靳榮《劉氏先塋碑誌》〔註85〕，劉通在壬子年（1352）隨大軍南征，襄樊一役聲名大振，升百夫長，七十而卒，至其曾孫劉謙亨四世，世代為官，恪守舊職，謙亨以勳擢升，由當時任奎章閣大學士的靳榮作先塋碑。此外，元代文官晉升通路較少，而武職，尤其是皇帝近身怯薛一類，對於「根腳」非常看重，因此很難再出現元代初期豪傑、世族並起的盛況，或許是受此影響，先塋碑不再風行。

其次是墓碑文體本身的發展。很多先塋碑的主要內容在於對請銘人或墓主本身經歷、姓氏來源、世系、三代生平的書寫，這一部分內容其實在大部分的神道碑作品裡都有涉及，這是因為神道碑作品一般篇幅較長，可以書寫更多內容，所以對墓主的家族來源、世系、宗族等有詳細的描寫，只不過並

〔註85〕李修生主編：《全元文》卷一七〇四，第五十六冊，鳳凰出版社，2004 年，頁 231。

不以其為重點。從這一角度來講,神道碑其實涵蓋了先塋碑的大部分內容。並且與很多先塋碑相同,大部分神道碑也是出自官方敕賜,區別只在於先塋碑宣揚家族榮耀,而神道碑更多代表個人功勳。但是從文體和內容來看,元代的先塋碑在發展過程中逐漸向神道碑靠攏,而神道碑的優勢在於歷史更悠久、使用更廣泛。因此,先塋碑在官方的地位逐漸為神道碑所取代,並且回到了一開始為平民或低級官吏紀錄家族譜系的角色中去。元代後期先塋碑的發展其實進入了一個尷尬的境地,它從民間走向官方,最後又回到了民間。

胡祗遹在《大元故明威將軍同簽書東川行樞密院事王公神道碑銘》一文中曾發有感慨:

> 人才之巨細,門第之興衰,福澤之可久不可久,唯於易代之際觀之,則見之明、斷之審。大率英雄豪傑,起身亢宗,有待而發,四方無虞,百揆時敍。貴賤享宴安之樂,而無奇勳偉績之可為,雖材智絕人,既無所施,無惑乎終老於庸流。就能名一藝,占一業,三年一資,五年一級,而於大勳業、大封拜,則不可得矣。時移世變,崇極而圮,天厭舊邦,羣雄競起。草昧之間,王侯將相、公卿大夫士之才,立見於奮跡之始。天下既定,新天子崇德報功,大則分茅土、割方郡,小則受一城、封一邑。治安之福,與羣才共之,然而或一再世而消削絕滅,或三數世,或與國祚同終始,是豈偶然哉。福澤之久者,其德厚,其功大,其家法備。一再傳而絕滅者,其德薄,其功微,其家法無足取。此如火之熱,如冰之寒,不可誣也。〔註86〕

可以看出,先塋碑的出現背後其實是社會階層變動與家族興亡的變遷史,社會動蕩固然對已有的世家大族帶來了不小的衝擊,但是對於一些有志之士來說,則是天命時機,乘勢而起,建功立業,封贈家族,光宗耀祖。天下安定之後,天子裂土分封,但家中傳承數世而始終如一者,自是少數,因此,先塋碑又重新回到了民間。

二、新塋碑

金元之際,北方地區出現了一種以「新塋」為題的墓碑文作品。塋,墓也。古人的葬地一般以家族為單位,一個家族的墳地被稱為「先塋」或「祖

〔註86〕李修生主編:《全元文》卷一五七,第五冊,鳳凰出版社,1997年,頁426。

塋」。特殊原因除外，古時之人死後均葬入家族塋地，即便逝於外地，也要由子孫護送棺柩回鄉，擇吉時安葬。如果家族先塋地已無法再葬入新人，那麼通常會在附近再尋合適之地，另起新塋，傳統的「新塋」觀念即是由此而來。但是在金末元初時，不少人因為戰亂而遷居他處，或是祖塋遭到損毀，不得歸葬，兩三代之後，只好另立新塋，作新塋碑以銘示後人、記錄家族世系，因此新塋碑的產生是有其特殊背景的。

以「新塋」為題的墓碑文作品，《全元文》中存有十篇，從寫作時間來看，最早一篇為元好問《龍山趙氏新塋之碑》，元好問在文中寫道：「至於不腆之文，所以記新塋者，乃其濫觴耳。」〔註87〕由此可見，新塋碑當為元好問所創制；最晚一篇則是作於泰定帝元年（1324年）許有壬《李氏新塋碣銘》。潘昂霄在《金石例》一書中，將新塋碑統歸入「先塋碑」一類，但是從實際的作品來看，新塋碑與先塋碑似乎在產生背景、內容等方面又並不完全相同，簡單歸為一類似乎有些草率，目前學界也少有人關注，因此對新塋碑作品進行探討是很有必要的。

（一）新塋碑的產生

從寫作時間及「所以記新塋者，乃其濫觴耳」之言來看，我們可以確認元好問《龍山趙氏新塋之碑》是最早的以「新塋」為題的碑文。倘使從記述祖塋與世系的目的來看，金代早已有先塋碑之體產生，既如此，為何元好問還要再以「新塋」為題進行寫作呢？我們來具體分析以下這篇《龍山趙氏新塋之碑》。

首先，本文的創作時間是在乃馬真皇后稱制二年（1243），距離金亡已有九年，時年五十四歲的元好問已攜家歸鄉。作者在開篇交代了當時背景：金宣宗貞祐元年（1213年），史秉直迎降木華黎，開幕府，第二年，龍山降。請銘人趙振玉在龍山籍中，歸於史天倪幕下，因才幹而遷軍中都提控。乙酉年（1225），武仙謀反，史天倪被殺，趙振玉及從兄脫身而走滿城（今河北保定）。六月，史天澤收復真定，八月，命趙振玉招降臨城等寨，邢、趙兩州遂克，「州民之在保聚者不啻數千百家，悉復故居。」〔註88〕而後，幕府復趙州慶源軍之號，以趙振玉為節度使，兼趙州管內觀察史。癸卯年（1243年）趙振玉請元好問為先人作碑，並自敘家世：

〔註87〕李修生主編：《全元文》卷，第一冊，鳳凰出版社，1997年，頁652。

〔註88〕李修生主編：《全元文》卷，第一冊，鳳凰出版社，1997年，頁650。

　　趙氏一族本居保塞（今河北保定附近），後因仕進遷居大梁（今河南開封），
五代至宋，家族中屢出高官顯貴之人。北宋末年，金兵攻破大梁，家族為兵
所驅被迫北遷，至龍山佔籍定居。趙振玉三代以上皆葬龍山鄉里，但壬辰兵
起，導致趙振玉父母未及葬，只能權厝佛寺之中，後寺屋被焚，棺柩失卻，因
此於平棘縣（今河北趙縣固城村）另立衣冠新塋，亡妻冀氏從祔。元好問以
悲涼而沉重的語氣來寫趙振玉去鄉二十載的生活，「感愴霜露，殞身無及」一
句未必沒有元好問本身的感慨在其中。

　　接下來則敘述趙振玉本人的功績：戰亂結束初始，慶源人口不足百戶，
但趙振玉經營有方，通過獎勵士卒等政策，招散亡之人、立廬舍，勸課農桑，
又流通貿易，平息盜寇，剷除豪強，闔郡稱快，可以說為慶源的恢復發展做
出了巨大的貢獻，有治郡之功。元好問對於趙氏一族的經歷發有感慨：

> 嗚呼，兵禍慘矣！自五季以來，明德雅望之後、重侯疊將之族
> 靡滅，所存曾不能十之一。然且狼狽於道路，泪沒於奴隸，寒飢不
> 能自存者，不可勝數也。趙氏固名族，然先之以靖康之兵，繼之以
> 貞祐之亂，將絕而復續，稍微而更熾，幕功羣從，布列伯府。以報
> 施言之，非先世有以開之耶？趙侯幼仕州縣，乘時奮起，遂有良民
> 吏之目。雖其材幹足以自致，推究源委，益知世德之自矣。夫忠以
> 事上，敬以蒞官，孝以顯親揚名，義以慎終追遠，是可書也。〔註89〕

五代以來，世家衰敗，昔日高貴子，今日不能存，趙氏自宋以來亦算是世家大
族，經歷靖康、貞祐兩次兵戈離亂，將絕之時因為有趙振玉而「復續」，更盛於
從前，從因果來說，或許是先世之福報。趙振玉乘勢而起，雖是自身才能所致，
追根溯源，也是家族德行保祐，正是所謂「積善之家，必有餘慶」。元好問之所
以肯作銘，是因為在他看來，趙振玉乃是忠、敬、孝、義之人，正是史家所當
書之人。最後，元好問也藉此抒發了自己關於國破家亡、盛衰榮辱的感慨：

> 降福非難，所以致之者為難；致福非難，所以養之者為尤難。
> 予閱人多矣！長劍拄頤，大冠如箕，以揖讓人主之前，可謂極矣；
> 其變也，至一簪不得著身。河潤九里，澤及三族，名園甲第，布
> 滿州郡，可謂盛矣；其衰也，子孫或不得聚廬而託處。是天道特
> 未定也。夫端正者，必以正其末；善始者，必以令其終。古有之：
> 父作室，厥子乃弗肯構；蓋有任其責者矣。為山九仞，功虧一簣，

〔註89〕李修生主編：《全元文》卷，第一冊，鳳凰出版社，1997年，頁651。

亦必有任其責者矣。〔註90〕

「新」在這篇文章中有幾重含義，一是指趙振玉立新塋葬父母妻子；二是別立新塋，也代表趙振玉一支從龍山遷至平棘，至此以後，或將別為平棘趙氏，以趙父為別祖，一個新的趙氏宗族即將在趙振玉手中發揚光大；三是趙氏一族在金亡後有了新的開始，將絕而復續後，反而更盛於從前，正是所謂「善始善終」，是先人福澤庇祐；四是感念趙振玉在重建慶源時的功績，百姓安居，廟學不亡，因此元好問也對此有了新的期許：「進進而不已，新新而不既，他日冢至萬家，室祭三世，當有鴻儒碩士如燕公、昌黎公者，演招魂之辭，而紀麗牲之碑」〔註91〕。「冢至萬家」語出自《史記‧淮陰侯列傳》：「其母死，貧無以葬，然乃行營高廠地，令旁可置萬家」，韓信葬母一事，裴駰、張守節、司馬貞似乎都沒有給出更多註解，一般理解為韓信葬母於高地，是志存高遠之意，也有風水之說認為韓信所佔乃風水寶地，其母陰德保祐韓信，由此引申出了民間傳說，認為韓信活埋其母等。從元好問這篇新塋碑來看，想必元好問並不相信這些傳說，以韓信典故入文，大概是元好問希望趙振玉也能如韓信一般，有「冢至萬家」之志、之德，庇祐百姓。

由此可見，「新塋碑」的誕生其實是有非常特殊的社會背景：金元之際兵戈不斷，迫於生存壓力，宗族內部常常有部份族人結伴逃難，或是以家庭的方式來進行遷居，這樣原有的宗族結構就被打亂，而由於戰火的不斷蔓延，使得人們不得不在新地佔籍而居，或是由於兵荒馬亂無法正式下葬，只能權厝某地，或是由於期待著子孫能夠將其歸葬故里，因此去世停喪未葬，待戰事平歇後，由子孫重新在所佔籍之地另立新塋，請人作碑文以紀錄，由於不再迴歸故里，也代表著新宗族的成立，而最早外遷的長輩一般也成為新宗的「別祖」。

之所以以塋碑的方式來宣告新宗族的形成，或許也與當時的北方宗族發展特點有關。祠堂、族譜與族田一般被視作宗族組織的基本要素，但是如果從地域角度來分析，祠堂與家廟在長江以南地區更為盛行，北方地區，尤其是華北地區，最常見的其實是「墓地系統」，即包括塋地、墓碑、墓田等內容，北方的宗族建設主要是建立在墓地系統之上，如墓祭、置買墓田等等〔註92〕。造成這

〔註90〕李修生主編：《全元文》卷，第一冊，鳳凰出版社，1997年，頁651。

〔註91〕李修生主編：《全元文》卷，第一冊，鳳凰出版社，1997年，頁651。

〔註92〕汪潤：《華北地區的祖塋與宗族組織：明清房山祖塋碑銘解析》，廈門大學碩士學位論文，2006年。

種現象的原因，馮爾康在《中國宗族史》中有所解釋：宋代開始，南方地區逐漸成為了全國的經濟中心，北宋的滅亡更是導致了政治中心的南移，與此同時的是大量北方人口徙居南方，遷居地的宗族凝聚力要比一般的宗族更強，再加之南方少有戰火波及，宗族制度得到了快速發展，而北方大地經歷了靖康、貞祐等數次戰亂，宗族制度破壞嚴重，因此與南方重視祠祭不同，塋地是北方宗族活動的中心，墓祭是北方的主要祭祀方式，在樹於塋地的碑刻之上寫下家族來源、遷居過程以及人物世系，那麼子孫在墓祭之時便可以知本族源流、譜系與遷移，這也是符合當時北方宗族發展特點的。元好問的碑文之中並沒有提到趙氏家族有興建祠堂、家廟，而只有家族新塋，也正說明了這一點。

可以說，新塋碑其實是金元之際宗族分散、新宗族形成的一種縮影，「新塋」這一題名也是為了與傳統的「先塋」相區別，以示別立新支之意才產生的。

（二）新塋碑的演變與衰落

如果說元好問在創製「新塋」這一題名時是為了區別新支宗族與傳統先塋的話，那麼《全元文》中現存的十篇作品也展現了新塋碑內涵在元代的變化，我們具體來看：

	篇　　名	作　者	卷	冊	頁	寫作時間
1.	龍山趙氏新塋之碑	元好問	四一	1	649	乃馬真皇后二年（1243）
2.	鄧城何氏新塋碑	商挺	七三	2	514	至元二十五年（1288年）
3.	韓氏新塋世德之碑	胡祗遹	一五七	5	441	大德七年（1303）
4.	遼昭勇大將軍中都路都總管兼大興府尹郭公新塋碑	王鶚	二四六	8	35	至元二年（1265）
5.	河中郭氏新塋碑	程鉅夫	五四四	16	525	延祐元年（1314）
6.	彭氏新塋石表	同恕	六〇四	19	444	泰定二年（1325）
7.	宣授武德將軍鄧公新建祖塋之碑	王旭	六〇九	19	544	不明
8.	李氏新塋碣銘	許有壬	一一九八	38	414	泰定元年（1324）
9.	河內李氏新塋碑銘	虞集	八八五	27	424	泰定元年後（1324後）
10.	河內李氏新塋碑銘	宋褧	一二三五	39	366	泰定元年後（1324後）

　　商挺《鄧城何氏新塋碑》，也是因為金季兵興而遷塋的作品，請銘人何榮家中在金代末期由壽陽（今屬山西晉中）遷至開封太康（今屬河南開封），並另立新塋，河南為元人所破時，何榮與父母分離，求訪數年後於金臺而得，這一碑銘是為其祖父所求。與之相似的是胡祗遹《韓氏新塋世德之碑》、王鶚《遼昭勇大將軍中都路都總管兼大興府尹郭公新塋碑》、程鉅夫《河中郭氏新塋碑》、同恕《彭氏新塋石表》。

　　比較特殊的是宋褧《河內李氏新塋碑銘》和虞集《河內李氏新塋碑銘》，這兩篇是為同一家所作，請銘人均為李守仁。這種由兩人為同一家或同一人所作的情況在元代也有例子，但是一般兩篇作品有一定的時間差存在，或是一方由私家請銘，另一方為官方敕賜，如歐陽玄、黃溍曾先後為揭傒斯作墓誌銘、神道碑銘，黃溍的神道碑銘是官方所賜，要晚於揭汯向歐陽玄所請的銘文，他在文章中也對歐陽玄的文章有所提及。但是宋褧和虞集這兩篇似乎並沒有提到對方，從文中所寫的時間來看似乎相去並不遠，也有可能是同時的作品；宋褧與虞集兩人在詩文方面交集雖不多，但宋褧實為虞集門生，如若李守仁確實同時向二人請銘，未免奇怪，此碑目前並無實物存世，因此暫時無法明了究竟刻碑時選取的是哪一篇。

　　宋褧《河內李氏新塋碑銘》開篇交代了寫作緣由，請銘人李守仁遣其子李本持行狀拜謁宋褧，稱將祖考改葬於新塋，因而求銘。李氏為河南大家，金末兵亂，家族流亡，南渡時祖父輾轉河內，河南戰事平定後，曾歸故里，但是故居已被焚毀，因此又返回河內，在覃懷定居，並訪求家族中人，另立新塋。虞集的文章則提到李承祖遷覃懷，佔籍河中，是為別祖，居宅兆之始。文章後半部分側重於對李守仁本人功績的描述，認為「守仁之行事，亦其祖父之志」〔註93〕。

　　對比來看，宋褧的文章對於李氏家族部分描寫較多，且李守仁與宋褧曾為同僚之好，向宋褧請銘看起來是自然而然之事；而虞集的作品則更偏重於寫李守仁本人，虞集在文章中提及，江西提學范匯「述其先世隱德，將請銘而刻石焉」〔註94〕，范匯又有言：「潛德者，隱而弗彰之謂也。宜以子孫之行

〔註93〕李修生主編：《全元文》卷八八五，第二十七冊，鳳凰出版社，2004 年，頁426。

〔註94〕李修生主編：《全元文》卷八八五，第二十七冊，鳳凰出版社，2004 年，頁425。

事而著之。」〔註95〕看上去虞集的這篇文章是在范匯的請求下而作，內容也按照范匯所言，以李守仁行事為主，不知向虞集請銘一事是李守仁向范匯託請，還是范匯自作主張而為了。

與以上幾篇不同的是王旭《宣授武德將軍鄧公新建祖塋之碑》一文，文章追述了「鄧」這一姓氏的來源，又從請銘人鄧子青曾祖鄧世昌寫起，簡要交代其曾祖、祖父、父親三代生平，鄧子青立有軍功，為揚名顯親而請王旭作銘，篇頭點出「積善之家自有餘慶」，認為其功名均來自於先祖之德，這篇文章與元代盛行的先塋碑在寫作目的、內容上都比較相似。許有壬《李氏新塋碣銘》也是這類作品。

從文章內容來看，王鶚《大興府尹郭公新塋碑》、程鉅夫《河中郭氏新塋碑》、同恕《彭氏新塋石表》、王旭《鄧公新建祖塋之碑》、許有壬《李氏新塋碣銘》和元好問《龍山趙氏新塋之碑》是有一定區別的，雖然以「新塋」為題，文章中也提到是建新塋而請銘，但是事實上新塋與舊塋所在地並不遠，或是塋滿無隙，或是幾代未葬，並沒有宗族遷徙現象存在，也就是說，並沒有別立一支的情況存在，這一類新塋碑在功用、內容、寫法上與產生於金代的先塋碑更相像。這說明時人在使用文體時，其實並沒有嚴格區別文體之間的差異。而相比新塋碑而言，先塋碑在元代更為盛行，因此，新塋碑在發展過程中逐漸與先塋碑合併，但是「新塋碑」這一題名並沒有就此消失，從現存的文獻來看，直到清代還依然有以「新塋碑」為題的碑誌作品出現，只是使用者較少而已。

除了文體層面的發展外，新塋碑本身的受眾也較為狹窄，這是限制其發展的一個重要原因：新塋碑在金元之際這樣的特殊時期與背景下產生，通過筆者考察可知，這九個家族中只有一個在南方，其餘八個都在北方，也就是說新塋碑的寫作在地域上具有較大的局限性，這與北方遭受戰亂侵害更加嚴重有關。而且新塋碑背後的宗族變化是要由遷徙來完成的，沒有經過遷徙他處、別立一支的新塋碑，其實就和上文的幾篇一樣，與先塋碑差別不大。但是這種廣泛的宗族遷徙，只有在金元之際這種特殊背景下才會有，戰亂平定下來以後，宗族分散定居的行為也逐漸停止，變為了宗族收聚。失去了原有的作碑背景之後，新塋碑最初的內涵也不復存在，逐漸為先塋碑所取代。

〔註95〕李修生主編：《全元文》卷八八五，第二十七冊，鳳凰出版社，2004 年，頁425。

（三）文獻價值

雖然現存的新塋碑作品較少，但是作為墓碑文獻來看，新塋碑仍為我們提供了當時社會中宗族變化與禮制傳播的重要材料：

倘使從中國宗族的發展軌跡來看，宋元以前的宗族大多都是世家大族，世襲出仕的優勢與莊園土地制度為其提供了政治與經濟基礎，使得宗族可世代依傍而居，並以此保證了宗族的凝聚力。唐末五代的戰亂使得門閥世族遭受了毀滅性的打擊，大量人口遷徙也令原有的土地制度發生了變化。由於門閥制度與莊園制經濟的瓦解，傳統宗族所依據的根基不再牢固，科舉制的盛行與土地私有化的發展迫使宗族制度面臨轉型，成為能夠適應現實社會的新宗族制度，這一轉型開始於宋代，完成於元代。宋代對於宗族制度重建最為關注的是理學家群體，他們在理論上對此做出了巨大貢獻，最早提出設想的是北宋中期著名理學家張載，他對傳統的宗子法進行了改造，提出新的宗子須得兼顧「嫡長」與「仕宦」兩個條件。與張載同時的程頤則對家廟、祭祖制度進行了大膽改進，南宋朱熹通過《家禮》一書將宗族祠堂、祭禮等內容進行了具體化，《家禮》對於南宋以後的社會影響是巨大的，後世宗族建設中置祠堂、祭祀始祖與先祖、置祭田等主要內容都是來自於朱熹的理論主張。成於理學家之手的新宗族制度，其所面對的不再是傳統世族、豪族，而是官吏與平民階層，傳統的「宗子法」改為了「族長制」，家廟祠堂、譜牒也隨之傳播到了官吏與平民階層之中，成為了宗族收聚的重要手段〔註96〕，這樣歷史背景之下所產生的新塋碑，也體現了新宗族制度的影響。

從「族長制」的角度來看，新的宗族制度所反映的是士大夫階級，也就是官僚階級的利益主張，官員既是這一制度的提倡者，也是實踐者，由於官吏身份與族長身份的重合，許多宗族建設的實踐都以官吏為主導，《全元文》所收的十篇新塋碑中，請銘人全部都是官吏，其中有五篇涉及到建立新支，而新支的族長就是這些請銘的官吏，新塋中所葬曾祖或祖父，就是這一支的別祖。官員之所以能夠在宗族中佔據主導地位，首先是因為他們具有收聚宗族的影響力，胡祗遹在《大元故懷遠大將軍彰德路達嚕噶齊揚珠台公神道碑銘》一文中有：「上皇喜其忠貞，許以土地人民，辭不敢受曰：『俱非臣所欲也。臣宗族散落，願托天威聚集之。』得四百餘，家復為大族。」〔註97〕其

〔註96〕馮爾康：《中國宗族史》，上海人民出版社，2009年，頁124～222。

〔註97〕李修生主編：《全元文》卷一五五，第五冊，鳳凰出版社，1997年，頁400。

次是在宗族重建過程中所需的財力與物力，大多只有官員能夠支撐。戰爭使得原有的世家大族逐漸衰敗，宗族散落，而重建宗族並不僅僅是收聚人口那樣簡單，要興修家廟、祠堂、族譜、新塋、族田等等，必然需要一定的物力與財力來支持，除了豪富之家以外，能夠做到這一點的大約也就只有官吏了，程鉅夫《河中郭氏新塋碑》一文中，就是由時任中書右司員外郎的郭思貞買地於文學村，另起新塋。

　　與宗族制度同時發生改變的是「禮制」。傳統儒家禮制的基礎是宗法制，維持禮制的主要力量正是宋元以前的這些世家宗族，但是社會的劇變使得傳統宗族制度不得不發生變化，而依賴於宗族制度的禮制也要面臨著「實行禮制的社會基礎發生了變化」這一重要問題，想要在新興階層之中推廣禮制，對於傳統禮制的改造就迫在眉睫，宋儒所致力的正是這一問題〔註98〕。朱熹《家禮》的重要之處，正在於他將這種改造的結果寫入文獻之中並進行推廣傳播，立碑作為喪禮的重要的環節，自然處處也體現著禮制的影響，新塋碑也不例外，對於昭穆辨次的重視就是其一。《彭氏新塋石表》中記錄了彭氏一族喪葬之事：「用至治三年秋九月丙午，舉曾大父武夷翁翁，妣江氏，大父好古先生，妣徐氏，世父劉溪先生，父里仁府君，從兄弟柳溪之伯子、季子八喪六封，左昭右穆，如中州法，族葬之，蓋先君治命也。」〔註99〕所謂的「八喪」是指下葬的八位先人，「六封」是指六墓，這是由於夫妻一般採取合葬方式，因此兩位女性並沒有單獨的墓葬；而「左昭右穆」是指塋地的安葬次序，喪葬中的昭穆之說源於《周禮·春官·冢人》，「先王之葬居中，以昭穆位左右」〔註100〕，鄭玄注為「先王造塋者，昭居左，穆居右」，昭穆即是指宗法制度之下在塋地中的輩次排列規則，這一制度也一直為後人所沿用。趙孟頫在《杜氏新塋之碑》中非常明確地點出了「皆以昭穆葬新塋，禮也」，宋褧在《河內李氏新塋碑銘》中也稱「從昭穆葬禮也」，可見元代對於這種昭穆次序禮制的遵循是非常看重的。究其原因，大約與元代喪葬禮制所受到的破壞有關，官方雖然指定《朱子家禮》為喪禮之儀，但事實上由於少數民族喪葬風俗的傳入與宗教傳播的影響，很多家族往往並不全然採用儒家

〔註98〕周興：《宋明儒者的禮教思想及其禮制實踐：以宗族思想為中心》，《安徽史學》，2018 年 06 期。

〔註99〕李修生主編：《全元文》卷六〇四，第十九冊，鳳凰出版社，2000 年，頁 444。

〔註100〕〔漢〕鄭玄注、〔唐〕賈公彥疏：《周禮註疏》卷二二，〔清〕阮元校刻，中華書局，2009 年，頁 1697。

禮制，而是多種方式的混合。因此，以碑刻的方式來傳播禮制也是理學家們
所選擇的方式之一，他們所看重的也正是塋地與碑刻在宗族文化中的重要地
位。新塋碑中所提到的辨昭穆的喪葬禮制對於後世宗族文化也產生了影響，
從今人的研究來看，明辨昭穆佈局也是明清時期華北地區祖塋建設的重要內
容〔註 101〕。

　　此外，新塋碑還記錄了當時家族遷徙的過程，我們可以通過分析這些作
品來看出當時人口遷徙的一些特點。筆者將文中所提到的原葬地與新塋地以
及遷徙時間以表格形式列出：

	篇　　名	原葬地	新塋地	遷徙時間	寫作時間
1.	龍山趙氏新塋之碑	大梁（今河南開封市）	平棘縣（今河北趙縣）	乃馬真皇后二年（1243）	乃馬真皇后二年（1243）
2.	遼昭勇大將軍中都路都總管兼大興府尹郭公新塋碑	潞陰縣（今北京通州附近）	潞陰縣（今北京通州附近）	不明	至元二年（1265）
3.	鄆城何氏新塋碑	山西壽陽（今山西晉中壽陽）	開封太康（今河南開封）	金末（1234年前）	至元二十五年（1288）
4.	韓氏新塋世德之碑	方城（今河南南陽）	安陽（今河南安陽）	金代末年	大德七年（1303）
5.	河中郭氏新塋碑	河中（今山西永濟）	河中（今山西永濟縣）	金末（1234年前）	延祐元年（1314）
6.	李氏新塋碣銘	堯山	堯山	不明	泰定元年（1324）
7.	彭氏新塋石表	建寧崇安（今福建崇安）	建寧崇安（今福建崇安）	不明	泰定二年（1325）
8.	宣授武德將軍鄧公新建祖塋之碑	南陽	安陽	不明	不明
9.	河內李氏新塋碑銘（宋褧）	洛陽（今河南洛陽）	河內縣（今河南沁陽）	金末	泰定元年後（1324 後）
10.	河內李氏新塋碑銘（虞集）	洛陽（今河南洛陽）	河內縣（今河南沁陽）	金末	泰定元年後（1324 後）

通過表格我們可以分析出以下信息：

　　首先，遷出地（家族原先塋所在地）基本都在北方，遷入地（新塋所在

地）除了彭氏家族外，也基本都在北方，這說明當時的人口遷徙，可能更多地發生在北方，尤其中原一帶，而且遷徙距離有限，這與當時的交通工具不發達、戰後導致的災荒等因素有關。

其次，從遷出地來看，大部分有遷徙行為的人都來自河南、山西、北京，其中以河南最多，而且從河南向外遷徙的行為其實自北宋末年就已經存在了。這是因為北宋末年，汴梁（今河南開封）為金兵所破，部分人如趙氏一族一樣是為金兵所驅入向北，部分人是為逃避戰亂，隨高宗南遷，因此，北宋末年相當於是宋元兩代第一個人口遷徙的主要時期。到了金末元初，蒙元與南宋合力滅金，金亡後，黃河以南歸於宋室，以北的不少居民也如趙氏當年一般，被驅趕至北地。現存的新塋碑作品中紀錄的幾乎都是自行逃難的家族，其中趙氏、何氏兩家是向南而行，分別由龍山至平棘縣、由壽陽至開封太康，而韓氏、鄧氏、李氏（河內）三家則是向北行，韓、鄧兩家都是由南陽向安陽，李氏則是由洛陽向河內縣（今河南省沁陽市），這樣看來，受戰亂影響最嚴重的當屬河南一帶，任瑩在《金元雜劇之「河南現象」研究》〔註102〕一文中曾經提到過，元朝初年河南處於歷史上人口最少的時期，這大概也與兵亂導致的人口遷徙有一定關係。

總體看來，新塋碑作為元好問所創制的一種特殊的墓碑文體，是在金元交替的背景下所產生，以紀錄家族新塋、世系為主要內容，由於受眾及文體發展的原因，新塋碑逐漸走向衰落。但新塋碑作品向我們展示了金末元初家族遷徙、宗族重建以及宗族形態轉變的過程，為我們了解當時的社會歷史文化背景提供了重要材料。

第三節　《金石例》

一、《金石例》的成書及編纂目的

墓碑文自起源到元代，經歷了數千年的發展以及漢、唐兩次重要變革後，已經是一種相對成熟的文學體裁：小類繁多，有神道碑、墓碑、墓表等；數量豐富，據統計，僅北朝近兩百年間就留存有 1400 種〔註103〕，這還是在受到了魏晉禁碑政策的影響之下，到了隋、唐、宋三代，墓碑文數量激增，又在韓

〔註102〕任瑩：《金元雜劇之「河南現象」研究》，河南大學碩士學位論文，2010 年。
〔註103〕統計數據來自魏宏利《北朝碑誌文研究》，西北大學博士學位論文，2008 年。

愈、歐陽修等人的倡導下進行了改革，以散體代替駢體，在體制、格局上也
有所創新，人們對於金石之文也逐漸重視，因此在宋代，「金石學」作為專門
學問獨立，然而直到宋代末年，關於墓碑文寫作的主要內容、文章體式、創
作佈局等問題，仍然沒有專門的研究著作，可以說，《金石例》的產生恰好滿
足了人們對於墓碑文寫作與研究的需求。

　　《金石例》十卷，元代潘昂霄撰。潘昂霄（？～1325），字景梁，號蒼崖，
濟南人，曾官至集賢侍讀學士領大司成，諡曰文僖〔註104〕。本書卷一對墓碑
文的起源和品級等制度進行了說明，卷二至卷五對各類墓碑文的體例進行了
總結，卷六至卷八通過以韓愈作品為例對墓碑文創作的各類程式進行了歸納，
卷九集論前人關於文體起源、體式的論述，卷十則為史院編纂凡例。

　　按今人考證結果〔註105〕，此書最晚當成於泰定二年（1325），最早不超
過延祐六年（1319）。《金石例》的版本源流，慈波於《潘昂霄〈金石例〉小
考》〔註106〕一文中有詳細說明，根據目前現存材料來看，本書最早由潘昂霄
之子潘詡於至正五年（1345）刊刻，此本有楊本、傅貴全、湯植翁所作序言及
潘詡跋文，後在元代又有兩次翻刻。另根據柳貫序言，有疑似元統年間刻本，
但目前並無其他材料可以證明此本確實刊行。明代有龍宗武刻本，現藏於上
海圖書館。清代《四庫全書》所用底本為元至正五年刊。清乾隆二十年（一七
五五年），盧見曾將《金石例》與明代王行《墓銘舉例》、清人黃宗羲《金石要
例》彙編為《金石三例》，即為雅雨堂刻本，現存版本也多為三書合刻本。本
文所使用的是今人淮建利所點校《金石三例》，即以文淵閣《四庫全書》本為
底本。

　　從《金石例》中所收的幾篇序言中我們可以看出潘昂霄編撰此書的目的：

　　一是為墓碑文定例。例，《康熙字典》：「比也，類也，槩也，又凡例。《左
傳序》發凡以言例，後魏張吾貴集諸生講《左傳》，義例無窮，學者奇之。」
潘昂霄之所以將此書命名為《金石例》，就是為給金石作品定例，傳於天下後
世而令其師法。之所以這樣做，是因為古人作文講求法度，因此文章體制對
於他們來說是非常重要的：

〔註104〕柳貫序中稱潘昂霄為「文簡公」，但楊本、傅貴全均稱為「文僖公」，今從後
　　　者。
〔註105〕詳見淮建利點校：《金石三例》前言部分，中州古籍出版社，2015 年。
〔註106〕慈波：《潘昂霄〈金石例〉小考》，江西科技師範學院學報，2009 年第 3 期。

> 文章先體制而後論其工拙,體制不明,雖操觚弄翰於當時,猶
> 不可,況其勒於金石者乎?陸士衡《文賦》論作文體制,大略可見。
> 由先秦以來迄於近代,金石之所篆刻具有體制,好古博雅之士,皆
> 不可以不之考也。然而自上徂下,貴賤有等,名器亦因之而異數,
> 敘事紀實,抑揚予奪,必當有所法,自非類聚而通考之,何以見之
> 哉?(湯植翁《序》)〔註107〕

這種對「例」的重視,在柳貫《序》中我們也可以看到:「《六經》唯《春秋》
有例,謂其以一字制褒貶,可舉此而通彼也……自先秦兩漢而下,論譔功業,
為銘為誄,著之金石,其斧袞侔乎《春秋》,其銖量概乎史氏,使無例以為之
統紀,則漫且靡也……斯例也,先括例,次類例,取於韓氏者十嘗八九,謂韓
之鉅文,起八代之衰蘇而反之於正,有《春秋》『屬辭比事』之教焉,而例在
其中矣。」〔註108〕《春秋》一書,用字嚴謹,一字之褒,榮於華袞;一字之
貶,嚴於斧鉞,開後世史書用例之先,歷來為後人所師法,柳貫在序中將《金
石例》一書與《春秋》相比較,除了對於這種「例」的強調之外,或許也暗含
了他對《金石例》一書的要求與期許,即他希望潘昂霄此書能夠為時人與後
人創作墓碑定例,進而改變創作時隨意散漫的現狀。

至於「例」的來源,序文中也有點出:

> 《金石例》者,蒼崖先生所述也。凡碑碣之制,始作之本,銘
> 志之式,辭義之要,莫不放古以為準。以其可法於天下後世,故曰
> 「例」。而其所以為例者,由先秦二漢暨唐、宋諸大儒,皆因文之類
> 以為例。(楊本《序》)〔註109〕

從先秦兩漢到唐、宋,前人佳作皆是可為「例」的對象,但從《金石例》實際
列舉的情況來看,作者選取唐人作品為例者最多,這也側面說明了墓碑文在
唐代的發展狀況,數量繁多,質量上乘,名家輩出。

二是從當時的文風來看,潘昂霄有試圖糾正元初纖巧、萎靡文風之意。
按柳貫序中所言,《金石例》一書編撰時,潘昂霄正擔任集賢侍讀學士領大司

〔註107〕〔元〕潘昂霄:《金石例》,淮建利點校《金石三例》本,中州古籍出版社,
　　　　　2015年,頁6~7。

〔註108〕〔元〕潘昂霄:《金石例》,淮建利點校《金石三例》本,中州古籍出版社,
　　　　　2015年,頁4~5。

〔註109〕〔元〕潘昂霄:《金石例》,淮建利點校《金石三例》本,中州古籍出版社,
　　　　　2015年,頁5。

成一職。大司成即為國子祭酒之別稱〔註110〕，因此，潘昂霄本人其實是集賢侍讀學士領國子祭酒，這一身份大概也是促使潘昂霄撰成《金石例》一書的重要原因之一。國子監自太學演變而來，歷來是朝廷培養國之棟樑的重要學府，潘昂霄既有試圖糾正元初文風之意，那麼國子監授學就是一個非常理想的途徑，正如楊本在序中所言：「國初，士之為文者猶襲纖巧，其氣萎薾不振。先生患其久而難變也，乃述是書，以授學者，使其知古之為文如此，粲然畢舉，如示諸掌。故歷事六朝，出入翰苑餘二十年，凡經指授者，皆有法度，朝野至今稱之。」〔註111〕從書中來看，潘昂霄大量舉韓愈、元好問碑文為例，正是意圖以唐文聲勢來衝破當時萎靡文風。

至於潘昂霄為何要用金石之文來扭轉文風，前文我們提到過，墓碑文自產生後到南北朝，非常注重稱頌墓主功德，文中多溢美之辭，但是自唐代韓愈改革以後，書寫形式以散體為主，注重內容之「實」，而非辭藻之華麗，是「質勝於文」的典型代表，而且墓碑文是實用性文體，唐、宋兩代的著名文人基本均有墓碑文留存於世，數量可謂龐大，恰好符合潘昂霄的需求，可以借金石之文來說明文章體例與創作，因此編撰《金石例》時多採用唐、宋之作。

二、《金石例》與元代墓碑文

《金石例》十卷，涉及墓碑文體的部份為前八卷，《四庫提要》稱後二卷乃是後人刊板之時附於書後，第九卷經今人考證，大部份內容與王應麟《玉海》卷二〇一至二〇四《辭學指南》相同〔註112〕，因此後二卷的內容本文暫不進行分析，主要關注前八卷關於墓碑文體的說明，這八卷之中的內容大約可以分為兩部份，前五卷主要介紹了各體碑碣石刻的起源及使用制度，並舉例說明各種碑式，包括家廟碑、先廟碑、碑陰文、德政碑、墓碑、神道碑、先塋先德碑、碣、墓碣、墓誌、葬誌、殯誌、權厝誌、歸祔誌、墓版文、古今墓

〔註110〕《禮記‧文王世子》有言：「大樂正學舞干戚，語說，命乞言，皆大樂正授數，大司成論說在東序。凡侍坐於大司成者，遠近間三席，可以問。終則負墻，列事未盡，不問。」到了唐代，高宗曾一度改國子監為司成館，祭酒為太司成，但不久即恢復，自此之後，大司成就成為祭酒的別稱。

〔註111〕〔元〕潘昂霄：《金石例》，淮建利點校《金石三例》本，中州古籍出版社，2015年，頁5。

〔註112〕詳見淮建利點校：《金石三例》前言，中州古籍出版社，2015年。

表、墳記、誄文、行狀，並附有朱子論行狀語錄.另外還有關於名號稱呼（薨、卒、不祿等）、忌諱字樣、碑額、碑陽、碑陰例，以及僧碑等問題的說明；後三卷均是以韓愈墓碑作為括例，概括韓文在篇目佈局上的範式，以及不同墓主身份、官階的碑文寫作程式，並且對墓碑文基本要素的寫作範例進行說明，如宗族鄉黨稱呼例、職名例、家世例、婦女家世例等等。在這兩部份之中，我們要著重留意的是碑碣使用制度以及碑文的括例兩個問題。

（一）《金石例》與元代的碑碣使用制度

在談到碑的起源與發展時，我們也提到了碑碣的使用制度問題，「碑」一開始就是與禮制的等級規範相關的，碑碣的使用制度其實包括兩方面，一是碑與碣等題名種類的區別，二是碑碣石刻的形制問題，但形制問題要依據考古所發現的實物來進行比對，因此本文之中暫時不討論碑碣形制相關的內容，僅就碑碣題名的使用問題進行分析。最早在隋代，碑碣的使用制度得到了確立，《隋書》規定三品以上立碑，七品以上立碣。唐代也繼承了前人的這一等級制度，但具體要求有所放寬，按《唐六典》中記載，唐代官員使用碑碣，五品以上可立碑，七品以上可立碣。宋代的碑碣使用制度目前並沒有明確的文獻記載，因此後世在闡釋碑碣制度時，大多都還是沿用唐人說法。不過，如果我們仔細分析，就會發現《唐六典》之中記載的碑碣使用制度其實存在了一些問題，碑以下又可以細分為墓碑、神道碑、墓表等等不同種類，但具體類別的使用制度其實並不明晰，此外，「三品」「五品」「七品」對於依靠子孫獲得封贈的贈官是否有效，也沒有詳細說明。

陳高華在《元代墓碑簡論》一文中根據元代墓主的實際官職，認定元代的神道碑使用與前代相同，限定為五品，所謂的「前代」應當是指唐宋，但要注意到的是，唐代所規定的「五品」是使用「碑」的品級，而不是「神道碑」的品級，這裡的「碑」能否與「神道碑」畫上等號，是值得商榷的。按照北宋高承在《事物紀原》中所言，倘使從神道碑的產生與發展來看，它所適用的對象乃是「天子諸侯」，而非普通官吏，也就是說，神道碑是碑一類中為地位較高的官吏所作的作品，但後世黃宗羲在《金石要例》之中卻將二者視為等同，這或許說明了神道碑的使用制度在這期間發生了變化，但是元代的五品是否在可立神道碑的範圍之內，是我們需要釐清的問題。

再來看潘昂霄在《金石例》中的說法，他在碑碣制度部份所提到的使用規範是：五品以上立碑，七品以上立碣，三品以上可立神道碑，前兩條基本

是來自唐制，第三條在《金石例》以前則並沒有明確的文獻記載，《元史》《元典章》等元代史料之中也缺乏相關資料，但這與陳高華先生的說法有一定出入。在這裡，筆者要再次強調潘昂霄的身份與其作《金石例》一書的目的——潘昂霄曾兼領國子祭酒一職，而此書創作的目的之一是為了強調、規範碑文的寫作制度，如果元代有明確的制度規定五品以上皆可使用神道碑，那麼擔任國子祭酒職位的潘昂霄，就不大可能在這本書中寫出與現有的典章相悖的制度才對。因此，元代關於神道碑使用的問題，或是官方規定也與《金石例》記載相同，三品以上可用神道碑，或是官方對此也沒有明確規定，潘昂霄只是繼承了前人「五品以上立碑」的說法，而對神道碑的使用並沒有具體說明。不過，無論是哪種情況，官方都應該沒有明確出具「五品以上可以使用神道碑」這種具體條文。

如果從元代實際的情況來看，筆者更傾向於沒有具體條文這種可能性，因為據陳高華先生所考察的結果來看，元代存在著不少五品、七品官吏使用「神道碑」這一題名的情況，如果官方有明確三品立神道碑的規定，那麼違制的作品不免太多，更重要的是，這些可能的「違制之作」的作者大多都是曾經於翰林國史院、奎章閣等處任職的人，對於國家典章制度應該更加清楚才對，而不會明知故犯。

那麼，到底是什麼原因導致了元代在碑碣的實際使用上如此混亂呢？筆者認為，這恐怕與當時封贈制度的變動混亂有一定關係。封贈制度最早可以追溯至漢代，是指朝廷通過授爵、贈官等方式來表彰官員功績，封贈制度是朝廷褒揚臣子、嚴明等級的重要手段，這一制度大約在宋代趨向成熟〔註113〕。得到封贈的官吏，往往也會有敕賜或者私家所請的碑銘，以顯示自己家族的榮耀，但前代大多只封贈三品以上官吏。元代世祖、成宗兩朝的封贈大多較為隨意，並無固定的制度，到了武宗時期才有明確的詔令出現，並將封贈品級降至了五品，之後又降為七品，在這樣的情況之下，元代出現了大量的贈官，他們的碑銘如何稱呼就成為了一個問題，神道碑本來是為高級官員所作，但是贈官又是朝廷所褒賞的特例，他們能否使用神道碑在歷來的典籍之上也沒有相關記載。如何處理這一問題，也是元代作家們所要面對的。

姚燧的文章當中出現了一類較為特別的作品——墳道碑。《全元文》共收

〔註113〕孫健：《宋代封贈制度研究》，北京師範大學博士學位論文，2011年。

錄了三篇墳道碑作品,分別為《少中大夫輕車都尉渤海郡侯解公墳道碑》《磁州滏陽高氏墳道碑》《靈山先生董君實墳道碑》,全部出自姚燧之手。《少中大夫輕車都尉渤海郡侯解公墳道碑》〔註114〕是墓主後人解節亨因推恩之賞而延請姚燧作銘。《磁州滏陽高氏墳道碑》〔註115〕是高氏子孫高謙得三錫之賞賜,因此請銘於姚燧,對其家族三代生平進行了敘述。《靈山先生董君實墳道碑》〔註116〕是墓主董珪之子董章欲甄表先考之德,因此向姚燧請銘。從寫作緣由來看,墳道碑與普通的神道碑似乎並沒有區別,至於為何以「墳道碑」為題,姚燧在文章中也無明確說明。

再來看「神道」與「墳道」之間的關係。姚燧在不少墓碑文中都提及了「墳道」兩字:

> 今將舉是二喪,別塋于長勝坊少陵原,樹碣**墳道**,昭示悠長,銘捨先友,其將誰託?(姚燧《武略將軍知秦州史君**神道碣**》)〔註117〕

> 大德辛丑……挐舟三千里來宣,求**墳道**之碑。(姚燧《金故昭勇大將軍行都統萬戶事榮公**神道碑**》)〔註118〕

據上述材料看,姚燧所提及的墳道似乎就是神道,至於為何使用「墳道」為名,而不用「神道」,或許就與碑的使用制度問題相關。

從寫作時間來看,《磁州滏陽高氏墳道碑》一文寫作時間不明,《少中大夫輕車都尉渤海郡侯解公墳道碑》當作於至大三年以後,而《靈山先生董君實墳道碑》寫作時間最早,是在至元二十三年(1286)。我們先來看《靈山先生董君實墳道碑》,請銘人董章是嘉議大夫、臨江路總管兼管內勸農事,嘉議大夫是正三品,但是其父並無官職,文中也未提到其因子得贈,按制是不能使用神道碑的,因此姚燧以「墳道碑」為題,或許也是為了模糊題名界限,既不逾制,又滿足孝子立碑之心。

再來看《解公墳道碑》,文中提及:

〔註114〕李修生主編:《全元文》卷三二四,第九冊,鳳凰出版社,1998年,頁732～734。

〔註115〕李修生主編:《全元文》卷三二四,第九冊,鳳凰出版社,1998年,頁734～736。

〔註116〕李修生主編:《全元文》卷三二四,第九冊,鳳凰出版社,1998年,頁736～738。

〔註117〕李修生主編:《全元文》卷三二五,第九冊,鳳凰出版社,1998年,頁744。

〔註118〕李修生主編:《全元文》卷三二一,第九冊,鳳凰出版社,1998年,頁686。

　　至大三年，武宗若曰：「內外庶官，五品而上，既皆宣授，于其子孫，亦光顯矣。而其祖考，猶或布衣，歲時廟享，工祝致告，無所稱謂，非所以與孝天下也。」乃敕省臣，列五爵三王，加階勳而等威之：五品子男，從男正子者縣；四品郡伯，皆惟考一代；三品郡侯，父及祖二代；一品國公，祖而上遞衰之，至曾為極焉。〔註119〕

這是對至大年間封贈制度的記錄，在同樣為姚燧所作的《朝列大夫飛騎尉清河郡伯張君先墓碣》中，我們也能找到與之對應的記載：

　　由武宗詔內升臣五品而上，列五爵三土，階勳而等威之，封生贈死其先。五品則縣子，男從而正子，與四品郡伯，皆止父一世。三品二品皆郡，三侯二公，上及其祖再世。一品國公，逮其曾三世矣。〔註120〕

在《百夫長贈中大夫上輕車都尉曹南郡侯坤都岱公神道碑》一文中，姚燧也提到了這一點〔註121〕。另外，我們在《元史》之中找到了這樣一則材料：

　　至大二年，詔：「流官五品以上父母、正妻，七品以上正妻，令尚書省議行封贈之制。」禮部集吏部、翰林國史院、集賢院、太常等官，議封贈謚號等第，制以封贈非世祖所行，其令罷之。（《元史·選舉志》）〔註122〕

《元史》中的記載與姚燧所稱在年份上稍有不同，但是內容基本一致，即五品以上實行封贈之制，《元典章》卷十一吏部卷五中也記載了這道詔令。然而，按《元史》所載，這道詔令後在吏部、國史院等官員的議定之下被廢黜，具體時間不明，但是仁宗皇慶元年又有「二月……甲戌，制定封贈名爵等級，著為令」〔註123〕，因此廢黜時間應當是在至大二年到至大四年之間，也就是下詔之後不久。事實上，元代的封贈制度一直在立與廢之間搖擺，《元典章》卷十一載有兩條材料，一是延祐三年訂立的封贈之例，二是延祐七年的另一款詔令，令中提到因泛慶者眾多而暫時中止封贈，命中書省針對此事再設新法。

〔註119〕李修生主編：《全元文》卷三二四，第九冊，鳳凰出版社，1998年，頁732。

〔註120〕李修生主編：《全元文》卷三二八，第九冊，鳳凰出版社，1998年，頁788。

〔註121〕李修生主編：《全元文》卷三一七，第九冊，鳳凰出版社，1998年，頁623。

〔註122〕〔明〕宋濂等撰：《元史》卷八四，中華書局編輯部點校，中華書局，19/6年，頁2114。

〔註123〕〔明〕宋濂等撰：《元史》卷二四，中華書局編輯部點校，中華書局，1976年，頁550。

由此可見，元代的封贈行為基本處於時斷時續的狀態，姚燧的三篇墳道碑並沒有清楚寫明寫作時間，但是《少中大夫輕車都尉渤海郡侯解公墳道碑》一文開篇提及至大封贈詔令，且說明請銘人解節亨即是在此情況下請銘，那麼此篇則可以證明當時這道詔令是確實有所執行的；《磁州滏陽高氏墳道碑》的請銘人高謙時任江浙行省郎中，這是從五品官位，此文即是高謙得推恩而作。從這兩篇來看，推恩而作是可以被證實的，詔令的實行也是毋庸置疑的。

那麼姚燧又為何使用「墳道碑」這一稱呼呢？按隋唐以來的制度，神道碑的使用一般僅限於高級官吏，但是對於已逝的、通過子孫功績獲得封贈的墓主是否具有使用限制，目前尚無明確記載，從上文的推測來看，墳道碑其實等同於神道碑，那麼姚燧專門採用了「墳道碑」這個稱呼，或許就是因為高謙本人以及其父所得贈官品級（從五品）並不能樹立神道碑，姚燧才選擇了「墳道碑」這一代稱。而《少中大夫輕車都尉渤海郡侯解公墳道碑》中，被封贈的官職為少中大夫、輕車都尉，少中大夫是金代所置官吏，初始為從四品，元代改為從三品，因此墓主解禧所得贈官為從三品，《金石例》中所稱三品以上立神道碑，那麼之所以稱「墳道碑」，看上去這個「三品」似乎是不包含贈官的。

不過，並非所有人都如姚燧一般採用了「墳道碑」這樣模糊的稱呼，很多作者直接就使用了「神道碑」題名，如蘇天爵《元故贈亞中大夫東平路總管李府君神道碑》，墓主李注生前官職只到署令，依靠其子得贈亞中大夫稱號，但亞中大夫在元代也屬從三品，與解禧的少中大夫相同，但是蘇天爵就直接採用了「神道碑」這樣的題名。蘇天爵本身曾任職御史與禮部侍郎，明知故犯的可能性較小，筆者更傾向於認為元代關於贈官的碑碣使用一直沒有明確的制度，因此人們在實際使用時是較為寬泛的，朝廷對此也不加以干涉，久之而成為習慣。

除了神道碑的使用問題之外，元代碑與碣之間的原有界限也被打破，五品官階是碑碣之間的分水嶺，五品以上可用碑，五品以下、七品以上則當用碣，但如果從實際創作來看，元代確實有為五品以下官吏所作的以碑為題目的作品，如賈復《孫氏墓碑》等，另外，元代還存在有「神道碣」這樣的題名，碣和神道一般來說是不共存的，因為能樹立神道的官吏一般也都有資格使用「碑」而非「碣」，王惲《左右司員外郎韓公神道碣銘》的墓主韓仁生前官至正六品左右司員外郎，按制只能用碣而不能用碑，但是王惲又以神道碣

為名，大約是想在合乎制度的範圍之內來凸顯墓主的身份。

從實際創作來看，元代碑碣使用與《金石例》所記載的制度之間是有較大不同的，造成這種現象的原因，一是使用制度不夠明確，二是封贈制度與碑碣制度的不相配，然而或許這正是潘昂霄作《金石例》的原因，即他知曉墓碑使用中存在著不規範的情況，因此才作此書為之定例。

此外，元代出現了一種不分等級、所有人均可使用的先塋碑，《金石例》中對其使用制度沒有進行說明，這類先塋碑首先於民間產生，金亡後逐漸為高級官員所接受，《金石例》中引《令式》之言，稱「貴得同賤，賤不得同貴」，先塋碑的使用正體現了這一點。

（二）《金石例》與元代碑式

潘昂霄《金石例》以唐人作品為主要側重，總結了各體碑式，基本上涵蓋了元代大部份的作品，但是仍有部份遺漏：比如卷二至卷五的碑式說明中，就缺少了一種非常重要的墓碑小類——阡表。阡有墓道之意，通「仟」，《漢書·原涉傳》有：「京兆尹曹氏葬茂陵，民謂其道為京兆仟」，杜甫《故武衛將軍挽詩》中也有「新阡絳水遙」一句，因此阡表也是墓碑的一種，而且由來已久，此後也一直有作品存世，歐陽修《瀧崗阡表》就是其墓碑的代表作之一，《全元文》中共收錄阡表作品 40 篇，但是在《金石例》中卻完全沒有體現。

再如關於書寫女性的部份，歷來墓碑只書正室而不書姜氏，但是元代墓碑打破了這一定例，不僅書姜氏，還有專門為姜氏所作的墓碑文，如陸文圭《姜陳氏墓誌銘》，按文中所提及的時間來看，這篇文章最晚也應作於 1295 年前，比潘昂霄編撰《金石例》早數十年，書姜一事在元代確實有存在且相對較為普遍，如蘇天爵《禮部員外郎王君墓誌銘》就提到「有姜方娠，未知其子男女」〔註124〕。若是從潘昂霄的成書目的來看，或許他對這種打破傳統的碑文表示反對，因此才再次重申古人體例，意圖修正。

從實際創作來看，元代的墓碑文並非完全遵照古人體例進行創作，潘昂霄《金石例》也有許多內容沒有進行交代：

比如序文。元代墓碑文的序文撰寫繼承了韓愈、歐陽修以來的寫作手法，一般以敘事為主，即選取墓主生平重要事蹟進行重點敘述，並兼有評論於其

〔註124〕李修生主編：《全元文》卷一二六九，第四十冊，鳳凰出版社，2004 年，頁413。

中，因此，序文多以散體寫成，《金石例》中的碑式舉例基本也以散體墓碑為主，但元代也存有駢體墓碑文，如張晏《王磐墓神道碑銘》〔註125〕。當然，這或許與潘昂霄編撰此書的目的有關，他試圖糾正文風，自然對駢體文不感興趣，但是墓碑的發展過程中，駢體墓碑是重要的一環，即便是在唐代進行革新後，仍有如遼代一般大量進行駢體墓碑書寫的情況出現。

篇目佈局方面，潘昂霄只用韓愈墓碑概括體例列出四種：自宦業寫起而以世系妻子居後、自急流勇退者寫起而履歷家世死葬居後、自事實寫起而履歷家世子女死葬年月居後、自姓氏三代寫起而以履歷妻子居後，但這四種遠遠不足以概括墓碑文自產生以來的結構佈局，但就元代墓碑文來說，篇章佈局有以死葬恩賜寫起，後敘家世履歷子女的，比如姚燧《中書左丞姚文獻公神道碑》。

當然，潘昂霄之所以選取韓愈墓碑括例是有其含義所在的，韓愈作為唐代古文運動的倡導者，強調「文以載道」，以韓文為例正符合潘昂霄扭轉文風、規範文體的目的，而且韓愈作為墓碑大家，其文章確實應為後世所師法。但是每位作者對於篇章佈局都有自己的思考，每位墓主所遺留下來的生平材料也不盡相同，語言文字也處於不斷變化的過程中，再加上特殊的社會政治背景與人生感悟，在實際寫作過程中人們並不可能僅僅去遵循書中所總結的幾例。更何況，有時候這種「例」的出現，反而會使文體陷入程式化、套路化的狀態。元代的墓碑並非簡單遵守前人體例，寫作內容也並非一成不變，但是在後世看來，這也是元代墓碑對於古例的一種破壞，黃宗羲對元人這種行為很是不滿，在《金石要例》一書中也曾有批判之語：「元潘蒼崖有《金石例》，大段以昌黎為例，顧未嘗著『為例之義』與『壞例之始』，亦有不必例而例之者。如上代、兄弟、宗族、姻黨，有書有不書，不過以著名不著名，初無定例，乃一一以例言之。」〔註126〕

三、《金石例》的價值與影響

《金石例》一書是我國現存最早的、系統研究古代墓碑文義例的作品，可以說自《金石例》一書後，墓碑文研究成為了專門之學，對後世墓碑文創

〔註125〕李修生主編：《全元文》卷一一二○，第三五冊，鳳凰出版社，2004年，頁207。

〔註126〕〔清〕黃宗羲：《金石要例》，淮建利點校《金石三例》本，中州古籍出版社，2015年，頁203。

作提供了規範化依據與程式。但是在當時，《金石例》產生的影響其實較為有限，時人作品中也較少提及，這或許與其刊刻過程有關，按前文所言，本書最晚成於泰定二年（1325），但是真正刊刻出版是在潘昂霄去世後二十年，即至正五年（1345），而此時的元王朝已經走向衰敗，處於大廈將傾的狀態，因此《金石例》一書在元代並未大肆流傳開來，明代雖有刊刻行為，但是真正意識到本書的價值所在，應該是在清代碑版金石之學大盛時，將其作為金石學發凡起例開山之作。

　　《四庫總目提要》評價《金石例》一書：「其書述敘古制頗為典核，雖所載《括例》但舉韓愈之文，未免舉一而廢百，然明以來金石之文，往往不考古法，漫無程式，得是書以為依據，亦可謂尚有典型，愈於率意妄撰者多矣。」〔註127〕《提要》指出了《金石例》在列舉韓文上的問題，但對其規範墓碑文創作的價值則予以肯定。此後，明清兩代，尤其是清代嘉靖、道光年間，出現了大量的墓碑文研究作品，也是在此基礎上進行補闕。

　　當然，我們在使用《金石例》時也要注意辨析，書中的內容也存在一定訛誤，比如潘昂霄對於先塋先德碑的起源說法就是有誤的，這一類墓碑是在金代中期產生的，而非蒙元，關於先塋先德碑具體的起源問題，我們在下一節也會有具體考證。

　　總體來看，《金石例》一書雖然在編纂上並非盡善盡美，但是作為現存最早的、為金石之作發凡起例的專門研究著作，《金石例》對古人規範墓碑文寫作有較大幫助，為金石義例之學奠定了基礎，對後世編纂金石義例作品也有參考之功，對我們研究元代及元以前的墓碑作品，尤其是文章體例部份也有較大助益。

〔註127〕〔元〕潘昂霄：《金石例》，淮建利點校《金石三例》本，中州古籍出版社，2015 年，頁 2。

第二章 墓碑文中的元代社會與生活

第一節 社會矛盾的激化——元初江南民變

一、民變背景

在談到元代江南地區的社會歷史背景時，「民族問題」通常是無法繞過的一環，不少研究論著都要強調宋亡以後蒙古統治者在當地所採取的「民族歧視」和「民族壓迫」手段（鄧紹基《元代文學史》），「民族歧視」主要是針對元廷的「四等人」制度，「民族壓迫」主要是指在物質經濟上對百姓的盤剝，在這種思維模式的影響之下，元初的江南民變也被定義為「反抗民族歧視」「反抗壓迫」性質的鬥爭，學者們也多以「轟轟烈烈」這樣的詞語來加以形容，但關於這場民變的一些內容，仍然需要我們進行進一步的梳理，元代的墓碑文之中就保存了大量關於江南民變的材料，從中我們可以對這場民變的經過有所補充，也可以對所謂「民族矛盾」的問題有些新的思考。

首先我們要探討一下關於元初南方「民族歧視」與「民族壓迫」這一說法的準確性。將不同民族的人進行等級劃分，其實早在大蒙古國時期就已經初步存在，世祖建元後將其分為四等，不過「四等人制」的正式確立，其實是在大德年間。所以元代早期的江南地區，雖然歧視確實存在，但應該並非是導致社會矛盾的主要原因。另外，這種「民族歧視」的本質究竟是民族之間的差異所導致的，還是統治階層對於被統治者的榨取，也是值得我們深思的。傳統意義上，人們認為蒙古人、色目人在元代擁有較高的地位，在科舉、入

仕等等方面佔有優勢，但這樣的優待是否是面對所有的蒙古、色目人呢？普通的蒙古、色目百姓或者低級官吏能否享受到這樣的待遇呢？恐怕不盡然，事實上，元代也存在著普通蒙古人在漢人高官家中為奴的情況，一些蒙古貧民因為生活困難，不得不將自己的子女賣入漢人、色目人家中成為奴僕〔註1〕，朝廷選拔蒙古人作為官吏時，也很注重其「跟腳」，即出身門第，因此，普通的蒙古百姓其實與漢人、南人的生活並沒有太大區別。而一些世侯雖然是漢人，但在朝廷中卻也能夠成為高官，這就說明，所謂的「民族歧視」並非是絕對的，而是相對的，一旦有漢人、南人進入了統治階層，那麼他們與蒙古統治者的利益就是一致的，因此所謂的歧視與壓迫政策其實更多的是統治階層對待被統治階層的政策。

南方依附初期，元廷對於當地經濟的依賴逐漸加大，除了正常的稅賦以外，常有各種巧立名目的財務徵收，江南地區物產豐饒，又在宋代得到了更大發展，不過這種「富裕」並沒有讓百姓的生活變得更好，反而加重了他們的負擔〔註2〕。需要注意的是，這種經濟上的壓榨，其實與「民族」關係不大，而是統治者對於其所統領的地區進行的榨取。

元初江南地區的民變，最早大約要追溯到南宋小朝廷的滅亡。至元十三年（1276），益王、廣王在陸秀夫、張世傑等人的支持下建立起了南宋流亡政權，當時由於元廷對外要遠征日本、交趾，對內要平叛西北等地，急需大量的人力物力，在江南地區榨取資源過甚，而阿合馬、桑哥等人秉政，貪心不足，漁獵百姓，政策制度的不合理、經濟與人力負擔過重等原因，導致閩粵當地對於元政權的反對聲較大。在此情況下，當地人許氏、陳吊眼等人率眾前去與張世傑合作，和元軍在百丈埔一地發生激戰，許氏戰死。至元十四年（1277），由於熟悉地形的陳五虎兄弟降元，元軍在其幫助下圍剿起義軍。第二年（1278），潮州城為元軍所圍，守將自殺，同年，陳吊眼率部下與陳五虎等人交戰，以失敗告終，文天祥也因陳懿兄弟而被張弘範所俘。至元十六年（1279），張弘範率軍在崖山與南宋流亡政權展開最後一戰，陸秀夫抱帝投海，南宋政權宣告徹底滅亡，但當地民眾的反抗還在持續。

至元十七年（1280），陳吊眼在漳州佔領了高安寨，與畬民等五萬人一同發動起義，元廷曾派遣招討使前往剿匪，但是以失敗告終。元廷任命高興為

〔註1〕馬巍：《蒙元民族政策研究》，西北師範大學碩士學位論文，2015年。
〔註2〕羅斯寧、彭玉平：《宋遼金元文學史》，中山大學出版社，1999年，頁281。

都元帥，與完者都一同征討聯軍。高興用計使得聯軍耗盡矢石，之後縱火燒
寨，聯軍在此戰中傷亡慘重。但陳吊眼仍未放棄，至元十八年（1281），他又
聚眾十萬，繼續反元。完者都起用降將黃華來對陣陳吊眼，陳吊眼節節敗退。
至元十九年（1282），元軍又以重兵圍困，陳吊眼逃至千壁嶺，為高興所捕殺，
陳氏餘黨降元後被流放。至元二十年（1283），黃華擁兵十餘萬人復叛，號稱
「頭陀兵」，史弼、伯顏等人率大軍壓境，黃華最後自焚而死〔註3〕。但閩粵
一帶的起義仍在繼續，如黎德、歐陽喜等人在廣東發動民變，其中規模最大、
影響範圍最遠的當屬至元二十四年（1287）鍾明亮在閩粵贛地區所發起的起
義。

　　江東地區作為一直以來的經濟中心，在戰亂時期所受的波及也較少，損
失也不大，新附之後成為了元廷的經濟支柱，當時江浙一省的稅糧就超過了
全國總數的三分之一，忽必烈的幾次對內、對外征戰都是依靠了當地的人力
與財力作為支撐，但降元後的幾年當地政治混亂，由武將進行管理，他們肆
意販賣人口、掠奪財物，造成了極壞的影響。虞集《姚忠肅公神道碑》中就有
一段這樣的記載：

> 　　江南方內附，民未安。蘄、黃、宣、饒、徽、婺等路，或相挺
> 為盜，輒起兵誅之，而大掠其旁郡。淮西之地，故宋宿將家多在焉，
> 而守將每造事稱警，輒屠略之。或使人奪良家子女，託為俘獲，而
> 轉買之，率以舟計。〔註4〕

從這段文字來看，官軍誅殺平叛的同時，也在大肆掠奪周圍臨近諸郡的財物、
人口，而淮西之地多宋故將之家，守將往往借事詐稱警備，並以此為藉口屠
殺其家，或是借起義軍之名奪良家子女，矯稱是為人所擄，然後轉而賣出，
其人數之多，甚至要以「舟」來計量，這種現象在當地存在已久。至元十六
年，時任淮西按察使的姚天福曾對這一情況進行了整肅，將無辜被擄的良民
全部歸還，但兩年後姚天福即被調任湖北，這一風氣也再次氾濫。

　　阿合馬、桑哥上臺後，都在江東大興鉤考，使得當地人心惶惶、人人自
危。至元二十三年（1286），桑哥會計天下錢糧，其手下參知政事忻都、戶部

〔註3〕關於元初閩粵起義以及黃華事蹟，詳可見張鎮升《宋末與元初閩粵贛邊畲漢
　　　　民變比較研究》，廣東技術師範學院碩士學位論文，2014年。
〔註4〕李修生主編：《全元文》卷八八九，第二十七冊，鳳凰出版社，2004年，頁
　　　　483。

尚書王巨濟借勢盤剝，遣官吏前往徽州徵民鈔，較往時更多二千錠，但王巨濟仍然貪心不足，試圖再加一千，當時的徽州總管許楫面見王巨濟，質問：「公欲百姓死耶、生耶？如欲其死，雖萬錠可徵也。」〔註5〕最終王巨濟收手。許楫意識到了官府對徽州百姓的盤剝過重，因此將此事化解，但不久之後他就因考滿離開徽州。至元二十四年（1287），政府又開始在當地徵收礬課，每年 160 錠寶鈔，這對當地民眾來說又是一筆沉重負擔。

與沉重的經濟壓力同時到來的是當地嚴重的自然災害，至元十九年，江東寧國路太平縣饑荒，民眾只能採竹實為糧，存活者只有三百餘戶；至元二十五年，杭州地震，安徽靈璧等地有雹災；至元二十七年，婺州螟害（《元史·世祖本紀》）。官方的不斷壓迫使得百姓生活在水深火熱之中，再加上當時官府救災不力，成為了導火索，導致了社會矛盾的激化，許多百姓因此而不得不落草為寇，揭竿而起，其中以宣徽、江西以及浙東三地情況最為嚴重。

二、民變經過

《元史》、《新元史》等史書之中對於民變的大致經過記載都較為簡單且分散，筆者據元代碑文中所載進行了梳理，對宣徽、江西、浙東三地的民變經過加以補充：

（一）宣徽民變

宣徽地區的民變最早應當始於至元十九年行省北部蕪湖一帶，由於當時江東地區剛剛歸附，人心不穩，加上元廷政策有失以及饑荒等自然災害的影響，民變一起，可謂一呼百應，自蕪湖以南也多有起兵反抗者，其中以宣、徽兩地最為嚴重。按照虞集《中書平章張公墓誌銘》中的記載，當時起兵者自立為王，掠奪郡縣，並且燒府庫、殺官吏，甚至一度打到宣徽東部的杭州昌化附近。行省為鎮壓叛亂，出重兵征討，但未成功。身為管軍萬戶的張珪奉命剿滅起兵之人，但最初也被起義軍所敗。由此，張珪等人決定調整策略，根據起義軍分散各地的特點，採取逐個擊破的方式進行剿滅。

張珪首先率軍平定了蕪湖當地的動亂，之後他向行省請求，前往距離蕪湖最近的宣城與其他幾路大軍會合。當時元軍在宣城被起義軍擊潰，可謂節節敗退，張珪到達州城時，並沒有選擇直接攻打起義軍，而是先整肅軍紀，

〔註5〕〔明〕宋濂：《元史》卷一百九十一，中華書局編輯部點校，中華書局，1976年，頁4358。

試圖挽回民心。之後與起義軍三戰皆勝，但起義軍以人數眾多的優勢圍困元軍，張珪便命手下趁日暮後進行設伏，次日再戰之時張珪因宣州原有兵卒「敗怯」而捨棄不用，將其麾下部將分為兩隊，一部份追擊敵軍前鋒部隊，自己則率領二十五位騎兵攻擊敵軍後方的「烏合之眾」，利用這一戰術打亂了敵人陣腳，追擊其首領至數十里以外，並將其擊殺，另誅殺起義軍三百人。附近又有借「妖術」起兵者，此人曾試圖在謁見張珪時進行刺殺，但最後被張珪反殺，為了平叛餘黨，張珪又率軍夜伏山中道路，在起義軍經過時殲滅，宣州民亂就此告一段落。

之後，張珪移師南下徽州，徽州當地的起義軍愈戰愈勇，已經擊敗了兩萬戶軍，張珪借其輕敵之機分化起義軍，他先行抓捕了三十人，誘其叛變，之後放此三十人迴歸敵軍陣營，並使其悄悄放出風聲：「張萬戶知汝柵居保族，逃死耳。官軍不諒汝，以賊擊汝，與官軍格，非汝志也。來降，吾能活之。不然，吾擊汝立盡。」〔註6〕通過這種恩威並施的方式，張珪招降了起義軍大部。同時，大約在至元二十四年開始，汪十千、柯三八等人也在徽州附近的績溪、歙縣發動民變，當時的行省右丞教化試圖以兵鎮壓，結果以失敗告終，雙方僵持了七個月之久，前任徽州總管許楫的到來打破了這一僵局，許楫曾在徽州有「惠政」，因此在當地民眾之間口碑甚佳，汪、柯二人也對許楫表示信服，年近七十的許楫單騎入寨勸服了柯三八等人，又請教化退兵一舍以待柯三八等人歸降，但教化不聽其諫，恰逢朝廷詔令參政高興代替教化主平叛事，高興採納了許楫的建議，柯三八等人降元〔註7〕。雖然避免了雙方血戰的過程，然而按照元明善《左丞相高公神道碑》的記載來看，汪、柯等人最後仍然逃不過被斬殺的結局。

至元二十六年，婺州人葉萬五〔註8〕率民眾萬人在武義縣（屬婺州）起義，殺死當地一位千戶，江淮省平章不憐吉帶率人征討，總管高孟德與永康縣尹徐德廉採用夾擊的方式對葉萬五發動進攻，葉萬五投降（俞希魯《徐德廉墓誌》）。

至元二十七年，績溪縣東西坑山寨附近有柯姓之人率眾起義（趙若惺《處

〔註6〕李修生主編：《全元文》卷八九一，第二十七冊，鳳凰出版社，2004 年，頁517。

〔註7〕〔明〕宋濂：《元史》卷一百九十一，中華書局編輯部點校，中華書局，1976 年，頁4358～4359。

〔註8〕《新元史》稱葉萬文。

士黃公孝則行狀》），仗西坑寨地勢險要與官軍對峙，績溪一地幾乎失守，援軍也屢攻不下。當地官員洪雷轟暗中招降九百人作為內應，又抓捕了起義軍高層十一人，張珪以當地人之計，兵分兩路攻打西坑寨所在的大鄣山，一路沿小路攀登上山，一路正面夾擊，起義軍事敗，首領逃亡他處，後於淳安縣被抓，最後被送往行省誅殺，此一戰大約持續半年左右，才以元軍的勝利告終（虞集《中書平章張公墓誌銘》、鄭玉《故慈湖巡檢洪府君墓誌銘》）。

雖然張珪、高興等人率軍平息了蕪湖、宣城、徽州的民變，但安徽一地的起義並沒有就此結束，地處蕪湖西南的南陵之地又有人以「天王」之號起兵，意圖攻打宣州，宣州守兵獨力難支，由張珪率軍趕去救援，在經歷血戰之後，斬首起義軍數千人，這場動亂才落下帷幕。歙縣凌六乙在潛口（屬徽州）、松源相繼而起，聲勢浩大，監郡瑪蘇庫總兵等人率軍討伐，先擒首領凌六乙，但其餘黨仍勢大，元軍本來準備採用進兵屠殺的策略，但為當地人所止，後來改為安撫政策，最後凌氏餘黨投降（趙若惺《處士黃公孝則行狀》）。

同時在至元二十七年，還有太平縣人葉大五率民眾進攻寧國路，兵敗被殺[註9]；建平縣人王靜照起兵，事敗後被捕，後於集慶路被誅殺[註10]；太平路蕪湖縣徐汝安、婺州呂童二、徽州路績溪縣胡發、饒必成也相繼起兵，但是最後全部被元軍鎮壓。

至此，宣徽之地的民變基本結束，在這場民變之中，先後波及到的地域有蕪湖、宣城、徽州、績溪、祁門、婺州等地，其中尤以蕪湖、宣城、徽州三地為最甚。

（二）鍾明亮起義及江西民變

至元二十四年冬，鍾明亮兵起，時為武義將軍的趙伯成與福州路達魯花赤脫歡共同追捕，後轉攻南劍、邵武等地的起義軍，並將其鎮壓，鍾明亮的勢力也受到了一定打擊。第二年，鍾明亮率軍進入漳浦，得到了泉州民眾的響應，並進攻長泰、汀州等地。同年，廣東董賢舉等人起事，佔領了吉州、贛州、瑞州等地。元廷將江淮行省的一支萬戶軍調往江西助當地平叛。

至元二十六年，民亂開始波及到各地。鍾明亮進軍贛州，丘元則於江西廣昌與鍾明亮形成犄角之勢，但因與元軍人數差距過大，寡不敵眾，鍾明亮、

〔註 9〕安徽省地方志編纂委員會：《安徽省志‧軍事志》，安徽人民出版社，1995 年，頁 196。
〔註10〕郎溪縣地方志編纂委員會：《郎溪縣志》，方志出版社，1998 年，頁 773。

董賢舉等人率軍投降，月的迷失向朝廷上書，欲賜幾人官職，但世祖不允，並詔令將董賢舉幾人押至京師。這一舉動無疑使鍾明亮受到了刺激，為了避免與董賢舉走上同樣的道路，鍾明亮選擇再次起義，他率領萬人之眾入梅州，手下之人也進攻漳州，南雄等地民眾響應，元廷使福建、江西兩地兵力聯合鎮壓，最終在二十七年二月，鍾明亮再次投降，被押送京師〔註11〕。

而同樣在至元二十七年，丘元的軍隊則一路攻城略地到達南豐附近，州城南臨闓江，丘軍試圖過橋攻門，但在守兵的抵抗之下被擊退，州城閉關自保，後李世安率領朝廷援軍來到南豐，採取了開倉放糧、緩徵商稅等措施以試圖挽回民心，同時兵分數路追捕丘元及其手下，最終，丘元兵變也以失敗告終（劉壎《參政隴西公平寇碑》）。

至此，江西地區的大型起義基本全部被鎮壓，但是，當地民眾的反抗並沒有到此停止，此後數年依然有揭竿而起之人：

至元二十七年，華大老、黃大老於江西起義，邱大老於建昌起義，皆被鎮壓。

至元二十八年，龍巖等地有民眾起義。謝大老被招降（蘇天爵《副萬戶趙公神道碑銘》）。

至元二十九年，漳浦有民眾起義，趙伯成等人鎮壓（蘇天爵《副萬戶趙公神道碑銘》）。

成宗年間，贛州劉貴起義，董士選時任江西行省左丞，率兵平叛，殺劉貴，元明善亦參與此戰（馬祖常《元文敏公神道碑》），《副萬戶趙公神道碑銘》中所提到的大德初年劉大老起義，或許即是劉貴起義。

（三）浙東民變

由宣徽地區開始，起義也逐漸波及到了浙東地區。至元二十三年，縉雲章炎、洪平一、黃龍一等人佔據永康、靈山等地，徐德廉招募民兵，與招討李從善東西夾擊，將洪平一等人於龜溪擒拿，之後攻方巖、青山，破靈山營寨，抓捕陳巽四（俞希魯《徐德廉墓誌》）。

至元二十六年，台州人楊鎮龍聚眾起義。楊鎮龍出生於南宋末年，其家族中人多有出仕南宋者，楊鎮龍自己也曾官至衢州總兵，宋亡後掛印歸家。但文天祥、陸秀夫的殉難、現實的壓迫等原因，使得楊鎮龍決心起義，至元

二十五年，他帶領起義軍從寧海出發，經桑州向天台，並得到糧餉支持，後進入東陽一代。至元二十六年，以婺州路東陽縣玉山為據點，稱「大興國皇帝」，建號「安定」元年。由於楊鎮龍曾經擔任過武職，因此在軍事能力上要高於其他首領。他選擇東陽縣作為根據地，就是因為當地地理條件優越，且當地百姓對宋室感情較深，並以「不擾民」為原則，博得了當地民眾的好感。

這次起義的規模也相當之大，起義軍中約有十二萬人，楊鎮龍將其分為兩路，一路直抵東陽，一路經嵊縣取新昌，起義軍先後攻下了東陽、義烏、新昌、天台、寧海等地，震驚浙東。忽必烈詔江淮行省左丞忙兀臺等人剿匪，呂德、史弼等人從婺州出發，與起義軍在東陽、義烏等地大戰。大戰開始，起義軍佔據上風，佔領了桃源、長樂等地，但不久後，起義軍接連失利，天台、永康一帶的起義軍因為寡不敵眾而先後投降。二十六年六月，楊鎮龍不幸被俘，十月被殺。至元二十七年，楊鎮龍餘部繼續反元，不久被鎮壓，寧海楊氏居里也被焚燬，族人四散逃亡〔註12〕。

同年，太平縣業大五、處州縉雲呂重二、杭州唐珍皆率眾起義，被官方鎮壓，呂重二為史弼所殺。興華路仙遊朱三十五於青山起義。處州青田人劉甲乙率眾攻溫州平陽〔註13〕。

三、民變影響

轟轟烈烈的江南民變在持續了十餘年之後，最終為元廷的武力所鎮壓，縱觀整個江南地區，民眾起義這一現象一直持續到了成宗年間才勉強停止。從這些民變軍隊的組成來看，雖然有不少首領自封為王，但真正訓練有素能稱之為「軍隊」者，只有黃華、鍾明亮以及楊鎮龍三支軍隊，其餘散落各地的小股起義軍大都是佔據地形優勢與元軍進行拖延對抗。然而，正是這樣一群沒有鉤戟長鎩之利，只能「斬木為兵」的「烏合之眾」，竟能將以善戰為名的蒙古鐵騎打到節節敗退，這在當時幾乎是不可能的事情。因此在平定叛亂之後，很多人也對這場民變進行了一定反思，在元代碑文中我們也可見這樣的記載。

〔註12〕關於楊鎮龍事蹟，還可參見桂棲鵬：《浙江通史》元代卷（浙江人民出版社，2005年，頁383）與楊正清：《論元初浙東楊鎮龍起義》（《史學月刊》，1989年第6期）。

〔註13〕〔明〕陳邦瞻：《元史紀事本末》卷一，王樹民點校，中華書局，2015年，頁11。

　　元軍最初的失敗，與其暴力鎮壓、掠奪成風的行事風格有相當大的關係。虞集在《李仲華墓表》中曾經提到過，元軍在平叛過程中往往是以武力壓服，採取圍堵的方式，意圖將起義軍全部剿殺，寧可錯殺也絕不放過，這也是當時官府所制定的平叛政策，之所以少有反對之音，是因為在這種平叛方式下，許多武將可以趁機劫掠錢財、買賣人口，以此致富，但這一政策往往導致了不少普通百姓在逃生時被當做是起義軍而無辜被殺。此外，劫掠成性也是當時元軍的一大問題，根據虞集《中書平章張公墓誌銘》來看，宣城官軍在被起義軍所擊敗時，還有殺百姓家牲畜、傷害家主之人。

　　一邊是官兵的濫殺無辜、劫掠成風，一邊是起義軍打出的不擾民旗號，在這種情況下，百姓只會被官府逼到走投無路、選擇參與民變隊伍之中，而不會支持元廷與軍隊對他們進行剿滅，且由於雙方混戰，郡縣之內民生凋敝，甚至達到了鄉民在數月之內甚至不敢入城的程度（方回《徽州東門觀音堂記》）。後期不少官員逐漸意識到了這一問題，改變了作戰策略。張珪在經過幾次失敗後，就改為先整頓軍紀，將騷擾百姓之人斬殺，以儆效尤，以撫民心，之後才對起義軍發動進攻。在攻打起義軍的過程中，地方官員也常常會使用一些「懷柔」政策，恩威並施，對某些起義軍進行誘導。大部份民眾參與起義，並不是因為其對故宋的感情有多深刻，而是在於元廷的盤剝太重，使得百姓食不果腹，不得安寧。在這種情況下，一旦得到元廷承諾，本身對起義並不堅定或是被裹挾於軍中之人，往往就會先行投降，官方再利用這一部份降軍來分化起義軍內部，進行伏擊，最後再一舉殲滅。

　　與此同時，朝廷內部對於江南地區此起彼伏的起義也議論紛紛。早在至元二十年，崔彧就曾上言世祖，認為江南盜賊兩百餘起都是由於「拘刷水手與造海船」所導致的民不聊生、激而成變，江西四省的軍需也應該量民力而為。崔彧意識到了閩粵等地的民變就是由於東征等軍需所耗而引發的，因此他勸阻世祖要量民力而非一味榨取，但世祖不予採納，最後導致了民變愈演愈烈〔註14〕。江南地區的起義之風給予了元廷現實上的打擊，不少官吏也上書請「蠲徭發廩，以賙畎隸」（馬祖常《監黃池稅務王君墓碣銘》）。因此世祖不得不開始調整在江南地區的政策，至元二十七年，大部份民變被平定，第二年元廷就針對浙東、宣徽等地的饑荒進行了救治：

〔註14〕〔明〕宋濂：《元史》卷一七三，中華書局編輯部點校，中華書局，1976 年，頁 4041。

> 杭州、平江等五路饑,發粟賑之,仍弛湖泊蒲、魚之禁。溧陽、
> 太平、徽州、廣德、鎮江五路亦饑,賑之如杭州。武平路饑,百姓
> 困於盜賊軍旅,免其去年田租。凡州郡田嘗被災者悉免其租,不被
> 災者免十之五。(《元史·世祖本紀》)〔註15〕

朝廷通過開倉放糧、弛湖泊之禁、減免田租等方式減輕了當地民眾身上的負擔,百姓也終於從連年的戰亂饑荒之中解脫出來,得以恢復生產,當地經濟也緩慢復甦。

從本質上來說,元初的江南民變其實是元廷、起義軍與百姓三方的矛盾調和過程。民變產生於元廷與百姓之間的矛盾,在起義剛剛爆發的時候,起義軍與百姓都是為了反抗過度榨取,利益方向是一致的,因此起義軍能夠逐漸壯大;後期元廷意識到了政策上的錯誤,開始採取一定的懷柔政策,緩和了與百姓之間的矛盾,使得百姓與起義軍之間的同盟開始瓦解,並藉由起義軍內部所存在的問題來對其進行分化,最終將其剿滅。

這場民變對江南地區所帶來的打擊是相當嚴重的,在民變過程中,江南地區人口損失巨大,姚燧在《潁州萬戶邸公神道碑》中向我們提供了幾個數字:「宣、徽怙惡,乃夷萬人于南陵、旌德、涇縣。又鋤萬人于績溪。」〔註16〕一場民變,僅宣徽一地就至少有兩萬人死於動亂之中,而楊鎮龍的十二萬大軍,除去投降於元代的部份,想必被元軍所殺者數量也是相當大的。至元二十七年的江西全境一共有戶 244.8 萬,相較南宋嘉定十六年(1223)的 268 萬戶,減少了近 14 萬戶,其中撫州、建昌、贛州下降較多,尤其是贛州地區,至元年間的人口數量只有南宋中期寶慶年間的 22% 左右〔註17〕。除了宋元易代戰爭所帶來的影響以外,民變恐怕也是導致這一現象的重要原因之一。此外,戰亂頻繁與經濟盤剝也使得江南經濟一度陷入低谷。

但這並不代表江南地區的這場民變只帶來了不良影響,事實上,無論出於何種原因而選擇起兵,也不論結果如何,這場轟轟烈烈的民變運動確實迫使朝廷改變了對與江南地區的態度與政策,從一開始的一味盤剝到後來開倉賑災,休養生息,這是無數軍士與百姓的鮮血所換來的。

〔註15〕〔明〕宋濂:《元史》卷一六,中華書局編輯部點校,中華書局,1976 年,頁346。

〔註16〕李修生主編:《全元文》卷三一六,第九冊,鳳凰出版社,1998 年,頁 612。

〔註17〕此數據來自吳松弟:《中國人口史》第三卷,復旦大學出版社,2000 年,頁494。

在這場民變之中，還有一點值得我們留意的地方，那就是南方士人對待這場民變的態度，今人在研究作品之中雖然將江南民變定義為「反抗民族歧視」「反抗壓迫」性質的鬥爭，但這是以今人的視角來看待歷史，不免帶有一定的階層鬥爭的影子，如果從當時人對於這件事的看法來說，許多江南士人對此並非採取讚揚的態度，相反，他們在文章中大多以「渠魁」、「賊首」、「盜」等等稱謂來稱呼這些起義軍及其首領，不少士人還為官府「平叛」進獻條策，當時在南方文壇赫赫有名的劉辰翁作文為行省丞相忙兀臺歌功頌德，為張珪創作碑文的虞集也在文中隱去了張珪先行失敗的記錄。陳得芝先生在其《論宋元之際江南士人的思想和政治動向》一文中認為這是由於當時士人與元廷在民變一事上有著共同的利益，因此才採取了與元廷一致的立場〔註18〕。

那麼這一「共同利益」指的是什麼呢？劉壎曾為《嘉禾御寇錄》〔註19〕一書作《汀寇鍾明亮事略》為序，稱其「殘忍嗜殺，異於人類」，凡其兵士所過之地，男女老幼被抓，而貲財家舍被毀者甚多，在兩方軍士交戰之中，躲避不及而被殺者甚眾，雖然劉壎有採用道聽塗說之嫌，但也說明許多南方故家在當時也受到了起義軍的侵犯，在這樣的情況之下，反而使得江南文士倒向了朝廷一側。此外，至元二十三年（1286）程鉅夫的南下訪賢讓一些江南文士重新看到了出仕的希望，在這種情況下，文士們恐怕也會不自覺地維護朝廷的利益。

除了利益一致以外，江南文士對於民變的反對恐怕還與其「反戰」，或者說是「厭戰」的情緒有一定關係。在《汀寇鍾明亮事略》中，劉壎寫下了這樣一段話：「自有邑以來，兵火薦患無甚於此，承平遺蹟，埽地盡矣。繚十餘年，生聚未復，而鍾、邱相挺又如此，距紹定己丑、庚寅整六十載，其間禍亂相仍，肝腦塗地，令人心酸，有不忍言者。何吾豐生靈獨不幸至是哉？因紀明亮事，併載故實，痛定思痛，歷歷眼前，後賢覽觀尚憮然而三歎也。」〔註20〕劉壎是南豐州人，隸屬江西撫州一地，其所提到的「邑」應當也是指江西境內，在劉壎看來，鍾明亮之亂是江西建邑以來所遭受的最重的以此兵亂，承

〔註18〕陳得芝：《論宋元之際江南士人的思想和政治動向》，《南京大學學報（哲學‧人文‧社會科學）》，1997 年第 2 期。

〔註19〕按，《嘉禾御寇錄》一書是劉壎在其《汀寇鍾明亮事略》中所提及，大約刊行於大德年間，此書名中的嘉禾指南豐，劉壎即為南豐人，《汀寇鍾明亮事略》似乎就是為此書所寫的序跋類文字，惜書已失傳，今不見。

〔註20〕李修生主編：《全元文》卷三四七，第十冊，鳳凰出版社，1998 年，頁 355。

平遺蹟蕩然無存，鍾明亮與邱大老的起義，距離元軍佔領此地不過才十餘年，「紹定己丑、庚寅」指的應該是發生在南宋理宗紹定二年（1229）到三年（1230）江西、福建等地的盜亂，自紹定年間到鍾、邱二人為止的六十年時間，江西一地經歷了三次兵亂，其中後兩次兵亂是劉壎自己親身經歷過的，他看到了生靈塗炭、滿目瘡痍的故鄉，所以才對戰爭表現出明顯的反感，之所以記錄鍾明亮之事，也是為了使後人能夠有所反思。劉壎的「厭戰」情緒也能夠在一定程度上代表當時江南文士的看法，戰火消耗了人們對於生活的熱情與希望，對於安居生活的迫切渴求使得他們「談兵色變」，不求聞達只求苟活是當時不少人的共同想法。

基於這種情緒的支配，劉壎在文章當中也採用了一些比較誇張的說法來描寫鍾明亮其人，例如稱他喜好以孕婦祭鬼，屠割俘虜，殘忍嗜殺，這些說法在其他文獻材料中罕有出現，但我們不妨推測一下劉壎這樣寫作的動機——在劉壎筆下，鍾明亮是一個殘暴無良、怙惡不悛、以殺人為樂的賊首，鍾明亮的形象越是不堪，他所做下的惡事越多，那麼奉命討伐他的朝廷軍隊就越是正義的一方，大量書寫江西境內的慘狀，則更能激起民眾的同情心，這也和《嘉禾御寇錄》本身的性質有關，劉壎正是想要藉助這本即將流通市面的書籍來告訴大家，戰火所帶來的傷痛到底有多深，因此呼籲百姓服從朝廷，而不要再讓當地再次陷入兵亂之中。雖然劉壎之意大多出於其對戰爭的反感之情，但是這樣的做法也在有意無意之中對於朝廷的統治加以維護，削弱了百姓與朝廷之間的敵對情緒，鍾明亮、邱大老等人大概也不會想到，自己的抗爭之舉會導致這樣的結果出現。

第二節　行己與惠人——元代的處士生活

一、元代處士的類型與成因

處士這一概念最早在戰國時期就已經出現，《孟子》中就有：「聖王不作，諸侯放恣，處士橫議，楊朱墨翟之言盈天下，天下之言，不歸楊則歸墨。」〔註21〕《漢書》中也有「秦既稱帝，患周之敗，以為起於處士橫議，諸侯力

〔註21〕〔戰國〕孟子：《孟子註疏》卷第六下，〔清〕阮元校刻《十三經註疏》本，中華書局，2009年，頁5903。

爭，四夷交侵，以弱見奪」〔註22〕，顏師古在注中給處士的定義是「不官於朝而居家者也」，這說明判斷處士的標準有兩點，一是不出仕，二是居家。到了後世，處士的概念逐漸變得寬泛，有了狹義與廣義兩種「處士」，狹義的處士仍然是指不出仕、居家之人，此人可以有一定的宗教信仰，廣義的「處士」還可以包括曾經短暫出仕的人，他們與政治、朝廷有過一段時間的接觸，但是人生的大部份時間還是在民間度過。此外，隱士和逸士與處士的概念也較為相近。隱者，蔽也，所謂隱士，即遠離朝堂隱居之人，早期的隱士一般隱於山林之中，少與世人有所往來，但是隨著時間推移，很多隱士也逐漸開始與社會有所接觸，不再僅僅隱居於山林之中，而是居住於市井之中，就是所謂的「大隱隱於市」，而隱士的含義也逐漸發生了變化，變得與處士非常接近。逸者，隱也，遁也，從這一角度來理解，逸士也有隱士之意，但逸士與隱士又不完全相同，何晏在《集解》中言，「逸民者，節行超逸也。」可見逸士是以德行為標準，品行高潔過於他人者可稱逸士。但是隱士、逸士二者有時也可以通用，界限並不是非常分明。

從元代墓碑文的實際情況來看，處士、隱士、逸士其實在使用時界限比較模糊，其中隱士、逸士很多都是半隱半俗，與處士差別不大，因此我們所稱的「處士」其實是廣義上的概念，包括隱士、逸士、處士三種，因為處士數量最多，所以以處士為名。

唐代墓碑文中，以處士之名稱呼的墓主約有 242 位，隱士之名的墓主只有 1 位，共計 243 位，但這 243 人之中，有些是出仕三十餘年還稱為處士者，因此實際的數量應該要小於 243〔註23〕。宋代墓碑文中，有 63 位墓主稱處士，4 位隱士，共計 67 位〔註24〕。到了元代，以處士為稱的墓主有 96 位，隱士有 7 位，逸士有 21 位，共計 124 位〔註25〕。從數字來看，唐代的處士最多，這或許是因為唐代隱逸之風盛行的緣故〔註26〕，但是宋代這一數字卻突然大幅度下降，到了元代，處士的數量再次增長，這說明元代主動或被動地選擇

〔註22〕〔漢〕班固：《漢書》卷十三，〔唐〕顏師古注，中華書局編輯部點校，中華書局，1962 年，頁 364。

〔註23〕統計數字來自侯振兵：《唐代處士與社會》，陝西師範大學碩士學位論文，2009年。

〔註24〕統計數字以《全宋文》所存文獻為主。

〔註25〕統計數字以《全元文》所存文獻為主。

〔註26〕侯振兵：《唐代處士與社會》，陝西師範大學碩士學位論文，2009 年。

歸隱不仕者較前代可能更多。筆者對這 124 位處士不出仕的原因進行了梳理，並按照其生年的時間順序進行排列，從出生時間來看，有 70 位是可以確定為由金、宋兩代入元的，其中出生於金代者只有 9 人，其餘皆是由宋入元，明確生於元代的一共有 47 位，其餘生卒年不明。從成因角度來看，不出仕的原因主要有以下幾種：

一是朝代更替。元代的情況相比前代較為特殊，既有由金入元之人，也有由宋入元之人，他們的一生以朝代的終結與建立為分割點，前半生或許由於家族世代積累，財物充足，或者作為官宦世族子弟出仕舊朝，似乎有大好前程，但是隨著朝代滅亡，往昔榮耀化為塵土，同時承受著生活與精神的雙重痛苦，尤其身處故宋之地的南人，不但社會地位低下，還要承受多種經濟負擔。戰亂過後，家破人亡，被迫遷徙，遠離故土，在度過了流離失所、只求生存的艱難生活之後，好不容易得以安定下來，占籍新地或是迴歸故鄉，以教書、耕讀、經商等為業，且不再出仕新朝，而是選擇隱居市井之中。這一類的處士，很多在金、宋亡國之前就已經出仕或者有一定職業為生，因此生年一般都在金宣宗貞祐年間（北方處士）、南宋理宗寶祐年間（南方處士）或之前，也就是說在金、宋亡國時，他們往往已經成年。根據筆者的統計來看，元代的 124 位處士中，有 19 位都是因為朝代更替的原因沒有出仕元代。在這 19 位之中，有明確為前朝守節的處士如殷澄、林雷龍，也有因為家中遭逢鉅變而心灰意冷者如薛勉。《瓜爾佳隱士墓誌銘》的墓主瓜爾佳秉直也是其中比較有代表性的例子，按記載，秉直為女真人，家中居安陽（今屬河南），其祖先曾經是金代開國功臣，世代封爵，祖父曾為大元帥，父親也世襲職位，但金末變亂之後，家中親戚只餘一姐，因故家已失、僅存己身，遂不再出仕，但為人在鄉中則以賢德著稱。倘使金代未亡，那麼秉直也當承襲父職，入仕金朝，前程可期，但戰爭為他帶來了滅頂之災，因此也再無出仕之意。再如逸士趙若煥，他是宋宗室子弟，靖康之役後家中遷徙至進賢（今屬江西），祖父、父親皆不出仕，宋亡之時，趙若煥「賦《草之茂》三章，援琴而歌……悲哀時運之已失，矢志義之不渝，略無移咎推怨之意」〔註27〕，按吳澄的描寫，趙若煥在宋亡後是一種「自傷而不他尤」的態度，此後縱情山水，陳跡鄉間，頗得陶淵明之真意（吳澄《故逸士趙君墓誌銘》）。趙若煥的情況與瓜爾佳秉直又有所不同，他雖然是宗室子弟，然而家中上兩代都無

〔註27〕李修生主編：《全元文》卷五一七，第十五冊，鳳凰出版社，1999 年，頁 538。

人出仕，與趙氏皇族之間的關係應當較為疏遠，所以在宋朝滅亡之後，他以琴曲歌詩來表達對趙氏王朝逝去的哀傷，也不再出仕新朝，但言辭之中卻沒有怨懟之意。雖然同樣經歷了朝代的更替，但是趙若煥的人生態度則更加灑脫，或許也因為他並沒有經歷瓜爾佳秉直那樣家破人亡的慘劇，因此能夠坦然面對。

　　二是科舉廢止。元代的科舉制度經歷了「三廢三立」的曲折過程，金亡以後，當時的中書令耶律楚材曾經諫言太宗以儒術選士，太宗九年（1237）開始以「論」「經義」「詞賦」三科作為選取人才的方式，但因為蒙古貴族的反對，只試行一年後即中止，這是科舉制在元代的第一次廢立。世祖至元四年（1267），王鶚等人請行貢舉之法，至元十一年（1274），省臣又奏試行貢舉之事，至元二十一年（1284），留夢炎、火魯火孫等奏復行科舉，劉秉忠、王惲、程鉅夫等人也分分上奏此事，得到了世祖贊同，至元四年（1284）開始，世祖命中書左三部與翰林學士議立程序，至元二十一年命許衡議定學校科舉新法，但是科舉之制雖然確立，科舉制度卻一直沒有建立。直到仁宗皇慶二年（1313）中書省臣進言專立「德行明經科」取士，仁宗採納了這條建議，命中書參酌定制，十一月，仁宗詔令正式恢復科舉，次年八月，郡縣舉行鄉試，延祐二年（1315）京師會試，這是元代建立之後的第一場科舉考試，此時距離金亡已經有 81 年之久了。自此年開始一直到順帝元統元年（1333），元廷一共舉行了七榜考試，結果科舉制度再次被廢，究其原因，還是在於蒙古人、色目人與漢人之間的利益衝突；至正二年（1342），順帝恢復科舉，在舉行了八榜考試後，元王朝也逐漸走到了盡頭，順帝之所以會再次開科取士，主要是為了緩解當時的社會矛盾，拉攏人心，但科舉拯救不了早已搖搖欲墜的大元王朝，其滅亡已是必然之事。在科舉考試的過程之中，由於「四等人制」的制約，漢人、南人與蒙古人、色目人也遭受到了區別對待，許多以科舉出身的士人，也並不能夠在朝廷中擔任重要職位，因此有些士子對於科舉產生了迴避態度〔註 28〕。

　　宋末元初時，江南地區仍有不少士子依然習舉子業，但是科舉一直未行，以舉子為業的很多士人不得不另闢他徑，如通過蒙占、色目人的舉薦入仕就

〔註 28〕關於元代科舉的研究，目前學界成果頗豐，筆者主要參考了喬衛平：《中國教育通史》宋遼金元卷下（北京師範大學出版社，2013 年）、余來明：《元代科舉與文學》（武漢大學出版社，2013 年）等著作。

是其中一種〔註29〕，這也使得當時江南文士興起了干謁風氣，多有儒士以詩文作為敲門磚來為自己謀求晉身通路〔註30〕。但是，很多缺乏關係門路的學子在科舉與入仕無望之後，又不願去做刀筆小吏，因此不得不另謀前程，有些乾脆授業為師，有些則從事貨殖，或是隱逸終生。在 124 位處士之中，有 12 位是明確因為這一原因而成為處士的。葛繼祖就是這樣的例子，他生於南宋理宗寶祐二年（1254）。葛氏曾經為金溪著族，繼祖少時工進士業，二十餘歲有成，然而宋亡後科舉制被廢，皇慶二年詔行科舉之時他已是五十九歲高齡，無法再試場屋。葛繼祖在廢進士業之後，接手家中事務，生平經營家財，有所增益，並為善鄉里，修祠通貨，於至治年間去世（馬祖常《故金溪逸士葛君墓誌銘》）。

金末、宋末的處士因為科舉廢止而受到的影響較大，因此被迫放棄舉子業，迴歸鄉里。在科舉實行之後，落第、與有司不合，主動放棄科舉，也是成為處士的原因之一，有 4 位處士的墓碑文中表明了他們是因為科舉不中而退居。如處士饒泰來，其家中世居臨川，饒泰來於《詩》《春秋》皆有所得，且與程鉅夫、虞汲等人都有所往來，柳貫對其也多有誇讚，到了延祐初，饒泰來屢試不中，遂感嘆「命也」，此後退居在家。雖然沒能像他的名字所寓意的那樣「否極泰來」，但是饒泰來的學問在當時也是飽受認可，又有危素這樣的好友為其作銘，得以流傳千古，也算是不枉此生。

還有兩位經歷較為曲折的處士陳仕貴與蕭德孫，陳仕貴出生於理宗淳祐五年（1245），從「仕貴」這一名字中我們就可以感受出父母的期許與當時的仕進風氣，可惜宋亡後科舉未開，便歸隱家中，幸而陳家貲財頗豐。延祐重開後，陳仕貴再試有司，惜不錄，再次歸隱，於先人所創道山書塾之中以讀書為樂，直至去世。其為人孝悌友愛，也有君子之風（吳澄《故桂溪逸士陳君墓碣銘》），蕭德孫的情況與他類似，也是先為科舉廢止所累，之後參試不中，歸隱家中。

三是元代隱逸風氣的影響。部份處士雖然通經史之學，但是志不在場屋，因此其不圖仕進，反而在山水、交遊之間得到了更多的人生樂趣，這類墓主也是最貼近處士本身含義的，他們不志官場，生性或淡泊或耿直或豪邁，在市井江湖之間尋找到自己的一方天地，因為這一原因而歸隱的墓主在元代是最多的，大約佔據了所有墓主的一半左右。如處士陳士龍，雖然家中貲財豐

〔註29〕張希清等主編：《中國科舉制度通史·遼金元卷》，上海人民出版社，2017 年。
〔註30〕史偉：《元初江南的遊士與干謁》，《江西社會科學》，2010 年 09 期。

厚，號為望族，但是他本人生性淡泊好義，不慕名利，只願衣食自給，而不樂於為人所役，因此志不在官場之間，而在家居鄉鄰之中（吳澄《故逸士陳君雲夫墓誌銘》）。這種不志官場、仕進的個人選擇在元代中後期是較為風行的，究其原因，大約也是受到了元代中後期隱逸風氣的影響。關於元代的隱逸之風，學界也多有論及，這種隱逸風氣在元代的文學、藝術等諸方面都有所體現，如繪畫、散曲、雜劇、詩文等等，不單山林市井之人推崇隱逸，就連高官顯貴也時常會在詩文之中流露出對於隱逸的追求，虞集、趙孟頫、楊載等人都有類似的作品出現，也有如貫雲石這樣的棄官歸隱者，在這樣的風氣影響下，整個社會對於有隱逸傾向之人都會加以推崇，這樣的隱逸與元初成因複雜的隱逸有所不同，隱逸似乎成為了一種常見而風行的生活狀態，人們擺脫了對於世俗名利的追求，但同時也不去鄙視追求功名利祿的人，可以說，元代中後期的社會幾乎達到了一種「仕隱同尊」的狀態。在這種風氣之下，不少人也會選擇主動退隱〔註31〕。

除以上幾點之外，與有司不合也是處士退居在家的原因。有些處士曾經有過短暫的出仕經歷，或是曾經求仕於人，但是因為與有司之間產生了一些齟齬，於是乾脆隱居歸家。如處士陳良能，他在年輕時曾經干祿於官，但是與人不合，遂歸家閉門讀書，經營家資（楊維楨《元故陳處士墓誌銘》）。

還有些處士是喜好風水、陰陽、堪輿等學說，或是篤信宗教修煉，因此對仕進無意而選擇隱逸，但是這種例子在元代較少。例如處士范起莘，他是延平（今屬福建）人，生卒年不明，延平當地入佛、道的風氣較為濃厚，多逸士道人，或是「得道昇仙」或是以方術文名，在這種風氣的影響之下，范起莘本人也習修煉之術。其實范起莘早年也曾經學習儒經，但是無人賞識，之後專心修煉，於空山之中結廬而住，終歲入境，尤其喜好青囊術（風水堪輿之術中的一種），常與好此道之人交遊往來，其風水堪輿之說精妙而該準，往往能夠令人信服（劉壎《梅谿范隱士壽墓誌銘》）。

如果從時間分佈來看的話，對元代前期的處士來說，隱退的原因是多樣性的，朝代更替、不志官場、科舉廢止三點都是主要因素，到了元代中後期，不志官場則逐漸成為了最主要的原因。

〔註31〕關於元代的隱逸風氣，參見查洪德：《元代文壇風氣論》，《第二屆元上都遺址與文化研討會論文集》，2012 年；牛貴琥、師瑩：《論元代後期隱逸現象之特殊性》，《山西大學學報（哲學社會科學版）》，2017 年第 1 期。

二、元代處士的日常生活

（一）居家生活

「家」是處士活動的重要場所之一，這裡的「家」是一種廣義的概念，即居室與其附近的區域，處士人生中的大半時間都在這一範圍內中渡過，一般來說，處士的居家生活中比較常見的行為有以下幾種：

一是習經著書，吟詩作文。處士既然稱作「士」，那麼必然要有一定的學術修養，元代的處士大多曾有過學習經典或是詩詞歌賦的經歷，有些處士甚至在當時也以學問、文辭著名於世，因此，在處士隱居家中的日常生活里，讀書作文就是其中的一項重要內容。

如蕭德孫，吳澄在碑文中曾經稱讚其「經傳子史、九流百家，無不貫通」，雖然吳澄的稱讚有溢美的嫌疑，但至少說明蕭德孫在學識上是有值得稱道之處的，其學術較為博洽，不拘於儒家一道。他曾經在延祐年間參與科舉，但是未中，於是不再參與舉子之業，專心居家著書立說，平生為文輯為《師心集》，又將理學各家之說自濂洛以下分門考訂，編為《理要》一書。此外，他還著有《地志沿革》，此書以討論山川形勢以及古今地域為主。蕭德孫還分類刪定《詩經》以後的諸家詩，編為《詩體》一書。從墓碑文中所記載的情況來看，蕭德孫一生也算是著述頗豐，可見除習舉子業應試以外，其生平泰半時間也都用來編書、作文、著述。再如處士陳紹祖，程端學也稱他自經史百家，下至醫藥、卜筮、佛老之書，皆有所學（程端學《故處士陳繼翁墓誌銘》）。

二是教書育人。部份處士自身由於朝代更替、科舉未行等原因主動或被迫選擇居家而不出仕，但是在他們心中仍然認定仕途是士人最佳的選擇，因此這些處士往往會把希望寄託在子孫後代身上，以期元廷可重開科舉。同時，由於大部份處士本身就具有一定學養，因此閒居在家之後，很多人也會選擇教導子孫讀書；另外，不以舉子業為生的處士往往要另謀他業來養家糊口，教書授館也是當時較為常見的選擇。

如吳澄筆下的處士吳季德，其家族在宋代就以儒術著稱，元代科舉不行，吳季德居家不仕，但仍然以科舉之業來教育其子，等到延祐開科取士，子孫皆參與試藝（吳澄《故處士季德吳君墓誌銘》）。再如劉岳申筆下的處士郭適，他曾經在梅川等地以講學為業，教子授徒，並且補定史書、編定《春秋五傳》

等等，郭適的講學一方面是為了賺取束脩、養家餬口，一方面也在講學的過程中令自己的學術不斷有所進益（劉岳申《處士郭圖南墓誌銘》）。

除為生計考慮意外，教書育人也是處士傳播文化的重要途徑，雖然由於各種原因未能出仕，但是儒家文化依然根深蒂固地植入於處士的思想之中，教書除了可以傳播學術以外，還能夠對文化傳承做出一定的貢獻，這種行為在元亡以後的部份士人身上依然可見〔註32〕。

三是從事產業經營。除非家中舊有貲財以外，大部份的處士在讀書作文、教授子孫的同時，還要為自己的生計來源進行打算，有些處士以耕讀為樂，自給自足，有些處士則是經商為業，積累財富。需要注意的是，儒士易業並非是元代所獨有的，這一現象其實早在宋代就時有發生，宋代雖然科舉發達，但是很多科舉不第的士子也被迫轉向其他行業，因此元人易業其實也是繼承了前人傳統，而非這一現象只在元代發生。無論是出於主動還是被迫，儒士在元代的大批轉向是事實，這與當時的社會背景有較為緊密的聯繫，仍舊以儒為業的士人在對待其餘已經易業者時也表現出了平等看待而非輕視的態度，這對明代以後社會轉型以及新潮流的形成奠定了基礎〔註33〕。

《王晉卿父王隱士神道碑》的墓主處士王政就是一例，其家中原籍臨漳（今屬河北），後家中遷居項城（今屬河南），王政出生於金承安四年（1199）年，卒於至元七年（1270）。貞祐南渡後，他曾經買田千頃，發家致富，但是金亡之變時被迫流離他鄉，在歷盡艱辛回到故鄉之後，田產也已經為豪強所有，王政便開始從事商業經營，通過買賣貨物等方式為家中積累了財富，供子孫讀書，又為善鄉里，為之耕田鑿井，到了王政晚年，家中貲財也頗為豐厚。這種商業經營的選擇，或許也和元代本身的經商風氣與商業發達有一定關係。雖然在時人觀念中，科舉出仕仍然還是最高貴、最理想的一種職業，但是傳統的「士農工商」觀念所導致的對於從事商業的看輕，在元代已經不像以往那般嚴重；同時，元廷制定了一系列的法律政策保護並鼓勵發展商業，社會風氣也隨之一變，商業經濟有了空前的發展〔註34〕。在這種社會氛圍之

〔註32〕武君：《抉擇‧執念‧使命：元遺民的心態與詩學觀──以戴良、丁鶴年、李祁、王禮為例》，《浙江師範大學學報（社會科學版）》，2018 年第 5 期。

〔註33〕關於宋元儒士易業的問題，詳可參見周鑫：《治生與行道：元初科舉停廢與南方儒士之易業》，《廣東社會科學》，2014 年第 4 期。

〔註34〕劉政：《元代商業繁榮高及其原因》，《南京林業大學學報（人文社會科學版）》，2010 年第 3 期。

下，很多處士都會選擇以經商的方式來賺取貨財，供養家人，楊維楨就提到過當時崑山有以經商為業，為子孫積累大筆財富的習俗〔註35〕，這也是由於崑山地處海運要道，商品經濟更為發達，才導致了這種風氣的形成。這些擁有財富的處士，常常會出錢賙濟鄉里，修築祠廟、學堂等等，前面提到過的處士葛繼祖也是以販賣貨物為生，但是人們對於葛繼祖、王政這樣以經商為業的處士仍然多有讚揚，也不避諱在碑文中記錄其經商之事，這也從側面說明了當時對於商業經營的看重。

（二）交遊生活

交遊唱和、山水之樂一直都是處士生命中一個重要的主題，元代處士也不例外，上至高官顯貴，下至鄉野儒士，交遊唱和，往來論學，干謁參政，都是他們生活的重要組成部份。

在元初的江南文人之中，談論舊朝故事，品評古人的風氣是非常盛行的。比如處士劉過，他生於南宋開慶己未（1259），逝於元代泰定丁卯（1327），為廬陵人，終生不仕。劉過曾學於歐陽守道，與劉辰翁鄧光薦等人為忘年之交，性格瀟灑而舒朗，好客且善謔，為人豁達，無所避忌，因此好友眾多，其與好友交遊往來，常常於歲時宴飲之中擊節雅歌（歐陽玄《元故隱士更齋先生劉公墓碑銘》）；再如處士王琰，他也常常延請、款待好友，相互講解經義，評論古今人物、政治得失，相與唱和（黃溍《屏山處士王君墓誌銘》）。這種歲時雅集、飲酒賦詩、評論人物政治的行為在元代的處士生活中是很常見的，如處士高師周就常與好友同遊，飲酒自樂〔註36〕；處士王元因為好酒而在當時被人們稱為「酒仙」，還以「醉鄉」號其室〔註37〕；處士王廷珍也常常與家中賓客飲酒賦詩，以此為樂〔註38〕……在詩與酒之中，處士們往往可以放縱自身，擺脫平日裡禮法的束縛與塵世的煩惱，這正是他們所追求一種精神上的超脫。

〔註35〕楊維楨：《元故殷處士碣銘》，李修生主編：《全元文》卷一三三五，第四十二冊，鳳凰出版社，2004年，頁483。

〔註36〕劉詵：《高處士師周墓誌銘》，李修生主編：《全元文》卷六八五，第二十二冊，鳳凰出版社，2001年，頁110。

〔註37〕鄭元祐：《王處士墓誌銘》，李修生主編：《全元文》卷一二一五，第三十八冊，鳳凰出版社，2004年，頁760。

〔註38〕鄭玉：《處士王君墓誌銘》，李修生主編：《全元文》卷一四三三，第四十六冊，鳳凰出版社，2004年，頁407。

此外，寄情山水之間也是處士交遊的一種方式。山水與文人處士之間歷來就有著不可分割的聯繫，文人從山川水流、自然美景之間獲得詩意的靈感，尋找心靈深處的寧靜，同時也將自身的苦悶抑鬱之情化解於山水之中，以求得解脫。鄧文原在《婺源處士吳君墓誌銘》中就有這樣一段描述：「里有山曰王良峪，窈曲圭立，壁崎山谷下。山上多松柟檜桂之植，君慕其曠幽，若與道謀，乃穴泉鑿池，剪榛畦圃，種梅其坡，有亭萃止，遂因以名其居。每風日清美，則步屐扶筇，攜壺擊鮮，與魁人韻士，高凌雲巔，攬擷空翠。心境俱會，竟暮忘歸。」〔註39〕處士吳克珍因為愛慕王良峪之地松柟圍繞、壁崎山谷的清幽空曠，便在此地筑亭建居，種梅引泉，在如此清幽雅致的環境之下，與好友相攜酒食，攀登雲巔，一覽翠色，如此美景在畔、美酒在手，再與好友唱和吟詩，再無俗世之擾，豈不令人流連忘返？

（三）社會生活

前文我們提到過，元代的處士，其實真正隱居山林者較少，大部份的處士都是居於市井之中，那麼就勢必要與市井社會之間發生一定的關係，對社會事務的參與也是處士生活的重要部份。這種參與其實並不是從元代開始的，早在東漢時期就已經有以從事教育、經濟等方面的處士出現〔註40〕，隋唐時處士在地方事務，尤其是教書育人等方面的作用也在逐漸增強〔註41〕，但需要注意的是，直到唐末為止，處士在基層之中的作用都是比較有限的，碑文之中關於這些事務的描寫也較少，這是因為當時的社會政治實際上仍然依賴門閥貴族。唐末五代，門閥制度被摧毀，宋代科舉制的實行使得士人階層逐漸被分流，科舉失利的士人以及不志官場但又有一定文化程度的士子轉向了社會中的其他行業，人們以「處士」作為這些士人的統稱，處士的重要性也逐漸凸現出來。

元代由於特殊的社會政治背景以及隱逸風氣的盛行，處士的數量較以往更多，其對社會事務的參與度也更高，就像前文我們提到過的那樣，他們不止教書育人、經營產業，也通過自己所積累的學識、財富來參與社會生活，

〔註39〕李修生主編：《全元文》卷六四九，第二十一冊，鳳凰出版社，2001 年，頁116。

〔註40〕王子今：《漢末政治風暴與「處士」的文化表現》，《社會科學》，2012 年第 1 期。

〔註41〕肖雲：《隋唐處士研究》，山西大學碩士學位論文，2013 年。

包括但不限於各種公益事務、政治活動、宗族建設等。

公益事務主要包括救災、建學、修築公共設施等等，如《故逸士高周佐墓誌銘》中，處士高師文家中產業豐富，常常為善鄉里，有鄉民渡水不便，就出資造船修橋，遇到饑荒之年，則發放家中糧食救災，平日之中也多有排解他人急難之事，因此鄉人對他的德行都深表稱讚。

處士雖不出仕，但並不代表其生活只有家中一方天地，而對政事、社會漠不關心，「達則兼濟天下，窮則獨善其身」，儒家的傳統觀念與濟世責任感往往在處士身上也有所體現，除卻救災救荒、賙濟鄉里以外，對於當地社會事務的參與也是一方面。江西蹙田、議增賦稅之事時，處士郭適曾經向盧陵太守馮翼上書，言增賦之害，倘若不罷議此事，則有可能再次激發民變，馮翼將此事上陳朝廷，最後增賦一事得以作罷；江西民變興起，延及周圍各省，郭適又再次上書言荒政之事，他提出了開倉救濟饑荒、流亡，減輕稅賦徭役等措施，得到了官府的嘉獎（劉岳申《處士郭圖南墓誌銘》）。處士之所以能夠在社會與政治之中發揮一定的作用，與千百年來人們對於處士的尊崇不無關係，因為處士這一稱號本身就帶有了一定的對其道德品質與節操的讚美之意，上至帝王官吏，下至販夫走卒，對於處士的態度都是以尊敬為主，這樣的「群眾基礎」使得處士在許多社會政治問題上具有一定的發言權，他們可以代替百姓向官府上書，作平民與官吏之間的傳遞者、調和人。這種對於政事、社會事務的參與恰好是處士「半隱半俗」的體現，他們雖然身在鄉野，但是對國家、百姓仍然抱有責任之心，一旦有災禍之事發生，處士們就會以身作則，為官府、國家分憂，為百姓出力。

在寫到先塋碑與新塋碑發展的背景時，我們提到了宋元的宗族形態轉變的問題，新宗族所面對的是低級官吏與平民階層，官吏是新宗族的核心，而處士則依靠其文化、經濟能力成為了宗族之中的重要人物，比如處士唐如介，他以教書為業，將生平所賺銀錢用於置辦田產，修葺祖塋，歲時率領宗族進行墓祭〔註42〕，墓祭是宋以後家族祭祀中較為重要且風行的一種，也是宗族建設的一部份，一般在平民家族中較為常見，歲時宗族的墓祭是整個家族慎終追遠、思念先祖的重要形式，能夠作為墓祭的領導者，唐如介在宗族之中的地位應該較高才對。再如處士汪庭桂，《存耕處士汪公庭桂墓誌銘》中記載了他在宗族之中的兩件事，一是宗族之中有人因為冒犯祖先墳塋被出族，且

〔註42〕李修生主編：《全元文》卷七六七，第二十四冊，鳳凰出版社，2001 年，頁 512。

終身不得歸；二是有公婆想要命節婦改嫁，汪庭桂則對其公婆進行了勸誡。通過這兩件事來看，能夠做主出族子弟，還能勸誡他人，汪庭桂在族中的身份顯而易見是較高的；同時，宗族已經成為了一種具有一定約束力與調解力的組織，這一組織不是依靠法律，而是依靠血緣與道德的力量，不過從碑文看來，汪氏一族應該還沒有形成明顯的族規，與後世的宗族法規之間仍有一定差距。

整體看來，處士在元代的社會生活，尤其是基層社會之中發揮著較為重要的作用，他們投身進入市井之中，或是作為文化的傳播者，或是作為財富的擁有者，或是作為政治的相關者，在基層社會之中進行文化、經濟與政治相關的活動。明代恢復科舉之後，社會流動性加大，社會階層已經不僅僅局限於「士農工商」四種，鄉紳逐漸成為了基層社會的重要力量，明代的鄉紳來源較多，包括在任或是閒退的官吏、有功名在身但是未出仕之人、科舉落第士子、具有一定文化程度的地主以及宗族中的耆老。鄉紳階層在基層社會享有很大的威望，他們往往會承擔許多地方性的公益事務，比如修橋買田、賑濟災荒等等，在調解民間糾紛、舉行祭祀活動中也發揮了不小的作用，甚至可以看到鄉紳對於政治的干預，當然，宗族事務也是鄉紳日常面對的，因為許多鄉紳往往也在宗族中具有重要地位。從人員構成與日常生活來看，元代的處士其實也可以被看做是鄉紳階層的前身。

三、元代處士的心態

相對唐宋兩代來說，元代的處士成因則更為多樣，除了朝代更替以外，還摻雜著對蒙古統治政權的複雜態度，而科舉的幾度廢止又阻擋了部份士人進入仕途的角度，因此無論是主動選擇還是被迫接受，元代處士的心態也都是相對複雜的，碑文雖然是後人對於處士生平的書寫，但聽其言、觀其行，我們在字裡行間之中也能大致窺得元代處士的不同心態：

一是對故國不存、故人不在的哀傷與苦悶之情。元初的大部份處士都經歷了朝代更替所帶來的巨大變化，有些家中為前代高官顯貴、世家大族，但是經過朝代更迭以及戰亂遷徙，族人散落，貲財不保，而至親之人也有死於戰火之中，因此不願出仕新代。巨大的衝擊使得處士的心態也發生了變化，一方面，故國為元人所滅，有甚者家破人亡，基業不保，顛沛流離，他們對此感到哀傷與苦悶，懷舊是當時的士人，尤其是南方士人的普遍現象，他們緬懷曾經的美

好記憶，也對這種美好的失去而感到苦痛〔註43〕；另一方面，他們因為心灰意冷、追求氣節而在新朝建立之後終身不仕，卻不會阻止自己的子孫出仕新朝，甚至閒居在家時還常常授業教導子孫，以期其在科舉之中一舉中第，這說明他們也認為元代的建立其實是歷史的大勢所趨，不是可以人為改變之事，亡國之痛應當止於此代而不會涉及子孫。如處士魏仲，其家中累世仕宦於金，魏仲自己也曾為官，但金代滅亡時，魏仲國亡家破，被驅趕北行，後得到釋放，迴歸故鄉，他曾經發出感嘆：在魏仲看來，盛衰榮辱之間都是一種此消彼長的關係，君子之澤也有衰歇之日，經歷種種變故之後，富貴已非其所願，只做一有德於鄉里之人足矣。魏仲對王朝的覆滅表現出哀傷，也對自己家破人亡的經歷感到苦悶，但他認為這是盛衰之道的常理，因此並不將這種悲傷苦痛之情轉嫁到下一代身上，反而是行善積德，為子孫積福，以求後人勉力向學，光大家族（《魏處士墓碣銘》〔註44〕）。再如處士鄭天覺，宋亡後他便不再行進士業，並賦有詩句「金鼎無鹽味更濃」，此一句表面是在講宋、元的茶文化差異，金鼎是煮茶用的工具，蒙古人煮茶時往往喜歡在其中添加多種輔料，但是漢人卻更傾向於清飲茶水，欣賞茶的本色本味〔註45〕，因此，鄭天覺的這句詩表面看來是在講飲茶的偏好，其實暗含他對於故宋的依戀與懷念，因此貝瓊才在此詩後寫有「讀者悲之」之語（貝瓊《故滎陽佚耕處士鄭公墓誌銘》）。

二是與官場、政治之間的若即若離。部份處士雖然經歷了金、宋亡國，但是或許由於年紀尚小，對於故國並無太多思戀之情，相反他們渴望走上仕途，出仕新朝，實現自己的人生理想與抱負，但是科舉的廢止使得他們無法達成心中所願，只能被迫居家，因此延祐重開科舉之後，許多隱居鄉野的處士也積極參與其中，如處士黃長元，其家中本為豐城（今屬江西）大戶，父親出仕宋代，因宋亡與元初新政導致家中逐漸淪落草野之間，但黃長元開拓基業有所成，延祐年間恢復科舉後，黃長元率家中子弟應詔，抱病參加科試，不久後去世。再如處士高師周，仁宗詔開科舉之時，他曾認為自己終於可以一展抱負，於是懷抱滿腔熱忱去參加科舉（劉詵《高處士師周墓誌銘》）。

雖然對出仕充滿渴望，但是落第之後，部份處士也仍然能夠以豁達的態

〔註43〕關於元初南方士人的懷舊情結，可參見申萬里：《元初江南士人的懷舊情結初探》，《武漢大學學報》，2012年第2期。

〔註44〕李修生主編：《全元文》卷一五八，第五冊，鳳凰出版社，1997年，頁462。

〔註45〕參見秦泉主編：《中國茶經大典》，汕頭大學出版社，2014年，頁46。

度來面對自己的失利，他們不避諱自己的失敗，但也不再留戀場屋，而是選擇寄情山水，如處士曾說，他生於大德戊戌年（1298），死於至正甲午年（1354），科舉重開之時年歲正好。曾遊場屋，但因與有司不合，於是廢科舉業，遊於漢沔之間，與好友飲酒作樂（陳謨《元故隱士怡如曾先生墓誌銘》）。再如劉詵，劉詵是元代著名的隱士之一，號曰桂翁，其家中世為大族，劉詵本人在當時也以文學著稱，歐陽玄、危素等都在為其撰寫的碑文傳記之中稱讚過他的文學成就，但是危素所作的碑文與傳記在關於劉詵參與科考的記錄之上則有所差異，劉詵到底是參加了一次還是多次科舉，這是我們需要注意的問題，王若明《危素研究》中對此進行了辨正，劉詵應當是主動參與科考，並且十年不第，此後劉詵專心著書為文，歐陽玄與危素所撰寫的墓碑銘與墓誌銘大約是出自為死者諱的原則，因此做了曲筆迴護。劉詵面對科場失利選擇了坦然接受，歐陽玄在文中道出了其失利的原因，劉詵為文好古，但主持科場之人則樂平易之風，劉詵的科考失利背後，其實是元代中期文風的轉變，劉詵出於江西，他的文風雖以「高古」為名，但在一定程度之上卻屬於虞集所提到的「高深危險」，當時自上而下所提倡的是平易正大之風，劉詵不為有司所喜，似乎也是比較正常的〔註46〕。

　　不過，即便是身在草野之間，有些處士也依然心繫朝政之事，比如處士袁度，他就曾經有言，士雖身處草野，但是為國家之心一日不可忘，在聽到南坡之變時丞相拜住為賊人所殺之事，甚至泣不能食，恨不能生啖賊子之肉（張養浩《處士袁君墓表銘》）。因此，處士與官場、朝政之間有時也保持著一種若即若離的態度，他們看似是退隱，但內心仍然有「進」的想法，只不過為現實所阻，無法實現，但他們仍然關注朝政、官場，並通過其他的方式來與其發生聯繫，袁度就通過自己所結識的官吏來舉薦人才，到了晚年，袁度被授予將仕佐郎、大都儒學提舉之職，如袁度這樣的「退」其實是「以退為進」，而非真的退隱避世。

　　當然，並非所有的處士都對政事有參與意願，有些處士在歸隱居家之後對於政治與時事反而表現出了一種刻意迴避的態度，他們或許與好友飲酒賦詩，交遊往來，也或許含飴弄孫，教育子女，但是對於時事、政治往往加以迴避，之所以有這樣的做法，是因為他們想要避開政治與外務的干擾，從而真

正做到「不動心」。處士王廷珍在年輕時也曾讀聖賢之書，在他看來，聖賢之旨不僅在於書中，更在於日常的體味，因此他耕田種樹，為善鄉里，以肥遯為心，年屆五十則「時事不一語掛口」（鄭玉《處士王君墓誌銘》）。

三是安於市井、貧困的閒適與灑脫。無論是否曾經有意於仕進科舉，部份處士在退居市井鄉野之後，安於耕讀、經營，對於恬淡的市井、江湖生活感到滿足，即便生活之中常常出現貲財不足，甚至窮困度日，在這樣的情況下，處士們依然能夠堅定自己的選擇，或是講經論道，或是耕田讀書，或是漂泊江湖，堅守其心，而不為形所役，元代的處士們依然堅守著前輩安貧樂道的精神。如處士嚴恭，其家中數代皆以琴為業，曾祖父曾事高宗，嚴恭自幼習琴，不喜官場，自號「古清翁」，攜一琴漂泊江湖之中，受到當時人的雅敬（鄧文原《錢塘嚴處士墓碣》）。嚴恭一生，有琴、酒相伴，漂泊江湖，安貧樂道，此種灑脫，也不免令人心生羨慕。再如處士袁德昌，他厭惡奢靡流俗，而安於恬淡生活，他曾有言：「吾家本儒業，賴祖宗餘澤，有屋可以蔽風雨，薄田可以供祭祀，遺書可以教子孫，浮湛鄉里，偃仰卒歲，不啻足矣。獨念先大父好施予，今力雖不及，幸歲無水旱螟螣，公上之須粗畢，追養之禮不闕，子弟之教不廢，尚能節衣食，為親朋一日之懽。」（鄭玉《處士袁君墓誌銘》）〔註47〕在袁德昌看來，有可以蔽風雨之處、供祭祀之田、教子孫之書，即便沉浸於世俗生活之中也是令人滿足的。夏濬也曾有言，處士生於天地之間，能夠行己惠人已經足夠，未必要再居官為政，因此他教書植樹，耕讀其中，自得其樂，即便是家中富餘，也未曾沾染流俗，奢侈靡費（貢師泰《元故處士夏君墓誌銘》）。

四、元人對於處士的評價

荀子有言：「古之所謂處士者，德盛者也，能靜者也，修正者也，知命者也，著是者也。」〔註48〕荀子提出了古代處士的特點——德行過人，安時處順，品格端方，知曉「天命」能隨遇而安，心志堅定而不流於俗世，後世對於處士的評價往往也是從其才學、德行、品格等方面出發的，元人對於處士這一特殊群體的評價往往也是以這幾點為基礎：

一是對處士學識、文章、書畫等的讚美。大部份處士往往在學識上有一

〔註47〕李修生主編：《全元文》卷一五四三，第五十冊，鳳凰出版社，2004 年，頁472。
〔註48〕〔清〕王先謙：《荀子集解》卷第三，非十二子篇第六，沈嘯寰、王星賢點校，中華書局，1988 年，頁 101。

定造詣，有些甚至以學術、文章、書畫等聞名於世，對於這類處士，人們大多對其學問淵博貫通、文辭書畫造詣之高而表示讚美。劉詵家中本為故宋大族，且素來有文學傳統，家族中人多以文學聞名於世，如劉公是、劉公非等，號稱「江右三劉」。後劉詵祖先遷居吉水（今江西吉安），自高祖起世代為宋官吏，曾祖劉子䚕曾與楊萬里同遊，祖父劉鈴也曾受知文天祥。歐陽玄稱劉詵為文則「根柢六經，屬饜子史，躪躒百家，淳濇演迤，資深取宏，椠櫽哲匠，達于宗工，液古融今，自執其稱，應慮不獲，靡施弗宜。雖未嘗露其俊傑廉悍踔厲風發之狀，韞玉在櫝，氣如白虹，不可掩抑。」〔註49〕在歐陽玄看來，劉詵為文有所根柢，這是來自於他對古今子史百家之說的融會貫通，而其文章氣勢如虹，踔厲風發，勢不可擋，可見歐陽玄讚美之意。

　　二是對處士氣節的讚揚。氣節向來是處士最為人所稱道的品格之一，無論是一簞食一瓢飲的安貧樂道，還是不為五斗米折腰的骨氣，都奠定了人們對於處士氣節與風骨的認知。元代由於是蒙古人所所統治的政權，因此在元初對於「氣節」的強調要相較以往更甚，雖然從實際情況來看，「欣欣從北俗，往往棄南冠」〔註50〕的現象才是主流，黃仲元也稱「嗚呼！天人革命之際，仗節守義，世自有人，直少耳。」〔註51〕但是世人對於以各種方式拒絕入仕、表示抗爭的文人學者也多有讚美，如以絕食抗爭而死的謝枋得，他所採取的反抗方式更為極端，以生命為代價來展現自己的氣節與風骨，但似謝枋得一般以死明志者畢竟還是少數，大部份人則採取了較為溫和的處理方式，即「非暴力不合作」，他們往往野服隱居、履召不起，雖然與以死亡抗爭者不能相比，但人們仍然尊崇其氣節的高岸。如處士殷澄，楊維楨在談到他的性格時，用了「性介特，平生無宿諾」來形同，意指其性格孤高，不隨流俗，言而有信。宋亡之時，殷澄避亂於南錢（今屬江蘇），並以一己之力阻止了元軍在當地的殺戮，伯顏在聽說此事之後，欲授其「華亭軍民都總管」一職，但殷澄堅拒，並有言：「大宋氏亡，吾以親不亡，獨不能逸乎？」〔註52〕殷澄並非毫無牽掛，

〔註49〕李修生主編：《全元文》卷一一〇七，第三十四冊，鳳凰出版社，2004 年，頁713。

〔註50〕〔宋〕鄭思肖：《心史》，《鄭思肖集》，上海古籍出版社，1991 年，頁 74。

〔註51〕黃仲元：《清逸處士春山林君墓誌銘》，李修生主編：《全元文》卷二六二，第八冊，鳳凰出版社，1998 年，頁 386。

〔註52〕李修生主編：《全元文》卷一三一七，第四十二冊，鳳凰出版社，2004 年，頁51。

家中有親人在堂，因此無法與宋室共存亡，但他選擇野服隱居，放浪山水之間，用他獨特的方式來緬懷故去的大宋王朝，而在殷澄去世近四十年之後，楊維楨為其作銘，他在碑文中稱：

> 烏乎！代之強仁慕義者不少也，而多逸於野，太史氏又缺焉不書，是為善者終無以勸也。君沒幾五十年，而未有表白其事者，猶幸其概在人耳目者，卓卓未泯。余因著諸所聞為論次之，使後有過其墓者，得以知君之為人若此，庶幾為強仁慕義者之勸哉！（楊維楨《故處士殷君墓碑》）〔註53〕

楊維楨稱殷澄為「強仁慕義」者，說明他對殷澄的仁義之心是非常推重的，仁是指殷澄對百姓之仁，義是指其對故宋之義，在楊維楨看來，這樣的「強仁慕義」之人多隱逸鄉野，其為善常常不為人所知，但殷澄之事，猶在百姓之間口耳相傳，將此事寫入碑銘之中，是為了以後有過路其墓者能夠了解殷澄的仁義，從而為其仁義之風所感化。

到了元代中後期，不志官場逐漸成為了處士隱退的主要原因，這時人們對於處士氣節的讚美往往來源於他們對於名利外物的輕視和對內心清高氣節的堅守，在人們看來，處士之所以不涉足官場，是由於官場黑暗與「肉食者鄙」，清高的處士不屑於與這種小人、愚人同流合污，他們不願為五斗米折腰，因此選擇退居生活，人們往往會樂於歌頌處士這種高尚的道德情操。此外，這與當時的社會風氣也有一定關係，元代從整體風氣來看對於物慾是比較看重的，這種風氣是受到了蒙古人、色目人風俗習慣的影響，也或許是對於程朱理學存天理、滅人欲的一種反抗，郝經、胡祗遹等人都曾對這種風氣進行抨擊，但他們同時也表示出了憂慮，因為人們對物慾的追求無疑是對儒家傳統觀念的一種衝擊，在這種情況之下，以往隱逸生活中所包含的精神追求的成份就會相應減少〔註54〕，因此人們往往會強調處士的精神追求，並以此來勸諫世人。如處士何體仁，家中三代為官金、元兩朝，何體仁少時從師受業，篤志於學，且精於《易》學，延祐初舉茂才異等，授無極文學，辭不赴。後受邑宰之邀，請教鄉里，於是何體仁教授生徒，據經明理，因有閒居之志，期滿後辭，為人道高行備，遠近咸服，晚年自號「漁逸」。薛泰發有感嘆：

〔註53〕李修生主編：《全元文》卷一三一七，第四十二冊，鳳凰出版社，2004年，頁51。

〔註54〕幺書儀：《元代文人心態》，人民文學出版社，2013年。

　　嗟夫，世之人嗜進而不知止者，榮利累之也。一有榮利之累，則
　　必求進忘反。厚集資業用，以肥室家遺後人。此心一萌，庸肯恬退乎？
　　若先生則不然。視榮利為外物，惟恐累於己。暫為學官，淑後進也。
　　寂然嘉遯，養心志也。清名高誼，直與秋霜爭嚴。千載之下，人將景
　　仰，可不為之銘乎？（薛泰《故濱川漁逸何先生墓碣銘》）〔註55〕

薛泰感歎了世人對於名利物慾的過多追求，人們往往意圖積累豐厚貨財以期
留與家中子孫，使得後世永享財賦，在這種慾望的支配之下，人們只會愈陷愈
深，而無法抽身而退，如何體仁這樣將名利視之為外物的更是少上加少，但世
人所銘記的並非是財資的多寡，而是人的品行，何體仁的清名與德行是可以在
千百年後依然受人景仰的，那些耽於物慾享受之人是得不到這種尊崇的。在強
調清高氣節、淡泊名利的同時，人們也並不避諱記述處士追求名利失敗之事，
比如曾經干祿於官的處士陳良能與科舉不中的許汧（《許處士汧墓誌銘》）等
人，這說明元人對於處士的評價標準並不僅僅是簡單地依據「進退」，而是認
為處士能夠做到「進則有道，退則能守」，哪怕「進」失敗了，只要在「退」
的時候能夠堅守本心，那麼他的氣節就值得人們稱讚，這種評價標準的轉變大
約是在宋元時期才開始的，與當時的科舉仕進風氣也有一定關係〔註56〕。

　　三是對於處士德行的褒賞。墓碑文本身就是以稱揚墓主的德行為主，處
士的一生幾乎與仕途官場無甚干係，因此作者大多在其德行、學識上著力甚
多，其中尤以德行為主。從具體表現來看，其所褒賞的德行大多還是在於儒
家傳統所強調的忠、孝、義等，其中尤以孝為最重要，如處士何劉發就是事
父至孝、慎終追遠、畢恭畢敬，即便年老之時也絲毫沒有懈怠之心（《竹隱處
士墓誌銘》）；處士嚴恭也是為人篤孝，十四歲時甚至曾經割股和肉以治療父
親的疾病（《錢塘嚴處士墓碣》）。這種對於「孝」的推崇固然是傳統使然，但
與整個元代的風氣也有一定關係，由於理學的盛行，人們對於孝、節等觀念
的看重要更甚於以往，類似嚴恭這樣以極端方式表現孝行的並不在少數，最
後元廷不得不下明令禁止此類行為。

　　與以往不同的是，自宋元開始，除了在家庭內部所表現出的孝行以外，

〔註55〕李修生主編：《全元文》卷一六七九，第五十五冊，鳳凰出版社，2004年，頁
　　　86。
〔註56〕楊向奎、黃高峰：《古代處士墓誌的敘事策略及文化內涵》，《學術交流》，2017
　　　年第9期。

處士在鄉間社會這類公共空間中所展現出的德行也成為了人們評價處士的內容〔註57〕：如處士汪天祐，文宗至順元年與至順二年，接連有饑荒出現，汪天祐以家中米糧賑災鄉間，有些災民因為過度飢餓、勞累無法進食，汪天祐便將米粟煮為粥湯，供災民進食（《處士汪君墓誌銘》）；再如處士王琰，因荒年遇大雪，王琰派自己的幾個兒子悄悄去探訪災民，並以米糧賑災，有東林士子想要建設學舍，但財力不足，王琰就捐資割田助力其中（《屏山處士王君墓誌銘》），此外，還有處士賙濟貧窮、教化鄉里、護衛百姓的例子，作者在墓碑文之中對於墓主這類行為進行了不遺餘力的讚美。從這些事蹟的書寫以及評價來看，人們對於處士這一階層逐漸有了新的看法，處士不再單單是一種清貧、孤高的代名詞，也可以是坐擁財富，賙濟鄉間的鄉賢善人形象，與後世的鄉紳更為接近，而處士階層也開始承擔了較以往更多的社會功用，他們從自我走向了社會，既能「修於家」，也能「教於鄉」，而不僅僅是「隱於世」。處士這一階層正在逐漸變得更加世俗化，這與當時的社會文化也有關，世族門閥制度在唐代科舉制的產生下逐漸被瓦解，宋代范仲淹所提出的「先憂後樂」這一觀念喚醒了「士」這一階層的社會責任感，這種責任感也為元代的士人所繼承。處士也是士的一部份，雖然退居鄉里，但並不代表就對世俗社會毫無責任可言，事實上，他們確實承擔了諸多的社會職能，「行己」與「惠人」成為了元代處士生命之中最重要的兩個部份。

四是對於處士才能未得獲用的惋惜。處士有才，然而因時不濟未能獲得重用，後人對此往往會表示扼腕歎息之情。處士葛繼祖的事蹟在前文我們已經提到過，他學有所成，又善於經營，與人為善，但是未逢時而上，一生困於鄉野之間，雖然安於此道，但是吳澄仍然「歎君逸才未獲用」，對於他的才能未獲得重用而表示了惋惜（《故金溪逸士葛君墓誌銘》）。再如《海陰陳處士墓誌銘》〔註58〕，墓主陳貴白為人博學多聞，曾在宋代以善政事而知嘉興，宋亡以後不再出仕，袁桷稱其「仕不逢時，學不展用」，一句不逢時，道盡了袁桷的歎息，在他看來，倘使陳貴白長於元代，其知政事的才能也當為元廷所用，而不是「不逢時、不展用」。

〔註57〕楊向奎、黃高峰：《古代處士墓誌的敘事策略及文化內涵》，《學術交流》，2017年第9期。

〔註58〕李修生主編：《全元文》卷七三六，第二十三冊，鳳凰出版社，2001年，頁634。

第三節　對宗教信仰的崇奉——以佛、道兩教為例

在進入漢地以前，蒙古人的傳統信仰是蒙古薩滿教，由於薩滿教本身的寬容性，在入主中原後，蒙古統治者對於中原地區以及外傳的其他宗教，如漢地佛教、藏傳佛教、道教、景教、伊斯蘭教等等，都採取了兼容的態度〔註59〕，再加之統治者本身的宗教信仰比較複雜，且有意扶持宗教來維護其統治的穩定，因此元代從政策角度較以往對於宗教有了更多的庇護與支持，這也造就了有元一代繁榮而輝煌的宗教文化，佛、道等宗教在元代無論政治地位還是宗教經濟都有了較大發展。元代的墓碑文中也保存不少與宗教有關的史料，這些史料大部份來自於為僧、道兩家所作的塔銘與道行碑中，還有部份是為其他如伊斯蘭教與景教徒所作的墓碑文，我們一一來看。

佛教徒的喪葬方式與世俗之人有所不同，大部份教徒圓寂後，其舍利會被後人起塔供奉，也會請人作「塔銘」。關於塔銘的起源，目前學界研究較少涉及，而多採用前人說法。在我國，具體的塔銘起源時間已不可考，抑或隨佛教傳入中土後塔銘就已存在。《碑刻文獻學通論》一書認為其始自北朝，內容多為記載僧人姓名、生卒年月、生平事蹟等，性質與墓誌相同〔註60〕。塔銘與墓碑、神道碑、墓表及墓誌銘相比，有其特殊性：塔銘存在的位置與其他墓碑文不同，佛教僧侶圓寂後，多起塔而作銘，銘嵌於塔上或置於塔內，《語石》卷四「塔銘」一條有云：「釋氏之葬，起塔而系以銘，猶世法之有墓誌也。然不盡埋於土中，或建碑、或樹幢。其納諸壙者，或用橫石，修一之，廣倍之。或方徑不逾尺。其通稱為功德塔。」《金石要例》也載有：「柳州云：凡葬大浮圖，無竁穴，其於用碑不宜。然柳州之為浮圖碑多矣。今釋氏之葬不曰碑銘，而曰塔銘者，猶存不宜用碑之義也。」〔註61〕

但是由於塔銘的文體與內容和一般墓碑文差別不大，且功用相同，所以後來也被歸入一類，《文體明辨序說》有：「至於釋老之葬，亦得立碑以僭擬乎官品，豈歷代相沿崇尚異教而莫之禁歟？故或直曰碑，或曰碑銘，或曰塔碑銘並序，或曰碑銘並序，亦別題也。」〔註62〕。除「塔銘」外，還有「塔

〔註59〕蘇魯格、宋長紅：《中國元代宗教史》，人民出版社，1994年。

〔註60〕毛遠明：《碑刻文獻學通論》，中華書局，2010年，頁205。

〔註61〕〔清〕黃宗羲：《金石要例》，淮建利點校《金石三例》，中州古籍出版社，2015年，頁215。

〔註62〕徐師曾：《文體明辨序說》，人民文學出版社，1962年，頁150～151。

記」、「幢記」、「實行錄」等別稱。塔銘並非只為已出家的僧人而作，有些墓主只是俗家居士，也可稱塔銘。另外，塔銘還有第二種形式，即舍利石塔等置放舍利的容器，石面上除了鐫刻有精美的佛傳故事畫及圖案外，還多選刻有文字〔註63〕，這類塔銘一般稱之為「舍利塔銘」。這種舍利塔銘並不在本文討論範圍之內，因此不再贅述。除塔銘外，僧侶的墓碑文有時也用「墳幢」表示，以經幢的造型，鐫刻悼念文字。內容實際上是墓碑或者墓誌銘，因為建於墳塋，故稱墳幢。墳幢具有哀悼性質，產生於唐代，形式是幢柱，內容是記墓的碑銘。幢主或為俗人，或為僧尼，樹立於地面，非埋銘〔註64〕。《全元文》中所收錄的這類作品主要有塔銘、塔記、幢記三類。

為道人所作的碑文，在元代以道行碑為主。道行碑，顧名思義就是以記錄墓主生前道法德行為主的文章。但是道行碑不像塔銘只為僧人及俗家弟子所用，並非是道教專屬之作，佛家弟子去世後也可以作道行碑，如左思忠《覺達禪師道行碑》〔註65〕。關於道行碑的起源，目前學界少有涉及，具體的興起時間不詳，但是清代董誥所編《全唐文》卷四四二中收錄有《盤山上方道宗大師遺行碑》一文，《全遼金文》中也收錄有遼代孟初《燕京大昊天寺傳菩薩戒故妙行大師遺行碑銘》〔註66〕，兩篇文章均是為佛教禪師所作，這種遺行碑或許就是早期的道行碑，用於道教中人也是到了元代之後的事情，因此在本文我們暫且以道行碑來統稱為元代道教中人所作的碑文。

除佛、道兩教以外，伊斯蘭教在元代也是較為盛行的宗教之一。由於成吉思汗的西征以及寬鬆的宗教政策，大量的穆斯林教徒在元代湧入中原，使得伊斯蘭教在中土迅速傳播，其中尤以東南沿海地區為甚，這大約與回回人擅長經營且沿海貿易繁榮有關，而沿海地區也確實留下了不少碑刻實物，證明當時有大量的清真寺以及穆斯林教徒曾在當地生活過〔註67〕。《全元文》中所收錄的為伊斯蘭教徒所作的墓碑文一共有兩篇，《西域使者哈只哈心碑》與《故忠翊校尉廣海鹽課司提舉贈奉訓大夫飛騎尉漁陽縣男于闐公碑銘》。

〔註63〕毛遠明：《碑刻文獻學通論》，中華書局，2010年，頁206。
〔註64〕毛遠明：《碑刻文獻學通論》，中華書局，2010年，頁206。
〔註65〕李修生主編：《全元文》卷一一四六，第三十六冊，鳳凰出版社，2004年，頁249。
〔註66〕閻鳳梧主編：《全遼金文》，山西古籍出版社，2002年，頁540 毛遠明：《碑刻文獻學通論》，中華書局，2010年，頁206。
〔註67〕詳見陸蕓：《元代伊斯蘭教在中國東南沿海的傳播與發展》，《西北民族大學學報（哲學社會科學版）》，2008年第6期。

除伊斯蘭教以外，景教在元代也有所發展。景教曾在唐代排佛運動中也受到了一定影響，從唐至北宋幾乎在中原地區近似於「銷聲匿跡」的狀態，當時的景教活動區域主要是在中亞、西域一代，元代關於景教徒的墓碑文獻有《恒州刺史馬君神道碑》《元故右丞相怯烈公神道碑》《樂善公墓碑》。

以上是元代宗教類墓碑文的概況，接下來，我們就以這些墓碑文中的材料，來談談元代宗教（主要是佛、道兩教）與朝廷之間的往來關係以及元代的寺觀經濟發展。

一、元代宗教與朝廷的往來關係

從墓碑文中的記載來看，元代的宗教與朝廷之間的往來還是非常密切的，具體表現在以下幾種方式上：一是官方對於宗教的賞賜，這種賞賜包括賜號與賜物兩方面；二是宗教徒對於朝廷事務的參與，包括給皇帝講經、進行一些齋戒祈福類的活動等。

為宗教徒賜予封號是古代朝廷早已有之的制度，尤其是在唐代中期以後，幾乎成為了一種普遍的現象，賜號的背後是一種地位的彰顯以及官方的看重，有些封號本身也代表了一種官職，從佛教稱號來看，唐代有「大師」「國師」，宋代比較盛行的則是賜號「大師」「禪師」，國師封號被廢止〔註68〕。從元代的實際情況來看，「國師」「帝師」「大師」「禪師」「真人」等號都有使用，但比較常用的還是「大師」「禪師」「真人」這幾種，此外，元代的官方賜號分為兩種，一是生前所賜，二是死後追封。筆者將元代墓碑文中涉及到的佛、道兩教有賜號的墓主以表格的形式列出：

元代佛教賜號表					
	篇名	作者	墓主	賜號	賜號時間	賜塔
1.	佛國普安大禪師塔銘	虞集	釋至溫	佛國普安大禪師	約憲宗四年忽必烈賜	無
2.	清慧寂照口公大師塔銘	釋定圓	釋定志	清慧寂照大師	世祖中統年間	無
3.	雄辨大師塔銘	胡祗遹	釋德清	妙嚴宣明大師，妙嚴宣明雄辨大師	世祖至元年間	無
4.	大元大崇國寺佛性圓明大師演公塔銘	趙孟頫	釋定演	佛性圓明大師	世祖至元年間	無

5.	金陵天禧講寺佛光大師德公塔銘	釋大訢	釋志德	佛光大師	世祖至元年間	無
6.	高麗宗主尚希古塔銘	貝瓊	浦尚	慈峰妙辯	世祖至元年間	無
7.	高麗弘真國尊塔銘	金昍	釋惠永	冊封國尊，法號普慈，賜諡弘真	世祖至元年間	真應塔
8.	龍源禪師塔銘	牟巘	釋龍源	佛海性空	世祖至元到成宗大德間	無
9.	邠州大開元寺喜和尚塔銘	程鉅夫	釋法喜	圓融洪辨大師	成宗年間	無
10.	諸路頭陀教門都提點誠公塔銘	程鉅夫	釋志誠	靜照妙行大禪師、諸路頭陀教門都提點	成宗大德元年	無
11.	許州大洪濟寺益和尚塔銘	程鉅夫		佛性圓明普照大師	成宗大德年間	無
12.	阿育王寺住持東生明禪師塔銘	袁桷	釋德明	佛日普光	成宗大德年間	無
13.	徑山元叟禪師塔銘	黃溍	釋元叟	慧文正辯、佛日普照	武宗至大年間	無
14.	榮祿大夫大司空大都大慶壽禪寺住持長老佛心普慧大禪師北溪延公塔銘	黃溍	釋智延	佛心普慧大禪師	仁宗年間	無
15.	智覺禪師塔銘	虞集	釋明本	佛慈圓照廣慧禪師	仁宗年間	法雲塔
16.	崑山薦嚴寺竺元禪師塔銘	黃溍	釋竺元	定慧玄明禪師	仁宗年間	無
17.	靈隱景德寺東嶼海和尚塔銘	虞集	釋嶼海	明宗慧忍禪師	泰定四年	無
18.	廣鑄禪師塔銘	虞集	釋廣鑄	佛光慧日普照永福大師	泰定四年	無
19.	龍翔集慶寺笑隱禪師塔銘	黃溍	釋大訢	廣智全悟大禪師	文宗天曆元年	無
20.	大辨禪師寶華塔銘	虞集		佛鑑禪師，加賜大圓之號，大辨禪師	文宗天曆二年	寶華塔
21.	佛真妙辯廣福圓音大禪師大都大慶壽禪寺住持長老魯興公舍利塔銘	黃溍	釋行興	趙州古佛真際光祖國師	文宗年間	無

22.	元故太中大夫佛海普印廣慈圓悟大禪師大龍翔集慶寺長老忠公塔銘	歐陽玄	釋守忠	太中大夫、廣慈圓悟大師	文宗天曆年間	無
23.	斷崖和尚塔銘	虞集	斷崖	佛慧圓明正覺普度大師	順帝元統二年	無
24.	有元元阿育王山廣利禪寺住持兼住天童景德寺佛日圓明普濟禪師光公塔銘	危素	釋悟光	佛日圓明普濟禪師	順帝至正二年	無
25.	大元洪鏡雄辯法師大寂塔銘	楊載		雄辯法師		無

元代道教賜號表					
篇名	**作者**	**墓主**	**賜號**	**教派**	**賜號時間**
1. 雲峰真人康公墓誌	李守	康泰真	含真體道至德真人	全真教	太宗十年
2. 終南山重陽萬壽宮無欲觀妙真人李公本行碑	何道寧	李仲美	玄微真人	全真教	太宗十二年
3. 普照真人玄通子范公墓誌銘	宋子貞	范圓曦	玄通廣濟普照真人	全真教	貴由汗三年
4. 終南山圓明真人李練師道行碑	李道謙	李志源	淵虛圓明真人	全真教	海迷失皇后稱制二年
5. 終南山全陽真人周尊師道行碑	李道謙	周全道	全陽廣德弘化真人	全真教	憲宗二年
6. 龍山水谷太玄道宮真大道五祖太玄真人酈君本行碑	劉賡	酈希誠	太玄真人	真大教	憲宗四年
7. 重玄廣德弘道真人孟公碑銘	李鼎	孟志源	重玄廣德弘道真人	全真教	憲宗八年
8. 大元故清和妙道廣化真人玄門掌教大宗師尹公道行碑銘並序	王惲	尹志平	清和妙道廣化真人	全真教	世祖中統元年
9. 棲雲真人王尊帥道行碑	王鶚	王志謹	惠慈利物至德真人	全真教	世祖中統二年
10. 無為抱道素德真人夏公道行碑記	姬志真	夏志誠	無為抱道素德真人	全真教	世祖中統二年

11.	玄門嗣法掌教宗師誠明真人道行碑銘並序	王磐	張志敬	光先體道誠明真人	全真教	世祖中統三年
12.	玄門掌教大宗師真常真人道行碑銘	王鶚	李志常	真常上德宣教真人	全真教	世祖中統二年
13.	全真第二代丹陽抱一無為真人馬宗師道行碑	王利用	馬從義	丹陽抱一無為真人	全真教	世祖至元六年
14.	玉陽體玄廣度真人王宗師道行碑	姚燧	王處一	玉陽體玄廣度真人	全真教	世祖至元六年
15.	廣寧通玄太古真人郝宗師道行碑	徐琰	郝大通	廣寧通玄太古真人	全真教	世祖至元六年
16.	解真三十六代天師壙記	張與棣	張宗演	道靈應沖和真人	正一教	至元十二年
17.	洞觀普濟圓明真人高君道行碑	姚燧	高道寬	洞觀普濟圓明真人	全真教	世祖至元十三年
18.	真大道教第八代崇玄廣化真人岳公之碑	虞集	岳德文	崇玄廣化真人	真大教	世祖至元二十一年
19.	徐真人道行碑	程鉅夫	徐志根	崇玄誠德洞虛真人	全真教	世祖至元二十二年
20.	純正昭慧沖和真人高君道行碑	王道明	高道宣	純正昭慧沖和真人	全真教	世祖至元二十八年
21.	大元敕賜開府儀同三司上卿輔成贊化保運玄教大宗師志道弘教沖玄仁靖大真人知集賢院事領諸路道教事張公碑銘並序	趙孟頫	張留孫	1. 上卿玄教宗師 2. 加號輔成贊化保運玄教大宗師	玄教	世祖至元年間 不明
22.	玄明文靖天樂真人李公道行碑並序	宋渤	李道謙	玄明文靖天樂真人	全真教	成宗元貞元年
23.	祁真人道行碑	李謙	祁志誠	追謚存神應化洞明真人	全真教	成宗元貞元年
24.	敕賜玄真妙應淵德慈濟元君之碑	趙孟頫	周惠恭	玄真妙應仙姑 玄真妙應淵德慈濟元君	正一教	成宗元貞二年 武宗至大元年
25.	皇元特授神仙演道大宗師玄門掌教輔道體仁文粹開玄真人管領諸路道教所知集賢院道教事孫公道行之碑	鄧文原	孫德彧	體仁文粹開玄真人	全真教	武宗至大二年

26.	隆道沖真崇正真人杜公碑	趙孟頫	杜道堅	隆道沖真崇正真人	茅山宗	仁宗皇慶元年
27.	元故弘文輔道粹德真人王公碑	王禕	王壽衍	弘文輔道粹德真人	玄教	仁宗延祐元年
28.	玄通弘教披雲真人道行之碑	王利用	宋德方	玄通弘教披雲真人	全真教	仁宗延祐年間
29.	端靜沖粹通妙真人黃君壽藏碑	危素	黃居慶	端靜沖粹通妙真人		順帝元統二年
30.	特進上卿玄教大宗師元成文正中和翊連大真人總攝江淮荊襄等處道教事知集賢院道教事夏公神道碑	黃溍	夏文泳	特進上卿玄教大宗師元成文正中和翊連大真人	玄教	順帝至正六年
31.	圓明朗照真人功行之碑	唐坰	寇志靜	圓明朗照真人	全真教	

注：明確發生於金、明兩代的賜號作品不計入。

首先從賜號時間來看，塔銘中有記載官方賜號的僧徒，最早一位是在憲宗四年（1254）就被忽必烈賜號的釋至溫，最晚是在順帝至正二年（1342）被賜的釋悟光，中間除了英宗以及明宗年間沒有明確的賜號記載以外，元代的每一位皇帝在位之時都有賜號佛教徒的行為，區別只在數字多少。如果按照我們之前的分期來計算，那麼就是大蒙古國時期 1 位，元前期 11 位，中期 10 位，後期 2 位，這說明在元代後期之前，賜號行為一直處於持續進行的狀態之中。而道教賜號最早是在太宗十二年（1240），為全真教康泰真，最晚一位是在順帝至正六年（1346），為玄教夏文泳。按照時期來看，則是大蒙古國時7 位，元前期 16 位，中期 5 位，後期 2 位，從教派來看，全真教 22 位，玄教3 位，真大教 2 位，正一教 2 位，茅山宗 1 位，這說明全真教在元代，尤其是元前期道教發展過程中仍然是佔據了比較重要的地位。

從統計數字來看，元代佛、道兩教賜號的持續時間基本相差不多，都是自大大蒙古國時期開始一直到順帝年間，走勢卻有所不同：直到元代前期，即世祖、成宗時，道教的賜號都要多於佛教，這種現象的產生與當時的宗教政策有一定關係──早在成吉思汗西征時，就已經開始著手處理與漢地宗教之間的關係，全真教是較早與蒙古接觸的宗教之一，邱處機借成吉思汗之勢發展了北方道教，而由於當時的全真教徒文化素質較高，還為蒙古統治者進

獻、講授儒家經典，因此在一定程度上充當了統治者在漢法學習上的老師一職〔註69〕，成吉思汗及其之後的幾任大汗都對全真教禮遇有加。雖然在後來的佛道爭辯之中道教落敗，但是從元代前期賜號的數量來看，道教還是繼續發展壯大，並沒有受到辯論結果太大的影響，至元六年忽必烈曾經一詔加封了十二位全真道士，甚至包括已逝的邱處機等人。不過，憲宗四年賜號真大道教酈希誠或許也是一個訊號，證明全真教一家獨大的權威已經開始受到了挑戰，至元年間對於正一教、玄教的賜號也說明忽必烈開始扶持其他教派。同時，蒙古幾位大汗雖然對漢地佛教較為禮遇，且佛教在辯論中勝出，但漢地佛教真正有了較大發展還是在元代建立以後。到了元中期，佛教賜號數量與前期相差不大，這說明佛教在元代前、中期的發展是比較平穩的，換言之，官方對佛教的尊崇態度一直未變。與此同時，道教的賜號數量突降，這也反映了當時官方對待道教政策的變化：烈火烹油之勢使得全真教逐漸引發了統治者的猜忌，至元十八年第二次佛道爭辯，全真道再一次敗給了佛教，因此元廷轉而扶持真大教與玄教等道派〔註70〕，但就算扶持的對象有所改變，也很難再出現如之前的大規模賜封行為。元代晚期，由於社會動亂、政治動盪等因素的影響，元王朝走向衰敗，無論是佛教還是道教，賜號的行為都相較之前有了大幅下降。

除賜號以外，元代對於宗教徒的物質賞賜也是非常豐厚的，一般來說，所賜之物包括以下幾種：

一是衣物、經書、佛像等宗教物品。官方賞賜的衣物，一般指宗教徒特有的袈裟、道服等等，如釋守忠就曾經被賜予金綺袈裟、納失失袈裟（《長老忠公塔銘》），納失失是元代比較流行的一種織金錦，納失失袈裟就是指用織金錦所製成的袈裟。夏志誠也曾經被賜予金冠、錦服等衣物（《夏公道行碑記》）。除衣物以外，經書、佛像、香等宗教常用的物品也有賞賜，如雄辨大師就得到金印大方廣佛華嚴普賢行願經疏四十餘部（《雄辨大師塔銘》），北溪禪師則被賜予金玉佛像、經卷等物（《北溪延公塔銘》）。

二是賜金、玉等財物，其目的是為了維持僧道徒以及寺觀的日常花用、修繕等用途，在元代，這種賜金與教徒行為還是較為普遍的，且所賜財物一

〔註69〕魏崇武：《試論蒙古前四汗時期的儒道關係》《廣州城市職業學院學報》，2012年第4期；卿希泰主編：《中國道教史》第3卷，四川人民出版社，1996年。
〔註70〕卿希泰主編：《中國道教史》第3卷，四川人民出版社，1996年。

般數目不菲，比如釋守忠就曾經得到黃金五十兩、中統鈔百定、白金百兩的賞賜（《長老忠公塔銘》），對比來看，這個數字已經比很多臣子得到的封賞還要高，曾經參與過南征之戰、被封為曹南忠宣王的阿剌罕在南征結束回到上都時得到的賞賜也不過只有黃金五十兩而已，況且守忠除了錢財以外還得到了經書、衣物、驛馬等等賞賜，可見元廷在宗教事務上的花費之巨。

三是賜寺觀、賜地、賜田。賜地一般是為了給禪師、道士建設寺觀，官方賜地所建設的寺觀，在當時也是較為重要的寺觀，除了香火更為旺盛以外，常常也會舉行一些官方的宗教活動，同時，能夠得到這項殊榮的宗教徒一般也是與朝廷關係比較密切的。釋定演就曾經得到官方賜地建大崇國寺（《演公塔銘》），元廷還為釋廣鑄建藏經毘盧、萬佛閣等等（《廣鑄禪師塔銘》）。賜田則是為了使寺觀有自己經濟來源，以元代寺院為例，曾有學者對《元史》中涉及到的元代賜給寺院的土地進行了統計，其數量高達 329320 頃，而且這還並不是當時的全部〔註71〕，可見元代寺觀田產佔有之多。

在得到官方賞賜的同時，宗教徒也要承擔一定的宗教事務：

一是為皇室成員講經論道、進行禱祀活動。早在太宗年間，尹志平就已經迎其鑾駕，與窩闊台論道（《尹公道行碑銘》），張留孫也曾經在世祖皇后生病時為其進行禱祀（《領諸路道教事張公碑銘》），北溪禪師在英宗時還被召見並「訪以道要」（《北溪延公塔銘》）。從這裡也可以看出，當時元廷統治者除了對宗教多加利用以外，也熱衷於了解宗教本身的經義思想。

二是為宗室、官員祈福禳災等。由於皇帝、朝廷對於宗教以及教徒的看重，上行下效，許多宗室、官員也對此多為崇奉禮遇，因此多延請教徒進行祈福禳災等法事。真大道教的岳德文正是因為為丞相安童治病禳災效果奇佳才會被多人「奉若神明」，並收到了各種禮遇、襄助，使得真大教在當時達到了創教以來的巔峰時期（《真人岳公之碑》）。

三是參與官方齋醮、祭典。這類活動一般是在出現各種自然災害之後舉行的，如李志常就曾經在憲宗時期參與過兩次官方祀典、齋醮活動，進行祭祀與亡魂超度，當然，這兩場活動的代價不菲，憲宗在祀典結束之後分別給予了李志常白金五千兩和黃金五百兩、白金五千兩的賞賜作為回報（《真常真人道行碑銘》）。齋醮類的活動在元代時有發生，根據《元史》記載，單單只世祖一朝就進行過起碼九次周大醮、十一次佛事，之後各朝也有類似活動，但

〔註71〕賴永海主編：《中國佛教通史》卷十一，江蘇人民出版社，2010 年，頁 202。

是相對來說較世祖朝稍少，且齋醮類少於佛事，這也說明在元代中期以後官方對佛教的尊奉要甚於道教。

四是管理一定區域範圍內的宗教事務。有些與朝廷關係較為密切的僧道徒往往也會被授予一些世俗官職，也就是僧官、道官之類，他們的主要職責是負責管理寺觀與宗教徒出家事宜、進行齋醮活動、授經講道等等〔註72〕，有時官方還會將發放度牒的權力下放給掌教。度牒是僧、道身份的一種合法認證，從唐代開始，持有度牒的僧徒道士大都可以享受一些稅收減免政策，獲得度牒的方式一般是向官府繳納一定數目的錢財，之後由官府下發度牒，正式成為合法僧、道徒，《元史》中關於度牒價格的記載只在順帝時期能夠找到，當時一道度牒的價格大約是五十貫左右（《元史‧順帝本紀》），從目前學界研究的成果來看，元代早期的度牒似乎是不收取費用的，這也能夠側面反映出當時的寬鬆政策，順帝時期將度牒變為收費發放，大約因為買賣度牒有時候也是官府用來增加收入的一種方式，賈似道就曾經採用過此類手段以增加南宋朝廷的財用。元代無論是僧徒還是道士，都曾經出現過被賜予發放度牒權力的教徒，但能夠獲得這一權力的教徒往往同時擔任了朝廷的僧官或者道官，如釋定志、張宗演等等。

值得注意的是，在得到賜號的道教徒中，有兩位較為特殊，她們是女性。一位是獲封「端靜沖粹通妙真人」的黃居慶，她是在元統二年（1334）加真人封號，又有璽書護宮，可見官方對其地位的認可。黃居慶的事例說明了元代女冠發展的幾個問題：一是元代女冠與道士一樣，要進行一些齋醮、禱祠的宗教活動；二是自世祖時開始，就有女冠居禁中、主秘祠的制度，至元年間臨川女冠邵君就被召入禁中，黃居慶是其再傳弟子，元統年間加封，說明這一制度到了順帝時期依然延續；三是文章中出現了「江南諸路女冠都提點」這一職位，提點是道官的一類，品秩為五品，既然設立了「女冠都提點」這一職位，那就說明當時的女冠數量不少，否則也就不需要專門設立職位來管理女冠相關的事物了。另一位周惠恭為正一教第三十六代天師張宗演之妻，第三十七代天師張與棣、三十八代天師張與材之母，在正一教中身份較高，曾被封為玄真妙應仙姑，去世後得贈玄真妙應淵德慈濟元君，為道教天師的

〔註72〕關於元代的僧、道官等，詳可參見程越：《金元時期全真道宮觀研究》（齊魯書社，2012 年）；賴永海主編：《中國佛教通史》卷十一（江蘇人民出版社，2010 年）。

配偶作碑是非常罕見的情況，歸根結底還是在於正一道教本身在元代的鼎盛。

二、寺觀經濟的發達——以元代宮觀經濟為例

元代由於統治者的扶持，佛、道兩教都有所發展，其中一個重要的表現就是寺觀經濟更加發達。關於元代的佛寺經濟，目前賴永海《中國佛教通史》與關靜《元代寺院經濟研究》〔註73〕中都從財產來源、經濟結構、經營方式以及社會影響等方面對元代寺院經濟的發展變化進行了詳細說明，從他們的研究成果來看，元代的寺院經濟發展迅速，規模也遠遠超過以往。但是對元代宮觀經濟的研究，目前只是對金元之際的全真一派關注較多，如朱雲鵬《宋代宮觀的田產及其經營》、程越《金元時期全真道的宮觀經濟》等。

根據前人研究來看，早期的道教在經濟角度一般主張「濟世疏財」，不積累財富，但是這一觀念在後來的發展過程中逐漸產生了變化。最晚到了唐代，一些宮觀就已經開始擁有大量田產，宋代的宮觀經濟也較為可觀。金末，北方的全真教主張拋棄世俗慾望，因此在全真教建立後的一段時間內，不少道士都是以乞食為生的。但在邱處機獲得成吉思汗的青睞之後，這種狀況有了很大改變，全真教徒的擴大使得乞食已經不再適合，而蒙古統治者所給予的支持也使得全真教快速擴張，一面進行宮觀建設，一面實行墾田闢土以自養，但是進入了元代以後，這種現象又發生了轉變，經濟來源與經營方式變得更加多樣化。南方的其他道派雖然在宋代有所累積，但是經歷了朝代更替的戰火之後，也處於百廢待興的狀態，穩定的經濟來源對於他們來說就更加重要了。

（一）經濟來源

元代建立以後，由於社會穩定，再加上朝廷扶持，宗教政策有所傾斜，宮觀經濟得到了迅速恢復，對於宮觀來說，其主要的經濟來源有以下幾種：

一是朝廷賞賜。前面我們提到過關於朝廷賞賜宗教徒的具體內容，其中能夠成為經濟來源的賞賜主要是金帛、土地以及田產、果園等等。執掌玄教的張留孫在成功為察必皇后祛除病疾後，就被賜予了宮觀、「平江嘉興田八百頃」以及「大都昌平栗園五千畝」的獎勵，到了張留孫生日的時候，又有「玉

〔註73〕關靜：《元代寺院經濟研究》，河南大學碩士學位論文，2010年。

冠、上尊、良馬」等等賞賜（《領諸路道教事張公碑銘》），這些御賜的田產、果園之類是宮觀的重要經濟來源之一，道教雖然強調「自養」，但自養的前提是宮觀必須要有一定量的田產。此外，一些齋醮或者官方的宗教活動有時也會有一定的報酬，李志常曾在兩場齋醮祭祀中一共獲得了黃金五百兩、白銀一萬兩，這一數目是相當驚人的，延祐三年（1316），正一教派的王壽衍跟隨第三十九代天師張嗣成入覲作醮事，結束之後也受到了白金楮幣之賜（《元故弘文輔道粹德真人王公碑》）。

二是他人布施，其中尤以官僚、貴族為主。大德九年（1305），清貧真人李道元將丹陽祖師下葬後，想要為其立碑紀事，但或許是因為清貧真人真的太過清貧，直到至大二年（1309）前此碑似乎都沒有立成，最後憑藉益都路宣慰使王庭憲所捐獻的白金一百兩作為工費，才完成了立碑（《抱元真靜清貧李真人道行碑》）。

三是買進田產。宋代對於寺觀買田是明令禁止的〔註74〕，但是元代似乎並沒有類似規定，《乾元萬壽宮記》中就有道士「置腴田」，即買入田產，通過收租方式來供養常駐的道徒，《玉清萬壽宮記》也提到有道士「增置良田數頃」，可見這種田產的買進在元代寺觀中也是時有發生的。

四是自行開墾或者僱用他人開墾。《均州武當山萬壽宮碑》中就提到了武當山道士墾田數百頃以養活眾人，《大若巖廣福靈真宮銘》中因為宮觀久廢不用，所以後來的道士就自行出錢招募人手開墾於山上，之後得田數十畝用以供養觀內道士。

除此以外，普通信徒的供奉對宮觀來說也是一類經濟來源，供奉的內容包括但不限於香資、田產等〔註75〕，但相對朝廷所賜的田產來說，普通信眾所捐贈的一般數量較小，大多在數畝到百畝之間；香資一般全部歸於宮觀所有，所以對於香火旺盛的宮觀來說也算是一筆較為可觀的收入。

（二）經營方式

除了經濟來源以外，對於宮觀產業的經營也是宮觀經濟的重要一環，元代較為常見的經營方式主要有兩種：

一是經營田莊、果園。田產一類，一般大型宮觀是以收租的方式使佃農

〔註74〕朱雲鵬：《宋代宮觀的田產及其經營》，《中國經濟史研究》，1999 年第 1 期。
〔註75〕程越：《金元時期全真道的宮觀經濟》，《民族史研究》，2001 年 01 期。

等人進行耕種，《乾元萬壽宮記》中就提到宮觀道士「置腴田，課租入」，小型的宮觀則是道士自己進行勞作。道教，尤其是全真教，常常把建築宮室、耕鑿開墾、自給自足當做是一種修煉的方式，道士在田間自行開墾種植在元代也是較為常見的現象〔註76〕。元代有一定規模的宮觀，如果經營得當的話，在田產和莊園上的收入還是相當可觀的，《玄明文靖天樂真人李公道行碑》中就稱重陽宮「園田殖產，收入不少」，既然收入不少，想必供養宮觀中人應該是沒有問題的。大型宮觀有時還會設有專人來負責管理錢財資用，李志常掌教之後，負責掌管資用的就是樊志應，于顯道也曾經在長春宮負責看顧常駐物業的好壞〔註77〕。

二是商業經營。元代的寺觀除了田產以外，往往還參與一些商業經營，《萬壽宮披雲真人令旨碑》中就提到：「但屬宮觀田地、水土、竹葦、碾磨、園林、解典庫、浴堂、店舍、鋪席、醋酵，不揀甚麼差發休要者。索要呵，也休與者。欽此。」〔註78〕解典庫即是當鋪，鋪席即是店面，醋酵屬於釀造業，值得注意的是碾磨，碾磨在元代是非常重要的農產品加工工具，因此在宮觀經濟中也是非常重要的部份，王志謙就曾經以碾磨來開發當地水利，並引發了碾磨在當地的風行，受到了褒揚〔註79〕。既然令旨中提到了這些內容，就說明元代的宮觀一定是有參與此類商業經營的，而且從其涉及到的典當業、釀造業、加工業來看，宮觀的商業經營範圍還是很廣的，但是有能力進行此類經營的，往往也是比較大型的宮觀，小型宮觀仍然是以自給自足的農業生產為主。

此外，這道《萬壽宮披雲真人令旨碑》還說明了元代在稅收政策之上對於宮觀經濟的優惠：宋代的大部份宮觀，其經營的產業都要向政府交稅，只有少量由皇帝下旨或者特殊規定者除外〔註80〕。到了蒙古時期，成吉思汗免除了全真教宮觀、道士所需繳納的全部賦稅，窩闊台當政時取消了這一特權但是保留了免役一項，貴由汗時期的規定則是免交地稅、商稅，元代建立以後，朝廷基本對於宮觀的地稅、商稅以及道士的差役都是免除的狀態，後世常見的「令旨碑」中就保存了很多此類內容，但這些令旨大多還是針對

〔註76〕李洪權：《全真教與金元北方社會》，吉林大學博士學位論文，2008年。
〔註77〕程越：《金元時期全真道的宮觀經濟》，《民族史研究》，2001年01期。
〔註78〕李修生主編：《全元文》卷四六九，第十三冊，鳳凰出版社，1999年，頁501。
〔註79〕程越：《金元時期全真道的宮觀經濟》，《民族史研究》，2001年01期。
〔註80〕朱雲鵬：《宋代宮觀的田產及其經營》，《中國經濟史研究》，1999年第1期。

大型宮觀所言〔註81〕。

　　整體看來,元代的宮觀經濟對田產的依賴程度很高,縱然經濟來源多樣,但仍是將大部份資金都用來進行田地的購買,這也得益於元廷對於宮觀買田的不干預政策。在有了田產之後,或是出租或是自耕,以此供養觀內眾人,大型宮觀也會參與商業經營以增加收入。另外,政策上的優惠使得元代宮觀經濟較為寬裕,能夠同時承擔一些社會經濟上的職能,比如救濟災民等,這一點陳垣先生在其《南宋初河北新道教考》中就已經有所涉及,金元之際,連年戰火加上自然災害,使得當時北方社會流民遍佈、餓殍遍野,全真教徒通過出資、耕種等方式救助了不少災民,受到了時人的稱頌。到了元代也有道教徒救荒之事,如成宗末、武宗初年,吳越地區曾經有一次較為嚴重的饑荒,當時負責提點洞庭西山三宮觀的周靜清就在宮觀之內出糧食以救濟災民,因周靜清這一善舉而存活下來的有數千人之多(《周真人道行碑》),這就說明了宮觀經濟在當時所產生的正面影響。但是,大量的金銀賞賜、宮觀修築消耗了民力與財力。此外,到了元代晚期,由於政治、社會的動盪,賜田與宮觀的行為基本已經很少見了,反而為了應對軍事儲備的需要,國家開始從宮觀手中購買田糧(《元史‧順帝本紀》),這也能夠看出宮觀佔有田地的數量恐怕是相當龐大的,否則也不會有如此大量的糧食出產,但宮觀佔有大量田地,而百姓卻無地可種,無疑是加深了當時的社會矛盾,加速了元王朝的滅亡。

第四節　文化的融合──元代的少數民族墓碑文

一、元代的少數民族作家與墓主

　　元代是蒙古人所建立的政權,地域也空前廣闊,再加之其獨有的民族政策,使得元代社會出現了少數民族眾多、文化相互交融的特色,這一特點在墓碑文中也有所反映:一是有部份少數民族作家創作墓碑文,二是碑文的墓主中有大量的少數民族墓主。

　　筆者梳理了《全元文》中所收錄的元代少數民族作家所創作的墓碑文,形成表格附於文後,根據統計數字來看,目前共有八位少數民族作家有墓碑

〔註81〕程越:《金元時期全真道的宮觀經濟》,《民族史研究》,2001 年 01 期。

文作品存世，人數並不算多，但其所存碑文共有 135 篇。這八位作家中，尤以鮮卑後裔元好問與雍古部後人馬祖常為主，元好問是金末元初最為重要的碑文作家，他的碑文上接金代，下啟元代，影響深遠，後文我們還會對其進行詳細分析；馬祖常作為元代著名的少數民族作家，其筆下的墓主也多有如杜瑛、元明善、貢奎這樣的人物，馬祖常今存 20 篇墓碑文，他在寫作時能夠打破常規，有所創新，敘事繪聲繪色，人物形象生動鮮活，因此成就較高〔註82〕。除元、馬二人以外，女真作家勃朮術魯翀也有 9 篇墓碑文存世，他的碑文語言典雅，用詞精煉，詳略得當，也保存了不少元代的史實〔註83〕。

　　據筆者統計，墓主為少數民族的元代墓碑文在《全元文》中共收錄有 152 篇，而利用碑文作品對少數民族或部族的來源、世系等問題進行考證的作品早在上個世紀五六十年代就已經出現，之後也依然是元代研究、尤其是民族史研究的重點之一。元代墓碑文中所涉及到的少數民族與部族大部份都已有專門的研究作品，我們在此進行簡要的概括介紹：

　　汪古部。汪古部在金元時期處於漠北與中原交通要塞之地，是當時較為重要的一個部族，閻復所作的《駙馬高唐忠獻王碑銘》就記錄了汪古部的世系等相關內容，周清澍即是根據此碑與其他材料對汪古部相關事輯進行了考證〔註84〕。

　　康里部。康里部後裔在元代有不少名臣以及文學家，如不忽木家族、也沙不花家族等等，趙孟頫《故昭文館大學士榮祿大夫平章軍國事行御史中丞領侍儀司事贈純誠佐理功臣太傅開府儀同三司上柱國追封魯國公謚文貞康里公碑》以及黃溍《敕賜康里氏先塋碑》《江浙行中書省平章政事贈太傅安慶武襄王神道碑》，墓主均為康里部人，今人據此對康里部的幾個重要家族進行了梳理，如陳小紅《元代康里人不忽木家族及其華化研究》〔註85〕，張沛之《元代康里阿沙不花家族的社會網絡與文化傾向》〔註86〕等。

〔註82〕關於馬祖常的墓碑文特點，詳可參見岳振國：《元代維吾爾族文學家馬祖常的碑誌文研究》，《西北民族大學學報（哲學社會科學版）》，2010 年第 2 期。
〔註83〕關於朮術魯翀的墓碑文成就，詳可參見趙彩娟、刁偉勇：《略論朮術魯翀碑銘文的成就》，《陰山學刊》，2017 年第 2 期。
〔註84〕周清澍：《汪古部事輯》，《中國蒙古史史學會會議論文集》，1979 年。
〔註85〕陳小紅：《元代康里人不忽木家族及其華化研究》，暨南大學碩士學位論文，2016 年。
〔註86〕張沛之：《元代康里阿沙不花家族的社會網絡與文化傾向》，《內蒙古師範大學學報（哲學社會科學版）》，2009 年 03 期。

雍古部。元代雍古部最為著名者當屬馬祖常，其家先祖仕金，後以身殉國，前文我們數次提及過的元好問《恆州刺史馬君神道碑》墓主馬慶祥就是馬祖常的先人。馬祖常本人的墓碑文是許有壬所作（《敕賜故資德大夫御史中丞贈攄忠宣憲協正功臣河南行省右丞上護軍魏郡馬文貞公神道碑銘並序》），今人有考證馬氏一族源流的作品，如何兆吉《雍古馬氏家族源流考略》〔註87〕。除了馬氏一族以外，元明善《雍古公神道碑銘有序》的墓主按竺爾也是雍古部人，其孫趙世延也是元代名臣，今人有相關考證作品，如王紅梅《九朝良臣：元代雍古名臣趙世延叢考》〔註88〕。

乃蠻部。乃蠻曾經是蒙古地區勢力相當強大的一個部族，後為成吉思汗所滅，但當時太陽罕之弟曲出律後人逃至中原，以答祿為姓，因此答祿乃蠻是乃蠻部中地位相當高的一支，黃溍《答祿乃蠻氏先塋碑》就詳細記錄了曲出律與其子抄思逃亡之事，可補《元史》之闕文。關於此碑的文獻價值，王梅堂《元代答祿乃蠻氏先塋碑的文獻價值》〔註89〕一文有更為詳細的介紹。

欽察。元代最有名的欽察家族當屬土土哈家族，閻復《樞密句容武毅王碑》、虞集《句容郡王世績碑》中詳細記錄了土土哈家族的來源、世系等，今人藉此對土土哈家族進行了相關研究，如楊繼紅《論蒙元時期欽察人土土哈家族》〔註90〕等。

畏兀人。黃溍《忠愍合剌普華公神道碑》的墓主合剌普華為高昌偰氏家族中人，其墓誌銘為許有壬所撰，這兩篇碑文是研究高昌偰氏家族的重要材料。今人關於這一家族的研究作品較多，如田衛疆《元代高昌畏吾兒偰氏家族研究》、尚衍斌《畏兀兒偰氏家族研究》、馬娟《元代高昌偰氏家族再探》〔註91〕等等，其家族譜系、生平活動以及宗教信仰等都是關注的重點。再如劉敏中《敕賜將作院使哈颯不華昭先碑銘》等均是為畏兀人所作。再如高昌

〔註87〕何兆吉：《雍古馬氏家族源流考略》，《西北第二民族學院學報（哲學社會科學版）》，1993年第2期。

〔註88〕王紅梅：《九朝良臣：元代雍古名臣趙世延叢考》，《新疆大學學報（哲學人文社會科學版）》，2014年第4期。

〔註89〕王梅堂：《元代答祿乃蠻氏先塋碑的文獻價值》，《黃河科技大學學報》，2012年第3期。

〔註90〕楊繼紅：《論蒙元時期欽察人土土哈家族》，《內蒙古農業大學學報》，2009年第3期。

〔註91〕馬娟：《元代高昌偰氏家族再探》，《北方民族大學學報》，2009年第4期。

回鶻亦都護家族，根據虞集《高昌王世勳碑》來看，回鶻汗國大約自唐代開始就已經有自己的歷史，亦都護就是其國主之號，因此亦都護家族在高昌回鶻汗國中是具有極高地位的，元代亦都護家族世襲高昌王位，對整個元代政治也產生了不小的影響，其與元代統治者的關係也值得後人關注。今人有不少亦都護家族相關考釋著作，如王宗維《高昌回鶻亦都護家族及其遷居永昌始末》〔註 92〕等。此外，曾被錢大昕、柯邵忞以及屠寄認為是回回家族的古速魯氏（依據危素《古速魯公墓誌銘》），其實也是畏兀人，楊志玖在其《古速魯氏非回回辨》〔註 93〕中曾經有所提及，這是由於「回紇」這一稱呼所引發的誤解，筆者在《全元文》中又發現了一篇黃溍所作《魏郡夫人偉吾氏墓誌銘》，可為此再添一證，這位魏郡夫人就是危素筆下古速魯公之女，也是偰氏家族中偰篤哲之妻，偰遜之母，黃溍在文章中清楚寫明了夫人系出偉吾氏，因此我們可以確信古速魯氏當為畏兀人，而非回回人。

回回人。我們在前文提到過的賽典赤、阿里伯都是元代比較有名的回回人，阿里伯為雅老瓦赤之子，其女薩法禮之碑由馬祖常所作，後文我們還會再進行詳細分析。關於元代的回回世家，楊懷中在《元代東來的回回世家》〔註 94〕以及《元代東來的回回世家（續）》〔註 95〕兩篇文章中就根據《蒙兀兒史記》《新元史》氏族表以及相關的墓碑文進行了梳理。

克烈部。姚燧《皇元高昌忠惠王神道碑銘並序》墓主答失蠻即是克烈部人，其父孛魯歡在憲宗時權勢較大，答失蠻本人也很受忽必烈信任，且與回回人關係密切，今人張雲有《答失蠻其人及其經略吐蕃考實》〔註 96〕。此外，程鉅夫《故砲手軍總管克烈君碑銘》墓主勖實帶、許有壬《元故右丞相怯烈公神道碑銘》墓主鎮海也是克烈部後人，今人劉暉《元代鎮海三事鉤沉》〔註 97〕就是以碑文來補《元史》傳記之不足。

唐兀人。元滅西夏后，關於當地黨項族人在元代的發展，我們也可以通

〔註 92〕王宗維：《高昌回鶻亦都護家族及其遷居永昌始末》，《新疆社會科學》，1989 年第 2 期。

〔註 93〕楊志玖：《古速魯氏非回回辨》，《寧夏社會科學》，1988 年 03 期。

〔註 94〕楊懷中：《元代東來的回回世家》，《回族研究》，1991 年第 1 期。

〔註 95〕楊懷中：《元代東來的回回世家（續）》，《回族研究》，1991 年第 2 期。

〔註 96〕張雲：《答失蠻其人及其經略吐蕃考實》，《中國邊疆史地研究》，1993 年第 4 期。

〔註 97〕劉暉：《元代鎮海三事鉤沉》，《黑龍江史誌》，2015 年 01 期。

過墓碑文略知一二。如潘迪《大元贈敦武校尉軍民萬戶府百夫長唐兀公碑銘並序》，此碑今存，今人有箋註作品，墓主閭馬是元代黨項族人，其族屬以及家族歷史是目前學界較為關注的問題。今人鄧文韜《元代唐兀人研究》〔註98〕中就大量使用了相關的墓碑文材料。

昔里鈐部。昔里鈐部曾是西夏臣民，後歸降成吉思汗，子孫世襲爵位。元代關於昔里鈐部的碑文主要有兩篇，王惲《大元故大名路宣差李公神道碑銘並序》以及姚燧《資德大夫雲南行中書省右丞贈秉忠執德威遠功臣開府儀同三司太師上柱國魏國公諡忠節李公神道碑》分別是為益立山及其子愛魯所作，從中我們可以梳理出昔里鈐部的世系史料，美國學者鄧如萍（Ruth W. Dunnell）有《昔里鈐部及沙陀後裔的神話：宗譜的憂慮與元代家族史》〔註99〕即是與此相關的研究。

契丹人。元代最有名的契丹家族當屬石抹一族，胡祗遹《舒穆嚕氏神道碑》、黃溍《沿海上副萬戶石抹公神道碑》都是為石抹家族中人所作。石抹一族歷史悠久，大約可以追溯到隋煬帝皇后蕭氏一族，石抹也先降元後，其子孫查剌、庫祿滿、石抹良輔孫石抹繼祖、曾孫石抹宜孫等幾代人掌管黑軍，為元朝的建立與穩固立下了汗馬功勞，而石抹宜孫更是在元末戰死沙場，其後石抹家族逐漸消失在文獻記載中。學界關於石抹家族的研究，主要有羅海燕《契丹石抹家族在元代的變遷》〔註100〕等。

女真人。金代滅亡以後，不少女真人入仕元代，墓碑文中較多的幾個女真氏族有奧屯氏、瓜爾佳氏等等，代表作有李庭《大元故宣差萬戶奧屯公神道碑銘》、虞集《高莊僖公神道碑》、同恕《奉議大夫甘肅省理問瓜爾佳公墓誌銘》等，現今學界對於元代女真家族研究要少於其他民族，相應的墓碑文利用仍有較大空間。

除了少數民族以外，元代還有一些為外國人所作的墓碑，如蔡文淵《大元故太傅錄軍國重事宣徽使領大司農太醫院事鐵可公墓誌銘》，墓主鐵可為今巴基斯坦人，程鉅夫《涼國敏慧公神道碑》墓主為尼泊爾雕塑家阿尼哥，這兩篇文章對於研究當時的文化交往、融合等內容具有較大的文獻價值。

〔註98〕鄧文韜：《元代唐兀人研究》，《寧夏大學》博士學位論文論文，2017年。
〔註99〕鄧如萍：《昔里鈐部及沙陀後裔的神話：宗譜的憂慮與元代家族史》，《西夏研究》，2014年04期。
〔註100〕羅海燕：《契丹石抹家族在元代的變遷》，《黑龍江民族叢刊》，2011年第3期。

二、少數民族的華化進程——以《太納先塋碑》為例

　　除了少數民族本身的史料以外，元代的墓碑文中有很多反映中原地區民族華化的記載，具有非常鮮明的時代特點，研究者們也很早就意識到了這一問題，二十世紀初陳垣先生所作《元西域人華化考》中就大量利用金石材料，對元代西域各族人在進入漢地之後對於漢文化的習得做出了闡述，並對元代的文化融合進行了高度的讚揚，此書雖然是以西域人，尤其是畏兀、回回、唐兀人為主，但對後來的研究作品有奠基之功，此後的不少民族史研究論著中對此也多少有所涉及，但專門以碑文來研究元代民族華化問題的研究論著大約是在近幾年才逐漸興起的，如王澤《碑銘所見宋元以來中原地區的民族融合》（鄭州大學博士論文，2013 年），就以河南境內所見的 16 通宋元碑文資料對於西夏、回鶻、畏兀、康里四族以及猶太人在中原地區的文化融合進行了闡述，從文章來看，當時的民族融合極具普遍性，並且顯示出了從強制到主動融合的變化過程，筆者也以《太納先塋碑》與塔塔兒部為例，來分析說明元代少數民族華化的進程。

　　塔塔兒（tatar）曾是漠北地區一個相當強大的部落，目前最早可以追溯至唐五代時期的突厥、回紇人，但其早期歷史很難在史料中找到詳細記載，只知大約在遼代時就是當地比較強大的部族之一，《契丹國志》中提到的「臚朐河統軍司」即是用來管理、防範北方各部的，金代沿用了這一統軍司設置，直到章宗年間才有改變。《史集》與《元朝秘史》都記載塔塔兒部共有六大分支，但是六大分支的具體名稱，兩書中則略有不同，《元朝秘史》中所載為：阿亦里兀惕塔塔兒、備魯兀惕塔塔兒、察阿安塔塔兒、阿勒赤塔塔兒、都塔兀惕塔塔兒和阿魯孩塔塔兒；《史集》所載分別則為：禿禿黑里兀惕塔塔兒、阿勒赤塔塔兒、察罕塔塔兒、帖烈惕塔塔兒、不魯恢塔塔兒，其中禿禿黑里兀惕塔塔兒是其中最受尊崇的一個。不可否認的是，當時的塔塔兒是草原上一支勁旅〔註 101〕。塔塔兒與蒙古有世仇，《元史》《新元史》《史集》等書中記錄了關於成吉思汗及其父祖與塔塔兒的數次交鋒：塔塔兒與蒙古結仇始自合不勒時期，合不勒因塔塔兒巫者治療其子無效而殺之，引發塔塔兒部眾怒，因此與蒙古大戰。後俺巴孩繼任，嫁女與塔塔兒部，塔塔兒卻將俺巴孩兄弟獻給金人，二人死於金人之手。到了成吉思汗之父也速該時，他曾征塔塔兒

〔註 101〕關於塔塔兒部的詳細信息，可參見齊達拉圖：《十至十二世紀蒙古高原部族史探究》，內蒙古大學博士學位論文，2015 年。

部，並獲其族長鐵木真兀格，成吉思汗之名即由此而來。然而也速該在為成吉思汗求婚途中又為塔塔兒人毒殺，弒父之仇不共戴天，蒙古人與塔塔兒部的仇怨越來越深。

塔塔兒部雖然以俺巴孩兄弟獻於金人，與其結盟，但是斡難河之宴後，當時的塔塔兒部長蔑兀真笑里違背盟約，明昌七年（1196）金章宗命完顏襄率兵逐塔塔兒部人，塔塔兒部北走，鐵木真為報家仇則率兵至斡難河迎擊，殺蔑兀真笑里，擄其輜重。在鐵木真擊敗泰赤烏部後，塔塔兒部與哈答斤部、散只兀部等數部族會於阿雷泉，試圖發動襲擊，但弘吉剌部長迭夷將此事密告於鐵木真，因此塔塔兒部的這次進攻沒能取得勝利。此後鐵木真駐軍徹徹兒山時又再次出兵征伐塔塔兒部，並大勝。

壬戌年（1202），鐵木真對塔塔兒部中兩個分支——按赤塔塔兒與察罕塔塔兒出兵，後塔塔兒與乃蠻等部聯合攻打鐵木真，為鐵木真所敗。甲子年（1204）鐵木真伐乃蠻，太陽罕與塔塔兒等部聯合，但被蒙古鐵騎擊潰，最後塔塔兒部來降，曾經盛極一時的塔塔兒部就此不復存在。但是，塔塔兒雖滅，部中大多成年男性被殺，婦女與兒童卻生存下來，這些塔塔兒人與蒙、漢等各族人通婚，一直延續血脈，並跟隨蒙古大軍的腳步不斷遷徙。後人關於塔塔兒人的記載較為零散，惟《全元文》中收有一篇徐佑所作《右都威衛管軍百戶太納先塋之碑》〔註102〕，其墓主家族即屬於從前的塔塔兒部，作者記載了太納家族五世生平，我們來仔細分析這篇碑文：

這篇先塋碑作於元順帝至正辛卯（1351）年，按徐佑所言，濰州北海（今山東濰坊）人拜住奉先人行狀來向其請銘，其家族祖先為「□□□納□塔塔兒人」，此處碑文不清，但是上文我們提到過的六支塔塔兒分部，並沒有以「□□□納□」為名者。再考察塔塔兒人曾經的居住地，我們發現史料記載一些塔塔兒人曾在額爾古納河附近居住，額爾古納河，在《元史》中也稱作也里古納河，其右岸正是成吉思汗的故鄉，而太納家族的祖先有可能是這部分居住在額爾古納河沿岸的塔塔兒部人，抑或是其乃塔塔兒部中較小分支，史書之中不見記載。

再來看太納家族的世系：

〔註102〕李修生主編：《全元文》卷一七八七，第五八冊，鳳凰出版社，2004年，頁668。

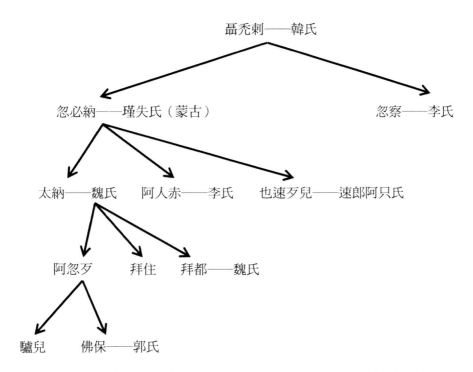

筆者簡要列出了太納家族自其之後的五世，我們來分別分析他們的生平：

從聶禿剌生活的時代來看，1204年塔塔兒為成吉思汗所滅時，他極有可能還是未成年的男孩，因此僥倖作為俘虜逃過蒙古人的屠殺，並作為奴隸被編入軍隊，但是地位不高，這一點從他妻子的身份中也可以得到證實：研究表明，早期的漢人女子很少能夠成為蒙古王公貴族或者高官的正妻，他們大多會選擇迎娶弘吉剌部或其他蒙古部族女子為妻，漢女只是其眾多夫人中的一位。到了憲宗，也就是蒙哥汗時，漢人世侯勢力漸長，與蒙古高層通婚漸多，但是在聶禿剌生活的時代，娶漢女為正妻，說明他本人的地位並不會很高。

聶禿剌在蒙古帝國初建時曾跟隨親王阿木四處征伐，從攻金人，多有戰功，後鎮守鐵門關。這位阿木親王究竟是誰，《元史》等書中並沒有相關記載，宗室世表中也無此人蹤跡，但是身為親王，又從攻伐金人，想必在當時也是具有一定地位的。聶禿剌無論是作為被擄之人還是歸降之人，初始在軍隊中地位應該並不算高，後因功鎮守鐵門關，按照聶禿剌的行進路線來看，這裡所指的鐵門關最有可能是今山東省利津縣北的鐵門關〔註103〕。

〔註103〕〔日〕池內功：《元代的蒙漢通婚及其背景》，《世界民族》，1992年03期。

　　第二代忽必納與忽察，忽必納嗣職改充鎮撫，中統初年取漣海有功。此後又巡哨沂、郯等地，並參與西伐立下功勳，被授予敦武校尉、左都威衛管軍百戶。

　　值得注意的是，文章中提到忽必納在至元年間曾經被授予「左都威衛管軍百戶」之職，太納所襲也是此職，但文章標題卻是「右都威衛」，此前也有研究者使用過這篇碑文，不過大家似乎默認忽必納家族世襲的就是左都威衛的職位，但左、右都威衛在來源建置上是有一定區別的，因此仍需進行辨析：

　　首先，從文獻校勘角度來看，此文來源單一，《全元文》以及《遼金元石刻全編》中所收皆來自民國年間出版的《昌樂縣續誌》〔註104〕，《續誌》中也是標題稱右，內容稱左。除此書以外，目前並沒有其他版本或資料記載太納家族的相關事蹟，因此我們無法從文獻校勘的角度來對比文字。

　　再從內容上來看，其實分歧就在於忽必納當時被授予的到底是左都威衛還是右都威衛，我們先來看兩支都威衛下設的相關機構：

　　　左都威衛使司：鎮撫所，鎮撫二員，都目一員。行軍千戶所，千戶二員，副千戶二員，知事、彈壓各一員，百戶二十員。屯田左右千戶二所，千戶二員，都目一員，彈壓一員，百戶每所二十員。弩軍千戶所，千戶二員，都目一員，彈壓一員。資食倉，大使一員，副使一員。（《元史·百官志五》）〔註105〕

　　　右都威衛使司：鎮撫司，鎮撫二員，都目一員。行軍千戶凡五所，秩正四品，千戶五員，副千戶五員，知事五員，百戶五十員，彈壓五員。屯田千戶所，秩正五品，千戶二員，彈壓一員，百戶七員，都目一人。廣貯倉，秩從九品，大使一員，副使一員，攢典一人。（《元史·百官志五》）〔註106〕

太納家族世襲的是管軍百戶之職，從第二則材料來看，最大可能是屬於行軍或屯田千戶所，這一官職在左、右兩衛中均有所設立，單從職官設置來看似乎無法辨別。

　　再來看左右兩衛的沿革：

〔註104〕王金岳等修纂：《昌樂縣續誌》，成文出版社，民國二十三年。
〔註105〕〔明〕宋濂等：《元史》卷八九，中華書局編輯部點校，中華書局，1976年，頁2248～2249。
〔註106〕〔明〕宋濂等：《元史》卷八九，中華書局編輯部點校，中華書局，1976年，頁2249。

　　左都威衛：至元十六年，世祖以新取到侍衛親軍一萬戶，屬之東宮，立侍衛親軍都指揮使司。三十一年，復以屬皇太后，改隆福宮左都威衛使司。(《元史‧兵志二》)〔註107〕

　　右都威衛：國初，木華黎奉太祖命，收扎剌兒、兀魯、忙兀、納海四投下，以按察兒、孛羅、笑乃鷺、不里海拔都兒、闊闊不花五人領探馬赤軍。既平金，隨處鎮守。中統三年，世祖以五投下探馬赤立蒙古探馬赤總管府。至元十六年，罷其軍，各於本投下應役。十九年，仍令充軍。二十一年，樞密院奏，以五投下探馬赤軍俱屬之東宮，復置官屬如舊。二十二年，改蒙古侍衛親軍指揮使司。三十一年，改隆福宮右都威衛使司。(《元史‧兵志二》)〔註108〕

從材料中可以看出，左、右兩衛最初的來源是不一樣的，左都威衛是以至元十六年所設侍衛親軍為前身，而右都威衛前身則是探馬赤軍、蒙古侍衛親軍，那麼忽必納有沒有可能是侍衛親軍或是探馬赤軍呢？

　　元代的侍衛親軍，其雛形為武衛軍，武衛軍一開始的來源是漢人世侯軍隊，由董文炳等人任都指揮使，李璮之亂後其舊部被改變擴充進入武衛軍，直到至元元年，武衛軍才改為侍衛親軍，並進行了大規模擴充。至元十六年開始以族屬劃分，並增至五衛，除了漢軍以外，還選出了南宋降軍的精銳部隊，又從揚州募軍兩萬，至元十六年建立的侍衛親軍都指揮使司就是從這些衛士中選出，也就是左都威衛的前身〔註109〕。忽必納顯然是不可能出身於漢人世侯軍隊的，而中統前既已身為鎮撫，又從攻漣海，巡哨沂、鄭，根據《新元史‧世祖本紀》記載，自憲宗七年開始李璮即與宋人戰於漣海之地，至中統二年（1261）二月失利，阿朮等人支援，忽必納所參與的應當就是此次戰役。中統三年李璮將漣海等三城獻於宋室，直到中統十二年才收復。再結合之後忽必納巡哨沂、鄭、徐、邳、淮安之地的行為，我們可以推斷出忽必納在左右都威衛成立之前應該是隸屬於地方鎮守軍，後被調遣參與西伐，如果是地方鎮守軍的話，那麼忽必納為侍衛親軍的可能性是很小的，反而是探馬赤軍的可能性更大。

〔註107〕〔明〕宋濂等：《元史》卷九九，中華書局編輯部點校，中華書局，1976年，頁2526。
〔註108〕〔明〕宋濂等：《元史》卷九九，中華書局編輯部點校，中華書局，1976年，頁2526。
〔註109〕詳見杜鵬：《元代侍衛親軍研究》，西北師範大學碩士學位論文，2012年。

關於探馬赤軍的組成以及地位的問題，目前學界一直眾說紛紜，並沒有定論。但是從現有的材料來看，探馬赤軍中是可以確定存在著塔塔兒人的，探馬赤軍的部將闊闊不花就是黃金塔塔兒氏，也就是塔塔兒部中的正統。按《元朝秘史》的記載，成吉思汗曾下令將塔塔兒部所有成年男性全部殺死，其餘人則分賜諸位功臣充作奴婢，但事實上仍有不少塔塔兒男性倖免於難，這些人後來在蒙古軍中作為將士。日本學者萩原淳平在《木華黎國王的探馬赤軍》〔註110〕中曾經提出這樣的觀點：所謂的四投下就是指那些「在政治上、社會上不予承認的隸屬民，也就是舊塔塔兒、客列亦惕等出身的人們」，而探馬赤軍就是收編了這些屬民，按照其舊部分為五部。金亡後探馬赤軍解體，一部份駐守河北要塞，一部份散居各地。到了中統三年，探馬赤軍又重新編成，仍取自這些投下。

而且《元史》中有：「（至元）三十年正月，詔西征探馬赤軍八千人，分留一千或二千，餘令放還。」〔註111〕由此可見，探馬赤軍也是曾經參與過西征之戰的，只是具體參與時間不明，忽必納也可能是這放還之中的一人，因功被授予了「右都威衛管軍百戶」一職，其後子孫世襲百戶職位，仍舊居於濟南路內，鎮守地方。

第三代太納於元貞初襲職，繼為左忠顯校尉、左都威衛管軍百戶，泰定二年（1325）去世，生平不詳。

第四代阿忽歹襲職為敦武校尉、管軍百戶，泰定三年（1326）卒，生平不詳。

第五代驢兒於泰定四年（1327）襲職忠翊校尉、管軍百戶。

從譜系來看，這一家族很早就開始與漢人通婚，第一代聶禿剌的妻子就是漢人，其後子孫分別與漢女、蒙古女成婚，五世中每一代都至少有一個漢人女子嫁入。除此之外，我們還可以在元代墓碑文中找到關於塔塔兒人與其他民族通婚的例子：《蒙古拓拔公先塋碑銘》中就提到阿撒合理之妻為察罕塔塔兒，察罕塔塔兒是塔塔兒的重要分支之一。因此可以看出，塔塔兒人並沒有隨著部族被滅而完全消失，他們不斷與漢族以及其他部族通婚，使得塔塔

〔註110〕 詳見〔日〕萩原淳平：《木華黎國王的探馬赤軍》，《世界民族》，1985 年 02 期。

〔註111〕 〔明〕宋濂等：《元史》卷九九，中華書局編輯部點校，中華書局，1976 年，頁 2545。

兒血脈得以延續，而各民族之間互相通婚在當時也成為了一件非常普遍的事情。

以太納家族為例，我們可以看出元代少數民族逐漸華化的過程：

元代大部份的少數民族，其家族第一代祖先大多以主動或被動的方式跟隨南下的蒙古人進入中原，在戰爭中以軍功起家，之後因功受封或是鎮撫地方，遷居中原，其家族也大多定居於當地。

到了家族第二代、第三代，開始與漢人相互通婚，當然，如太納家族一般第一代就通婚漢人者也不在少數，同時他們也學習漢地民俗以及漢人文化，在此過程中，其生活方式以及思想觀念也發生了轉變。

到了家族第四代以後，除了對於自己族屬的認同以及少部份保留原有的習俗以外，在生活方式與文化水平角度，少數民族與漢人的差別已經逐漸縮小，在太納家族中，第四代阿忽歹的兄弟拜住已「喜與士夫遊」，而且拜住在修建家族先塋的過程之中，「凡孝思追遠之事，未嘗不盡其所為，可謂孝矣」〔註112〕，這種對於孝文化的深深認同與實踐，正說明漢地文化浸染之深。

除此以外，這些為少數民族墓主所創作的碑文，其存在本身就是少數民族華化的一個非常有力的證明，因為立碑作文原本就是中原傳統儒家喪葬禮制中的一部份，由這150餘篇碑刻來看，當時的少數民族對於漢地喪葬禮制也有所接受，這也是其華化的重要部份，亦是我們接下來要探討的內容。

三、多種喪葬方式的並存與相互影響

元代建立以後，最初對待各種喪葬方式的態度是「各依本俗」，即保留其原有的喪葬方式，但是在少數民族與漢人混居日久、受到漢文化影響的情況下，他們對於漢地的喪葬習俗逐漸習得、接受，對此行為蒙古統治者曾經明令禁止，如《元典章》中就有禁止畏兀人效仿漢人體例之令，但正如陳垣先生在《元西域人華化考》中所言，必先有所效，而後有所禁，效法漢地喪葬已經成為了當時的一種趨勢與慣例，再行禁止也是無用，不如聽之任之，因此在元代中後期，從條令角度對此效仿行為不再加以禁止。由於政策的放寬與人們的效仿，使得元代少數民族的喪葬方式也顯得更加多樣化，既有沿襲本族傳統，也有沿用漢人禮制者。

〔註112〕李修生主編：《全元文》卷一七八七，第五十八冊，鳳凰出版社，2004年，頁669。

關於早期蒙古人喪葬的習俗，史上歷來眾說紛紜、真偽莫辨，額爾德木圖在《論元代蒙古族喪葬風俗》〔註113〕一文中對此進行了辨析，「以人殉葬」之類大多都是附會之說，蒙古人基本以土葬為主，採用秘葬方式，其所葬之地是不對外公佈的，風葬、樹葬只針對一些薩滿教徒使用，而火葬則是受到了宗教的影響，蒙古的佛教徒一般使用火葬。蒙古人的土葬與中原地區的墓葬又有一定區別，《元史》中對此有詳細記載，較為可信，簡單概括來說，凡是帝后去世，就以香楠木為棺，中分為二，刳為人形，大約可容身大小，再用貂皮襖、皮帽裝殮，用白粉皮製成靴襪、繫腰、盒缽，以金銀器陪葬，裝殮結束後用黃金箍住，運往陵地安葬，其間每日三次以羊祭奠，之後燒飯為祭，四十九日之後停止，鄭思肖《心史》與葉子奇《草木子》都對這種土葬方式有所記載，說法也較為一致。

到了元代，這種刳木為棺的方式除了帝王宗室以外，在一些蒙古貴族或高官之中也還有使用，在元代墓碑文獻中，明確記載採用刳木為棺方式進行喪葬的目前有兩例，一是《太師廣平貞憲王碑》，墓主月呂魯那演，為蒙古阿兒剌部，一是《太師淇陽忠武王碑》，墓主月赤察兒，為蒙古許慎氏，二人雖然出身氏族不同，但同屬蒙古部族。其中月赤察兒送葬北地，月呂魯那演則葬於怯土山，按額爾德木圖解釋，怯土山就是北山的蒙古語音譯，因此月赤察兒與月呂魯那演二人都是歸葬其早先所在之地，這與蒙古風俗是相吻合的。

元代的漢人喪葬，最初也並不都是完全遵循儒家禮制的，元初在大都、杭州等地，由於宋金舊俗的影響，火葬曾經非常盛行〔註114〕，但是至元十五年（1278）中書省下令禁止漢人火葬，此後元代的火葬一般是佛教徒或色目人居多，戴良的妾氏李氏就是唐兀人，最後採用浮屠之法火葬（戴良《亡妾李氏墓誌銘》）。金亡以後，趙復、姚樞、楊恭懿等人對朱熹《家禮》進行了傳播，其中尤以楊恭懿對喪禮恢復用力最多，再加上理學地位的逐漸上升，元代最終在律法角度確立了《家禮》在喪葬禮制中的重要地位，尤其是後期首次以法律明令的形式規定了「五服」之令〔註115〕，在官吏、學者與官方的共同努力之下，漢人的喪葬禮制又逐漸恢復到了儒家「衰麻哭踊」的傳統之中，

〔註113〕額爾德木圖：《論元代蒙古族喪葬風俗》，《內蒙古民族大學學報（社會科學版）》，2001年第1期。

〔註114〕徐吉軍：《中國喪葬史》，武漢大學出版社，2012。

〔註115〕劉昉：《元代朱熹〈家禮〉論略》，《歷史教學問題》，2017年第2期。

當然，一些非儒家習俗也被保留了下來，但整體來說，官方對於傳統喪葬禮制更為尊崇。少數民族家族在與漢人混居日久後，也逐漸習得了漢地喪葬的方式。陳垣先生在《元西域人華化考》中就對西域人效仿漢人喪葬習俗做了考辨，他以哈只哈心、趙世延、丁鶴年以及廉希憲等人為例說明當時西域人對於漢人喪葬之法的遵從情況，哈只哈心的後人不但採用漢禮喪葬，而且還改用了漢姓；丁鶴年在父親死後服衰三年，這說明當時的少數民族對於漢地的喪服制度也有遵守，其尋母葬地的孝行也廣為流傳；廉希憲與趙世延都是在元初時就採用漢俗之人，兩人皆守喪、丁憂，與漢人無異。

關於習漢制的原因，哈只哈心後人的這句話似乎能夠有所說明：「予非敢變予俗而取擯於同類也，其戾於道者變焉。居是土也，服食是土也，是土之人與居也。予非樂於異吾俗，而求合於是也，居是而有見也，亦惟擇其是者而從焉。自吾祖為使而入中國，委骨於是，若詩書禮樂，吾其可不從乎？俗之不同，理之頓異，吾其可從乎！」[註116] 在苟凱霖（哈只哈心之孫）看來，他們並非是在強迫自己合於漢俗以凸顯不同，而是在吸取漢文化中的精華之處來改變其本族風俗中的不佳，他們的祖先長眠於漢地，自己也居於漢地，衣食交往更是在漢地，詩書禮樂都是漢文化中的精粹，自然是要學習的。漢地文化經過了千百年的淬鍊，博大而精深，如苟凱霖一樣的少數民族，很多自小成長於漢地，耳濡目染皆是漢地文化，很難不受到影響。

從元代墓碑文中的材料來看，少數民族對於漢地喪葬方式及禮制的接受主要體現在以下幾方面：

一是卜葬。卜葬一般是指在下葬之前通過占卜的方式選擇葬日、葬地，元代人在喪葬一事上對於風水之說是非常依賴的，這一點我們在先塋碑部份就已經提到過，不少少數民族家族在安葬先人時也會採用卜葬的方式，請通曉風水地理之人卜葬地，比如前文我們提到的回紇公主什達爾（《什達爾夫人墓碣銘》），在她去世後子孫將其卜葬於彰德城西，並且刻石埋銘，這是非常典型的儒家喪葬方式。按漢人禮制，人死後要葬入家族先塋，對於少數民族墓主來說，他們的先塋本應在漠北朔方之地，但是大部份跟隨太祖、太宗等進入中原的少數民族人就將家中遷居到了其所鎮守之地，比如太納家族就遷至北海。從《全元文》中這 150 餘篇墓碑文來看，大多墓主最後都葬在了中

〔註116〕李修生主編：《全元文》卷一一九七，第三八冊，鳳凰出版社，2004 年，頁390。

土而非北地，其中尤以大都附近的宛平、昌平、大興，以及河南、山東、江蘇等地為多〔註117〕，這是因為大部份家族都是在滅金之時或之後遷入，所佔之地也是金之舊地較多，當然也有部份墓主葬於南方的湖南、安徽等地，但總體看來還是北方居多。這些家族在當地安居之後，就在附近選擇家族塋地，此後家中凡有人去世，就歸葬於族塋之中，而不再回到北地。

二是修築塋地、神道等。馬祖常所作《薊國忠簡公神道碑》中有這樣一段記載，墓主忙兀的斤去世之後，「元統元年四月，公第五子監察御史塔納始買地於大興縣燕臺鄉艾村原，作為塋垣，樹列翁仲石儀，舉公及夫人之柩葬焉。」〔註118〕墓主忙兀的斤在生前就已經是官至從一品的榮祿大夫，按照《金石例》中的制度，他是可以使用石人、石虎等物的，因此其子塔納在改葬修築塋地時，樹列了翁仲、石儀等物，翁仲、石儀都是非常明顯的傳統神道所樹立之物，而作為畏兀人的塔納在改葬父母之時採用了這些物品，正能說明其對喪葬方式的接受。

三是下葬以禮。《周禮‧春官‧冢人》中提到了在塋地安葬的次序問題：「先王之葬居中，以昭穆位左右」，鄭玄對此的註解是「先王造塋者，昭居左，穆居右」，昭穆即是指宗法制度之下在塋地中的輩次排列規則，這一制度也一直為後人沿用。元代的少數民族家庭中，也有在下葬之時嚴守此序者，如《管軍千戶夾谷公墓誌銘》中，明安答而葬其祖父、父、母三人，即是「以昭穆序葬」，而且築有歲時饋祀之所用以祭祀，在他去世之後，其子又將明安答而的靈柩祔於右側，這完全符合昭穆之序中的「父為昭，子為穆」的要求，說明其對喪葬禮制的了解之深。

四是立碑作銘。立碑作銘也是傳統喪葬禮制的一部份，元代的少數民族墓主在死後也是如此，或是由其子孫請銘，或是由官方贈銘。從我們的統計數字來看，元代所留存的少數民族墓主的墓碑文數量還是相當可觀的。值得注意的是元代的賜碑現象，唐雲芝在《論元廷賜碑之興與多民族碑誌文學的生成》一文中進行了詳細分析：賜碑，一般是指由皇帝或朝廷賜予皇室、貴族或大臣以碑銘之物，最晚在漢初就已經有文獻記載的賜碑出現，魏晉六朝

〔註117〕關於元代少數民族葬地的問題，雲峰：《民族文化交融與元代詩歌研究》（內蒙古大學出版社，2013）中也有介紹。

〔註118〕李修生主編：《全元文》卷一〇四一，第三二冊，鳳凰出版社，2004年，頁503。

因為禁碑政策，只有皇室宗親得賜。隋唐以後，賜碑之制得到恢復，並成為了一種常行的典制，宋、遼、金也有所實行，但是到了元代，賜碑的數量突然發生了大幅度的增長，尤其是在武宗、仁宗朝以後，由於封贈制度的確立、漢法的推行等原因，賜碑成為定制，數量也逐漸增多，賜碑對象也從僅有漢人到蒙古、色目大臣皆可獲得。元代的賜碑背後，除了對於漢地禮制的恢復與傳播之外，還在於其所具備的政治功用，即彰顯皇恩、籠絡群臣，換言之，雖然賜碑的對象是已經去世的墓主，但是賜碑這一舉動所針對的其實是與墓主相關的生者。而朝廷的這一舉動，也在無意中使得蒙古、色目臣子及其家族對於漢地禮制的接受〔註119〕。而且從現存的碑刻來看，元代出現了大量的雙語碑，這一點我們在緒論部份就已經有所介紹，這些雙語碑刻的存在正是元代多種文化交融的有力證明，也是傳統禮制受到少數民族文化影響所產生的結果。

五是守喪丁憂。丁憂是漢地喪葬禮制的重要環節，也關係到國家的政治制度問題，茲事體大，目前學界對此討論也較多〔註120〕。總結來說，關於元代蒙古、色目人丁憂的行為，元初曾下詔令對此加以允許，早在元廷詔令下達之前，就已經有少數民族墓主丁憂之例出現，黃溍《答祿乃蠻氏先塋碑》：「迨公居張夫人之喪，始悉用中國禮，踰年乃從吉。」〔註121〕此事發生於至元二十一年（1284），早於制度確立前十四年，此後丁憂的趨勢也愈加明顯〔註122〕。致和元年，倒剌沙等人曾上書禁止此類行為，泰定帝首肯（《泰定帝本紀》），但是在文宗即位後又取消了這一阻止之議（《文宗本紀》），後兩道詔令之間只相隔了四個月左右，所以其實元代大部份時候並不禁止少數民族臣子丁憂，這也是大勢所趨。《捏古觴公神道碑》就記載延祐五年忽都達而父親去世後，他在墓側結廬丁憂服喪三年，並且筑有「永思亭」，以示終身勿忘，這種結廬丁憂的行為很明顯就是受到了漢地喪葬禮制的影響，在某種程度上來講，忽都達而所為甚至已經達到了可以旌表孝行的程度。

〔註119〕唐雲芝：《論元廷賜碑之興與多民族碑誌文學的生成》，《民族文學研究》，2019年第 1 期。

〔註120〕如蕭啟慶：《論元代蒙古人之漢化》（《20世紀中華學術經典文庫》中國古代史卷，蘭州大學出版社，2000 年）、羅賢佑：《元代民族史》（四川民族出版社，1996 年）等。

〔註121〕李修生主編：《全元文》卷九六三，第三十冊，鳳凰出版社，2004 年，頁 72。

〔註122〕蕭啟慶：《論元代蒙古人之漢化》，《20 世紀中華學術經典文庫》中國古代史卷，蘭州大學出版社，2000 年。

　　六是賻贈。賻贈一俗早在周代就已經產生，《儀禮·既夕禮》中就有關於賻贈的記載，此後賻贈的習俗一直延續，成為了喪葬制度的一部份，元代少數民族官員與朝廷也接受了賻贈這一禮俗，臣子去世後，皇帝、朝廷以及其他臣子都會給予一定數目的賻錢，用來辦理喪事。元代墓碑文中這類記載不在少數，《敕賜太傅右丞相贈太師順德忠獻王碑》中，答剌罕去世後就得到了皇帝以及朝廷的賻贈共七萬五千緡，即便是以刳木為棺方式下葬的月呂魯那演家中，也得到了有司所賻。

　　除此之外，部份少數民族墓主的塋地還建有墓亭、祠廟等，如《中大夫延平路宣相杏林公墓誌銘》，墓主亦忽都立為回鶻人，在他去世後，其子在墓地之上建亭立碑。墓亭這一建築具體產生於何時已不可考，但最晚在南北朝時期已經出現（《南史》有載），一般建於廟宇之地，私家墓地之上則較少出現，這種在漢人喪葬文化中都較為少見的墓亭居然出現在了一位回鶻人的墓地之上，不得不說，當時的少數民族家庭對於漢地喪葬制度接受確實較深。

　　由於蒙古人推崇「簡葬」，所以元廷對於當時厚葬、停喪不葬等問題也出臺條令進行禁止，《元史》《元典章》中有不少條令都是此類要求，但是從現今出土的墓葬以及文獻記載來看，元代無論南北，對於禁止厚葬這一條令的實行是大打折扣的，停喪不葬的問題也沒有得到解決〔註123〕。

　　另外，元代的部份少數民族墓主也還保存有一些特有的傳統喪葬方式，如汪古部所獨有的鋪石，即在在墓上鋪有很多石塊的習俗，這是自突厥人所傳下的〔註124〕，行喪剺劈面也是汪古部的喪葬習俗之一，唐兀人則是有天葬、水葬等方式〔註125〕，但是這些喪葬方式由於並不符合漢人喪葬禮制，大多被斥為簡陋之俗，所以在墓碑文中少有相關記載。但是，大量少數民族人口的湧入確實使得元代在喪葬方式上發生了一些變化，少數民族既保留其原有的喪葬特色，也習得了漢地的喪葬禮制，且不同的喪葬理念與不同文化之間產生了相互影響，最後所產生的結果就是多種喪葬方式的並存與雙語碑這樣文化融合的產物。在對漢地喪葬禮制接受的背後，是對於禮制所蘊含的儒家「忠孝」文化的一種認可與實踐，而「忠孝節義」等道德觀念也成為了少數民族衡量人物生平價值的重要評價標準。

〔註123〕陳戍國：《中國禮制史·元明清卷》，湖南教育出版社，2002。
〔註124〕孟昭華、王涵：《中國民政通史》下卷，中國社會出版社，2006年，頁698。
〔註125〕白壽彝、陳得芝主編：《中國通史》第八卷，上海人民出版社，2013年。

第三章　元代墓碑文的文學價值

　　在談到元代各類文學體裁的成就與價值時，大部份文學史作品往往更推崇元代的散曲與雜劇，認為其最能代表元代文學最高成就，而對於正統詩文則認定其相對消沉黯淡，遜色於前代頗多，早期如黃人《中國文學史》，認為有元一代文字「纖弱險怪，絕無可錄，惟歌曲一道，不以文野而殊」〔註1〕，姜書閣在《中國文學史四十講》中也認為元代作家大部份為社會地位較高的封建士大夫，而文人則並不傾心於政治，導致其詩文作品遠離現實政治，是一種單純在形式上與藝術上模擬古人的狀態，浦江清《中國文學史講義》〔註2〕與馬積高、黃鈞《中國古代文學史》〔註3〕等也大多秉持與此類似的觀點，認為元代是正統文學急劇衰落的時代，其成就相較前代並無足以言說之處，甚至有部份文學史直接將元代詩文剔除於內容之外，足見編寫者對其評價之低。早在《元史》編纂時，明人就對元代文學的成就有所異議，史書之中也不設「文苑」一類，後世的部份散文選集如姚鼐《古文辭類纂》也未收錄元代文章。

　　較為特殊的是錢基博《中國文學史》，他提出「元無文學，以宋金之文學為文學」的論斷，但又解釋了元代文學南北分立的不同特色，在分析具體作品之時也對元代的文學家及其文章有所肯定。按照錢基博自己的論述來看，此書作於國家為外族侵略之時，對於「異族入侵」的反感使得他在探討元代文學的某些問題時仍不免帶有一絲時代偏見，在他看來，元代墓碑文中所稱

〔註1〕黃人：《中國文學史》，蘇州大學出版社，2015年。
〔註2〕浦江清：《浦江清中國文學史講義》，吉林人民出版社，2013年。
〔註3〕馬積高、黃鈞主編：《中國古代文學史》，人民文學出版社，2009年。

揚的「勳臣元僚」，實則是屠殺漢族百姓、掠奪漢地珍寶之人，其所謂的豐功偉績，其實是漢族的怨憤之史，如姚燧、趙孟頫、虞集之類的作家則是「認賊作父、歌功頌德」。

錢基博的觀念在一定程度上代表了當時人對於元代的看法，這種看法囿於時代所限，帶有一定的民族情緒，時代背景對於文學研究的影響固然可以被理解，但在此背景之下的論斷則不免有失偏頗，這一時期只有吳梅《遼金元文學史》〔註4〕中對元代散文給出了較高評價，認為其上足以承嗣唐宋，下足以發啟明代。

在對元代的種族之見與仇恨情緒逐漸冷卻之後，部份文學史作品逐漸開始意識到了元代文學自身獨特之處，如鄧紹基《元代文學史》，他提出元代散文宗法唐宋，但並未有所超越，郭預衡《中國古代文學史長編》也持類似看法，認為元代詩文雖然在整體上並沒有跳出唐宋藩籬，但仍然具有自身獨特之處，如少數民族作家的出現，理學思想的滲透等等，這是比較公允的說法，程千帆《元代文學史》中也側重留心元代文壇的新氣象，即部份少數民族作家，如耶律楚材、馬祖常等在正統詩文中所做出的貢獻〔註5〕。周惠泉主編《中國文學史話·遼金元卷》中也提出元代傳統文學繼續發展的看法。其餘大部份研究論著，儘管對於元代散文的看法不一，評價也各不相同，但大多都承認元代散文雖未超越前人卻具有其獨特之處，也有不少佳作留存，這一時期的元代文學研究也取得了不俗的成果。

與此同時，學者們也在不斷反思對於元代散文的評價與研究問題，二十世紀末，查洪德在《談談元代散文的評價》一文中提出了五點新的意見：一是進一步拓展元代文化背景對於散文的影響，二是對於元代散文時間段限的確定，三是不再囿於古人所謂「兩家」「六家」「四家」之說，拓寬視野，四是要調整時間縱向與橫向的參照基準，五是要從元代散文的實際作品中得出結論，而非以前人之見先入為主〔註6〕。

客觀說來，元代散文作家中確實罕有與韓、歐相與匹敵之人，其成就也並不能與中國古代散文最高峰的唐、宋散文相提並論，但元代散文又因為時代與文化背景的變化而催生出了其獨有的特色，包括但不限於前文所提到過

〔註4〕吳梅：《遼金元文學史》，《民國專題史叢書》，河南人民出版社，2016年。
〔註5〕程千帆、吳志達：《元代文學史》，武漢大學出版社，2013年。
〔註6〕查洪德：《談談元代散文的評價》，《古典文學知識》，1999年第2期。

的復古風氣與理學思想的影響、少數民族作家的加入等，也有如姚燧、虞集這樣的大家出現，且有元一代上承金、宋，繼承了唐宋兩代對於散文革新的各類成果，又下啟明清，明代詩文的復古風氣即是來自於元人，因此，元代散文絕非是毫無可取之處的。

在各類體裁的元代散文作品中，墓碑文應當算是比較特殊的一類，同時也是地位相對來說較為尷尬的一類，這是由於墓碑文歷來秉持「稱美而不稱惡」原則，以書寫墓主德行為主，且私家請銘的很多作品都是墓主家人奉上大筆錢財求得，既然是收取財帛之作，那麼文章中自然也頗多溢美之詞，因此在部份研究者看來，出於褒揚目的所作的墓碑文是既不反映社會現實，也無甚文學價值，「官場應酬之作」是他們對墓碑文的定位，在提到墓碑文時往往也以「成就不高」簡略帶過，或是僅僅將其作為史料或佐證材料來看待。

如果從整體的創作情況來看，《全唐文》與《全唐文補編》中共收錄文章25000餘篇，其中墓碑文有1600篇左右；《全宋文》中收錄文章約170000篇，其中墓碑文約有5000篇；而《全元文》收文35000篇左右，其中墓碑文大約有2800篇，從墓碑文所佔整體比例的角度來看，在三代之中，元代無疑是最高的。若說佔據如此大比例的碑文全為應酬之作，無甚成就的話，未免有些偏頗。相反的是，在前面幾章中，我們已經證明了元代墓碑文在文體上既繼承了前人的文體革新成果，又因為獨特的時代背景產生了獨有的特色；在碑文中，元代作家們記錄了元代社會生活的方方面面，為我們留下了寶貴的文獻材料。當然，元代墓碑文的價值並不僅僅止於此，作為元代散文的重要組成部份，墓碑文無疑也與其他文體一樣，既對前人有所繼承，又受到了元代獨有的政治、文化背景影響，展現出新的風貌。

第一節　載道與存史──元代墓碑文的雙重功用

一、碑以載道

從現今關於元代散文發展的研究來看，元代初期的作家大多是由金、宋入元之人，他們在文學創作中往往會保持著前代的部份特色。元初的北方文壇最早承襲了金代餘緒，以元好問為盟主，之後分為兩脈，一脈宗法韓愈，繼承金末以奇崛之氣來矯正蘇文之弊的特點，如郝經、劉因、姚燧等，另一脈則接續歐、蘇平易之風，以盧摯、王惲為代表，但此二種流派並非嚴格對

立，水火不容，反而是在一定程度上有所相互吸收。理學經由趙復、姚樞、許衡等人在北方大地之上迅速傳播，也使得人們更加重視文章的實用性，文以載道的觀念也在當時得到了延續。倘使從墓碑文的角度來看，金代作家尤其是元好問的創作對元初的影響還是很大的，金亡之後元好問主張「以碑存史」，即以碑文來保存金代末年至滅亡時的歷史，得主文壇的崇高地位使得這一觀念在當時產生了很大的影響，而元氏門人也藉由翰林國史院這一陣地將其傳承下去，無論是盧摯、王惲，亦或是郝經、姚燧，都是這一觀念的贊同者與實踐者，其中尤以王惲、姚燧為碑版大家，王惲先後學於王磐、元好問，他雖然也傳習理學，但是對文章也主張「理」與「才」兼備，在碑文創作角度，他繼承了元好問「以碑存史」的觀念，以「中和」之氣與質樸典雅之辭對於蒙元時期的政治、宗教、軍事、社會生活等內容都有所呈現〔註7〕；姚燧是繼王惲之後的碑版巨匠，也是當時的文壇盟主，他主張宗法韓、歐，結合文道，以雄剛之氣衝破舊有的金末習氣，姚燧的碑文中就保存了大量元代初期的史料，包括忽必烈南征、阿合馬擅權以及當時的相關典章制度等等，在描寫忽必烈南征的過程之中，我們也可以看到元初北方文人所見開疆闢土而獨有的昂揚與自信，而身為理學家許衡之徒、姚樞之侄，姚燧的碑文中也保存了關於元代北方理學的相關內容。元初的北方碑文也繼承了前代所產生的新文體——先塋碑，這意味著當時的學者對於先塋碑背後的禮制與宗法制度的復興同樣秉持著贊同態度，並通過碑文的形式來進行實踐。姚樞、許衡一代人對於理學的貢獻主要在於學術思想的闡發、傳播與實踐之中，在「文」與「理」之間，他們顯然更看重「理」而非「文」，但是到了許、姚以下的一代，即姚燧等人開始，由於受到金源一脈「文統」意識的影響，對於如何處理「文」「理」的關係，他們更注重對於「文」「理」的相互結合。

　　與此同時，元初的南方無論是學術思想還是文學風格都衍承宋代，南宋晚期理學在南方佔據了主導地位，人們對於理學與文學之間的關係也多有思索，雖然有不同的文派之分，但派系、文理之間的相互融合是當時的主流傾向。對於宋末散文的弊病，也有不少學者文士加以正視，並提出一定的救弊之法，戴表元就是其中一位，他是較早提出以復古救時弊之法者，在當時引發了不小的影響，他的弟子袁桷又對後來虞集等人所掀起的復古之潮起到了先導之用。這一時期的南方碑文作家主要以吳澄為首，但倘使從身份來看，

〔註7〕王培培：《王惲傳記研究》，浙江師範大學碩士學位論文，2017年。

吳澄首先是一位理學家，其次才是一位文學家，因此他的碑文之中其實充斥著大量的理學思想，尤其是傳統儒家所強調的「忠孝節義」觀念，雖然目前看來吳澄是元代留存墓碑文最多的一位，但若從碑文的價值來看，吳澄的碑文更重「理」，而對「文」則不免有所輕忽，較之姚、虞等人仍然是稍遜一籌的。

　　元初的散文，雖然南北各有傳承，其內部也頗有分歧存在，但分歧之外相互的融合促進也並不少，「師古」是其共同的選擇，雖然並沒有形成潮流，但卻為元中期的復古之風奠定了基礎。至元二十三年（1286），程鉅夫南下訪才，趙孟頫等人入京，此後不斷有南方士子入朝為官，與北方文士唱和往來，象徵著南北文壇融合的開始。袁桷、程鉅夫、趙孟頫也是當時的碑版名家，袁桷是復古的擁護者與倡導者，他的碑文師法韓愈、蘇軾，錢基博在《中國文學史》中評價袁桷學韓「運筆矜重」，勝於姚燧；程鉅夫也主張以平易正大之氣來重振文風，他主張以南宋為鑒，務實為主，他的碑文頗有南宋平易自然之氣，不刻意求奇、求怪，在當時影響也較大；趙孟頫則是繼承了唐、宋以史筆為碑的寫作方式，語言平易，氣勢舒緩〔註8〕。

　　到了元代中期，姚燧、盧摯等人皆相繼去世，唯有元明善主北方文壇，但元氏一人獨力難支。南方文脈以江西一派為代表，虞集繼承了其師「融匯各家、兼容並包」的學術思想，對於當時的各種文風能夠包併融合，有所開創，他的文學思想中，既強調「理」與「道」的重要性，也主張「情」在文學創作中的重要作用，與歐陽玄、揭傒斯等人共同師法歐、蘇，以平易之風沖淡奇險之氣。與虞集、歐陽玄等人相呼應的是黃溍、柳貫與吳萊，他們所繼承的是元初方鳳的學術與文學主張，融合了浙東與江西兩派的文風，也提倡師法古人。

　　可以看出，南方文士在這場「復古運動」之中佔據了主導地位，延祐年間科舉重開，使得南北文人的交流更勝於前，並通過科舉所產生的師生網絡以及奎章閣的影響力將這一復古風氣傳播開來。值得注意的是，元代的師生傳習並沒有嚴格的民族限制，相反，很多少數民族士子拜入了當時的理學、文學大家門下，修得了較高的學術與文學素養，又反過來哺育了新一代漢人文士：早在元初，許衡就收有耶律家族的耶律有尚為徒，許衡入京後，將耶

〔註8〕關於袁、程、趙三人的碑文創作，參見于景祥、李貴銀編著：《中國歷代碑誌文話》（遼海出版社，2009年）。

律有尚與姚燧等人一同召入京師，而後耶律有尚又成為了昭文館大學士兼國子祭酒，在他主持國子期間又為元代理學的發展做出了貢獻。同樣情況的還有拜於姚燧門下的貫雲石以及為張養浩等人所推崇的馬祖常，貫雲石與歐陽玄交好，而馬祖常則大力提攜蘇天爵，蘇天爵在元代中後期「獨身任一代文獻之寄」，他所編寫的《元文類》正是元代文學集大成之作。

從元代中期的墓碑文發展來看，在姚燧去世之後，虞集成為當時最重要的碑文作家，他的碑文以平易紆徐風格為主，這種風格與碑文歷來所強調的典雅相符，也在很大程度上影響了當時的碑文創作，與虞集同時以及其後的大部份元代作家，在碑文一途都主張「平易雅正」的風格，雖然其間仍各有不同，但整體上「尚雅正」仍然是碑文創作的主流傾向，歐陽玄、揭傒斯、黃溍等等都是此類代表。同時，碑文作家們也繼承了初期北方「以碑存史」的觀念，注重在碑文之中留存與墓主相關的史料，為後世修史提供了重要依據。

元代晚期，自虞集於至正八年去世後，文壇之中就再無可與其相媲美之大家，當時文壇風氣多樣，大約可以分為浙東、江西與吳中三脈，浙東作家同時受到了浙東學派與金華學派的影響，與理學關係更為密切，重視文章實用性，宋濂、戴良、王禕都是此類代表；而吳中作為新興之地，受到元代發達的經濟所影響，文學上則更主張書寫性情。這一時期的墓碑文代表作家當屬危素與楊維楨，危素的墓碑文語言平實而質樸，更貼近宋人風格，在碑文中也著意展現「致用」「明道」的特點；楊維楨的碑文在風格上更有元初的宗唐色彩，其文章富有個性，後世對其評價也較高〔註9〕。

與復古風氣同時發生的，是元代理學思想的傳播，這對散文創作也產生了影響〔註10〕。南宋末年，理學在學術中的主導地位基本已經得到了確立，但理學的大規模傳播其實是在元代，姚樞由趙復手中習得程朱理學，由此開啟了北方理學的傳播，許衡、劉因皆是北方理學大儒，繼其後者有姚燧、蘇天爵等，元初的南方理學以吳澄為首，他主張破除門戶之見，兼收並蓄，虞

〔註9〕關於元代散文復古之風的內容，除前文所提到的文學史、散文史作品外，筆者還參考了查洪德：《元代學術流變與詩文流派》（《殷都學刊》，2000年第3期），楊亮：《元代科舉制與延祐以後南北文風的混一》（《河南社會科學》，2015年第4期），于景祥、李貴銀編著：《中國歷代碑誌文話》（遼海出版社，2009年）等。

〔註10〕關於理學與元代文學之間的關係，詳可參見魏崇武：《20世紀的理學與元代文學之關係研究評述》（《東方論壇》，2004年第4期）。

集等人繼承吳澄衣缽，兼容百家，其餘又有金履祥、許謙的金華一派，柳貫、黃溍也出於此。元代的大部份作家幾乎都或多或少受到了理學的影響，儘管他們在學術上的宗法與主張有所不同，有獨奉一家者，有兼容包併者，但理學思想的浸潤使得他們對於「道」與「文」的關係都進行了反思，並促使其思索如何解決前人所遺留的「文道分立」的弊病，這種反思在元初就已經開始：

> 蓋歐、蘇起而常變極於化，伊洛興而講貫達於粹。然尚其文者
> 不能暢於理，據於理者不能推之文。（劉將孫《趙青山先生墓表》）
> 〔註11〕

這段話出自劉將孫為趙文所作墓表之中，劉將孫概括了宋代以來文學發展的一大問題：自歐陽修與蘇軾而下，文極文之至，而自理學興起以來，理及理之達，但是尚文之人不能曉暢理，尚理之人不能喻以文，可見當時的情況是：文與理各發展到極致，但文人學者在這二者之間無法進行調和，學文者不通理，學理者不習文，文、理各有所統，就導致了宋代末年文學積弱的弊病，想要解決這一問題，除了師法古人重振文風以外，必須要在文章的思想內容上有所充實，文中有理，理以文行，即文與道的結合。

元代的大部份文人，無論是否習理學之說，無論宗「朱」還是宗「陸」，大都主張「文」與「道」要結合統一，文以載道，文以明道，同時強調文章的「經世致用」。

> 文章，與天地相為終始，視世道之升降而盛衰者也。蓋自夫天
> 地既判，三辰順布，五行錯出，其文著矣。伏羲畫卦而人文始開，
> 文王贊《易》而文益備矣。及夫兩漢，二馬、揚、班，或以紀事蹟
> 著於策書，或以述頌功德刻之金石，文章之作，始濫觴矣。自是而
> 降，一代之興必有一代之制，而文章亦由是而見焉，豈唯足以傳其
> 事功，因以觀其治亂。故唐之盛，則稱韓、柳；宋之初，則有歐、
> 蘇。（鄭玉《羅鄂州小集序》）〔註12〕

鄭玉是元代末期有名的理學家，少時因科場不利而廢舉子業，專心讀書於家，其治學自陸學始，中年和會朱陸，晚年專心朱學，為文則工於古文。從鄭玉

〔註11〕李修生主編：《全元文》卷六四○，第二十冊，鳳凰出版社，2000 年，頁 426。
〔註12〕李修生主編：《全元文》卷一四二九，第四十六冊，鳳凰出版社，2004 年，頁
　　　　324～325。

的立場來看，他認為文章與世道升降相輔而成，三代、文王、兩漢之時是文章各體之濫觴，這是因為其時有聖人治世，是為盛世，盛世之文章自然也是以闡發聖人之道為目的的，是為有道之文。自其而下，則有韓、柳、歐、蘇等人，這與唐、宋兩代之興盛不無關聯。在鄭玉看來，文章可反映一代之制，可傳事功，可觀治亂，這就要求文章要書寫現實，書寫典制，以供後人了解其興、亂之從何而來，並以此為鑒。這種「觀治亂」的觀念一般是史家所重視的，文集序中出現這樣的說法，顯然是從文章的實用性角度來考慮的。從鄭玉的例子來看，元代不僅文學家，甚至理學家也是提倡文道相結合的。這種文道合一的風氣幾乎影響了整個元代的文學創作，漆緒邦與郭預衡都對此發有類似的論斷，認為元代散文其實就是以唐宋韓、柳、歐、蘇等人之辭，載理學之道，這一論斷是有道理的。

那麼墓碑文的「道」究竟是什麼呢？「道」是作者所要書寫闡發的思想理論，因此與作者本身的知識背景、生平經歷也有一定關係，墓碑文與記、序等文體不同的地方在於，它對文章的主要內容有較為嚴格的要求，即要書寫墓主相關，在這種情況下，能留給作者發揮的空間相對來說是有限的，但是即便在有限的空間之內，作家們也沒有放棄「載道」的目標，元代的墓碑文之中也體現了作者的道：

一是傳統儒家與理學所強調的道德觀念、宗法禮制等內容。在緒論部份我們就曾經提到過，墓碑文之所以能夠在數千年以來一直得以延續，是因為其內在所要求的墓主德行與傳統儒家的道德觀念相一致，很多時候碑文的墓主都是以一種道德榜樣的形象展示在世人面前，碑文中所展現的墓主德行，包括「忠」「孝」「節」「義」「悌」「信」等等，都是儒家自古以來所強調的君子修養。理學漸起後，對於許多道德觀念，尤其是「孝節」的強調更勝以往，這在元代墓碑文中也有所展現，我們在下一章還會具體分析，通過對於墓主德行的書寫，來教化人心、引導風俗，這就是一種「道」。唐代是門閥世族逐漸消亡的時代，傳統的宗法及禮制所依賴的世家貴族實行者消失之後，就面臨著一個新的問題，即如何以一種新的方式來將禮制在平民之間傳播，這是朱子修訂《家禮》的背景，元代沿用《家禮》，而立碑也是喪禮的一個重要環節，在碑文之中對於禮制，尤其是喪禮復古進行強調，這種行為從早期姚燧的碑文開始，一直到元代中晚期的歐陽玄、蘇天爵，以及元末的危素文章中也仍然存在。元初由於戰亂頻發，宗族散落，因此利用碑刻來保存族譜，戰

事消弭之後，便以碑刻作為依據來收聚宗族，重塑宗法之制，這一點我們在先塋碑與新塋碑部份都有過比較完整的論述。

二是作者借文章所闡發的觀點。早期的墓碑文中，作者一般隱於文章之後，少有論述之言，但是唐、宋以後，碑文的寫法發生了變化，作者往往會借墓主之題來有所發揮，其所闡發的內容，既可以是經術理學的觀點，也可以是史家所發之論，並無定制，這與作者本身的寫作立場與墓主的生平經歷相關。倘使是為德行出眾的墓主作碑，那作者一般會由此感嘆道德之美；倘若墓主是功勳之臣，那就會以史官身份對其一生功過進行總結，以留待後世所觀，這也是碑文的「道」。

要留意的是，有時對文道關係的過於重視有時也會使文章失去藝術性，而淪為說理工具，學界也有說法認為元代散文的史料性強而文藝性弱，正是從這種觀點引發出的（《中國古代文學史長編》），但是這種現象在墓碑文中較為少見，究其原因來看，大約是由於墓碑文本身就不是說理性的文字，而是以紀事、寫人為主要目的，闡發觀點是在此之上的進一步發揮，可有可無。

二、碑以存史

在談到元代碑銘的特點之前，我們首先要釐清「碑傳文學」與「史傳文學」，或者說是「碑文」與「史傳」之間的關係。傳記文學，是指通過藝術手段來描寫真實人物的生平事蹟以表達作者思想的文學作品，根據題材、載體等的不同，又可以將其劃分為各種小類，對於具體如何劃分種類、依據為何，學界中各家的看法並不一致，不過大略看來，碑傳文學一般被歸入散傳或是雜傳一類，與史傳文學分屬不同種類，因為「史傳」的載體是史書，尤其是紀傳體史書，而「碑傳」的載體是碑，二者最初的來源與功用也各不相同。然而，不同的傳記文學種類之間並非是毫無關聯的，他們往往會相互借鑒、相互影響，史傳文學是傳記文學中最早產生，也是崛起最快的一類，先秦到西漢是其發展的高峰時期，《史記》與《漢書》的出現使得史傳文學成為了一種非常成熟的文學體裁，對後世其他類別傳記文學的發展也在內容、手法等方面產生了極大的影響。而碑傳的發展則要稍晚於史傳，在東漢才迎來了第一次重大革新，蔡邕革新了碑文的文體規範，確立了前序後銘的文章體制，序文的內容就是以敘事的方式來講述墓主的生平等內容，這種變革或許就是受到了史傳文學敘事方式的啟發。

南北朝時期雖然有禁碑政策的影響，但是碑文的創作在體例上仍然傳承了前代的改革成果，碑文的序傳內容也得到了保持，只是改用駢體的方式進行書寫。劉勰在《文心雕龍・誄碑》中直接提到了「碑文」與「史傳」之間的關係：「夫屬碑之體，資乎史才，其序則傳，其文則銘。」〔註13〕碑傳的序文與史傳是相似的，因為他們都以書寫人物的生平為主要內容，並且以敘事作為主要手法，所以才有「屬碑之體，資乎史才」這樣的看法。而朝代更迭與戰亂的頻繁、對世族出身的重視也令當時的史傳與碑傳有了共同的寫作內容，即對家族譜系以及族源郡望的大篇幅書寫。但這一時期作為文學作品的碑傳與史傳還是存在著一定差別的，史傳大多採取散體的方式，其創作的目的仍是為了記史，魏晉南北朝雖然是寫史風行的時代，但是史傳文學的文學成就相較前代則是有所下降的；碑傳文學則更多地受到了文學發展角度，尤其是駢文盛行的影響，但議論成份的增加也為後世的革新孕育了新的萌芽。總的來看，魏晉南北朝時期是「史」與「碑」關係逐漸拉進的時期。

唐、宋兩代古文運動興起，經陳子昂、張說、韓愈、柳宗元等數代人的努力，散體碑文逐漸取代了駢體，碑文的寫作手法也發生了變化，唐人打破了蔡邕逐節敷寫的格局，也改變了漢魏以來藻飾門第的文章內容，使得碑文真正成為一種敘事之體。宋代歐陽修以史氏之筆來書寫碑文，他既繼承了韓愈重視墓主個性、模仿墓主文風的寫作方式，同時也以平易的文風退去了韓愈文字中的奇險之弊，他主張以審慎的態度與史家的實錄精神來創作碑文，這一特色也逐漸為宋人所認可。而曾鞏則提出，碑傳與史傳二者都應「道德」與「文章」兼具，即要明確碑傳具有與史書一樣警世、教化之作用，這就是宋人的「以史筆為碑」。〔註14〕

需要注意的是，直到宋代為止，人們對於碑文與史傳的關係大都還只停留在「以史傳方式或以敘事方式來創作碑文」的寫作層面以及碑銘與史書同樣有益教化的創作目的層面上，但碑文真正被視作存史的載體是自金末元好問開始的，他所提出的「以碑存史」的觀念第一次明確說明了碑文是史書重要的材料來源，人們可以通過書寫碑文來保存歷史，並且元好問也通過了自

〔註13〕〔梁〕劉勰：《文心雕龍》，陸侃如、牟世金譯註，齊魯書社，2009 年，頁 156。

〔註14〕關於我國古代各體傳記文學的產生與發展，詳可參見韓兆琦：《中國傳記文學史》（河北教育出版社，1992 年）、陳蘭村主編：《中國傳記文學發展史》（語文出版社，1999 年）。

己的作品來實踐了這一觀念，喬芳在《元好問碑誌文研究》一文中，將元好問碑文中的史料總結為五大歷史事件，一是「貞祐遷都」事，二是「崔立兵變」事，三是「尤虎高琪」事，四是「元妃干政」事，五是「括田」事，金代末年的幾大重要事件基本都被元好問以碑文的形式保存下來。他既以史家立場來選擇「可書之人」，也以史家之筆來書寫碑傳，達到了曾鞏所說的「道德」與「文章」的統一，元人在修纂《金史》之時，對於元好問的碑傳作品採錄頗多，甚至直接從元氏文章中節略而成人物傳記。

　　元好問由金入元，主文壇數十年，因此在元初的文學發展史中是一位非常重要的人物，他的文學主張自然也在當時產生了不小的影響，而繼元氏之後，他的門人弟子又將這一觀念繼承發揚，他們所依靠的陣地正是世祖所設立的翰林國史院。任職於翰林國史院中的官吏，主要職責就是纂修國史、典制誥與備顧問，其中典制誥就包括了對各種碑文，尤其是敕賜碑、神道碑等的撰寫。根據今人研究來看，翰林國史院建立之初的許多中堅力量都曾經與元好問有過較為密切的關係，其中王鶚、李冶皆為元氏所薦，而王磐則是元氏在東平時的學侶，郝經、王惲、胡祇遹、魏初、閻復則為元氏弟子〔註15〕。在這些人之中，王磐曾經是令阿合馬重金求碑之人，可見其當時文名之盛；郝經、王惲、胡祇遹留存的碑文較多，其中胡祇遹有 17 篇神道碑，王惲有 12 篇，郝經情況較為特殊，他在中統元年（1260）被授予翰林侍讀學士的職位，旋即出使被扣，回歸後不久即去世，因此真正在翰林院的時間不長，他的碑文墓主身份較王、胡兩位筆下之人也低一些；另外，閻復雖然只有十二篇碑文存世，但是其碑文的墓主身份都極為顯赫，其中有四位封王，還有如董文用、郝經這樣的名臣，可見閻復在當時的翰林國史院內應該地位較高。

　　繼閻復之後，是在至元二十三年（1287）進入翰林國史院的姚燧，他是元代繼元好問以後的又一位碑文大家，自至元末年至仁宗皇慶二年（1313），朝廷的碑版文字大多都成於姚燧之手，從姚燧的碑文來看，他很明顯也繼承了前人關於存史的觀念，碑文之中留存了大量元代初期的史料，姚燧的碑文在當時深受歡迎，因此這種寫作理念也影響較深，幾乎成為了後世創作的一種規制。與姚燧差不多同時入翰林國史院的程鉅夫，在他現存的 102 篇碑文中不乏各種王公名宦墓主，如愛薛、完者都、阿失帖木兒等人，稍晚於姚、程

〔註15〕關於元好問與翰林國史院之間的關係，參見劉成群：《翰林國史院文人群體與元初文壇》，《民族文學研究》，2018 年第 4 期。

二人的趙孟頫於至大三年（1310）進入翰林，他也撰寫了不少敕賜的碑文，其中尤以佛、道兩教的顯貴人物為主，在碑文之中，程鉅夫與趙孟頫也有意留存了與墓主相關的史料，這就說明他們在來到大都之後，也為北方傳承的金裔文化所浸染，並認可了這種「以碑存史」的觀念。

程、趙二人都是早期促進南北文風融合的重要人物，但延祐五年（1318）程鉅夫離世，延祐六年（1319）趙孟頫離開大都，同年虞集進入翰林國史院，倘使我們仔細考察虞集的碑文，就會發現其在延祐到至治年間發生了一些變化，虞集早期的碑文墓主身份較低，因此文章內容不多，篇幅也較短，但是至治年間以後虞集筆下的墓主逐漸多有名臣顯宦，碑文的寫作方式也發生了變化，篇幅不斷增長，記錄的內容也逐漸增多，虞集也有意在其中留存相關的史料。

到此時為止，翰林國史院都是「以碑存史」這一觀念的重要傳承之地，但是文宗天曆二年（1329），奎章閣的設立使得這一局面發生了一些改變，請封作碑原本是翰林國史院的職能，但是奎章閣建立之後，部份奎章閣的學士也逐漸被賦予了這類職務，比如虞集《大辨禪師寶華塔銘》，就是由當時的翰林學士承旨阿璘帖木兒與奎章閣學士柯九思共同請皇帝賜號，之後又由時任奎章閣侍書學士的虞集來作塔銘的，從這一例子可以看出，當時的奎章閣與翰林國史院在請封、作碑等某些事務上具有同等的職能，而奎章閣對於元代中後期的文壇來說是具有相當深遠影響的建置，按照邱江寧《奎章閣文人群體與元代中期文學研究》〔註16〕中所分析的，虞集、揭傒斯、歐陽玄、蘇天爵、許有壬等元代中後期的碑文名家幾乎都曾在此任職，而這些人與元代前期、中期以及晚期的文臣大多都有師友或同僚之誼，並且其背後也得到了諸如元文宗一類掌權者的支持，他們的文學創作，上承元初南北兩地復古之風，彼此交融，互相吸收，而下啟元末諸人，對元代的文學復古起到了重要的推進作用，而此前由翰林國史院所傳下的「以碑存史」的觀念在奎章閣文人群體之中也得到了繼承，元代中後期的作家們也秉持著這種創作理念，留下了許多元代社會相關的史料。

需要注意的是，雖然奎章閣在文宗時期一度興盛，影響巨大，但其真正發揮影響的時間其實只到後至元六年（1340）為止，但翰林國史院卻一直建置穩定，在順帝朝三史修纂的過程中，碑文發揮了它在個人行實與史料留存方面的巨大功用，元好問的部份碑文甚至直接被節略成為了《金史》中的傳

〔註16〕邱江寧：《奎章閣文人群體與元代中期文學研究》，人民出版社，2013年。

記，人們再次意識到了碑文作為史料載體的重要性，所以元代末期的文人如危素等也依然繼承了「以碑存史」的觀念。

　　與「以碑存史」觀念同時發生的，是元人對於「存史」有著非常強烈的意願，「國亡史不亡」是當時盛行的潮流，元明善在《稿城董氏家傳》中特意提到了董文炳取宋史之事：「公謂之曰：『國可滅，史不可沒。宋十六主，有天下三百餘年，其太史所記，具在館，且悉收入，以備典禮。』乃得宋史及諸注記，凡五千餘冊，歸之於國史院典籍氏。」〔註17〕在這樣的背景之下，元好問「以碑存史」的觀念也為元代作家所繼承並有所發揚，許有壬在《題牟成甫作鄧平仲傳》一文中寫到：「其國可亡，其史不可亡。宋之史，我之責也。人亦有言，列聖復有成命。而宋之亡也，又非與秦漢以來國亡而文不足徵者比，天下之裨官野史，碑銘家乘，亦既搜致史館，而因循六十餘年，何哉？」〔註18〕從這段話中可以看出許有壬對於修史的看法，一是對國亡史不亡這種觀念的認同，二是在於他們對修前代史書有一種天然的責任感在其中，三是關於史書材料的來源，許有壬明確提出裨官野史、碑銘家乘皆是可用之材料，由此可見，元人對於碑文的認知已經從為死者所作碑文而使其不朽轉變為了史書之材料。這種史料意識的轉變使得作者在書寫碑文時會重視其保存史料的功用，換言之，從碑文作品本身來看，則是在文章中更多採用敘事、記言等寫作方式，以達到保存史料的目的。

　　此外，元人在追溯墓碑文這一文體的淵源時也會將其與「史書」進行關聯。如蒙元初期比較有代表性的人物郝經，他在《原古錄》中，將文體分為四類，屬《易》部的義理之文、屬《書》部的辭命之文、屬《詩》部的篇什之文以及屬《春秋》部的紀事之文，其中碑版之文就被郝經歸入了《春秋》一部，屬紀事之文。稍晚而成的《續後漢書・文章總敘》中，郝經仍然保留了《易》《書》《詩》《春秋》四部，但是將二級分類取消，幾種碑、誌之文也統為「墓碑」一類，但他們仍然從屬於《春秋》一部之下，這就說明了當時人對於碑文的文體認知，他們將碑文看做是一種「紀事」性文體，這是從碑文的寫作手法角度來考慮的〔註19〕。郝經的分類方式無疑將碑文與史傳之間的關係進一步拉近。

〔註17〕李修生主編：《全元文》卷七五八，第一四冊，鳳凰出版社，2001 年，頁 318。
〔註18〕李修生主編：《全元文》卷一一八八，第三十八冊，鳳凰出版社，2004 年，頁 142。
〔註19〕魏崇武：《論郝經文體分類的特色及價值》，《社會科學研究》，2012 年 01 期。

第二節 「千人千面」的形象刻畫

墓碑文對於墓主形象的刻畫並不是一成不變的，漢代的墓碑文往往以誇飾、稱頌墓主為主，意圖塑造出墓主「德行出眾」的特點，但由於誇耀之辭甚多而無墓主實際生平事蹟可言，墓主的形象往往歸於單一、平板。到了唐代，情況為之一變，韓愈通過引入史傳等創作手法，改以事蹟、語言、外貌等方式描寫人物，通過凸顯墓主的特點而使其形象更加生動而鮮活，墓主形象的刻畫不再是「千篇一律」而是「千人千面」，這種創作方式也為後人所繼承。

一、「以事寫人」的刻畫方式

以事蹟刻畫人物是唐宋作家在墓碑文中常用的創作方式，將人物置身於事件之中來進行描繪，會顯得人物更加鮮活而真實。具體來說，以事寫人包含兩個概念，一是事本身，即事件的選擇，二是寫人，即如何通過事件來刻畫人物。

先來看事件的選擇。一位作者，如果想要使其筆下的墓主形象能夠與眾不同、深入人心，那麼就必須要抓取墓主本人的特質，使讀者對於墓主的特質能夠產生深刻的印象。這一特質可以是墓主的性格，或耿介或仁愛，也可以是墓主的德行，或一心盡忠或守節不移，還可以是墓主的才幹，或治理有方或斷獄公允。當然，這種特質有時候並不是單一的，也可以是多樣化的，比如一位墓主既可以是孝子，也可以是忠臣，那麼作者會突出寫其兩方面的特點，一是孝，二是忠，這樣塑造出來的人物也會更加豐滿。在把握住墓主的特質後，作者會圍繞這一特質再進行事蹟的選擇，通過事件來凸顯出墓主的特質。因此，事蹟選取最基本、最重要的標準就在於能夠凸顯墓主的特點，如性格、如才幹、如德行、如學識等等。

比如黃溍《茶陵州判官許君墓誌銘》，黃溍在文章中稱許晉孫處事「精敏剛果」，圍繞這一特點，黃溍選取了許晉孫所斷三案：一是寺僧傷人，二是邪教誤民，三是爭訟產業，在這三個案子中，許晉孫每每在斷案時都能切中精要，直接點出問題所在，並果斷解決問題，雷厲風行，這正是其「精敏剛果」特點的體現。再如虞集的《彭母汪孺人墓誌銘》〔註20〕，虞集就把握住了汪氏「善良」的特點，通過寫她「不欲以己之子而害他人之子」，因此不延請乳

〔註20〕李修生主編：《全元文》卷八九九，第二十七冊，鳳凰出版社，2004 年，頁636。

母而是親自撫育其子之事，使得人們對於汪氏善良的性格有了更深刻的印象。

事件選擇的第二點標準，是在於對史料的保存，這與作者的創作立場、創作目的有關，這一點我們在前面已經有所論述。

在選取了合適的事件之後，作者往往會把人物置身於事件之中來進行描繪，通過其在事件中的所作所為來展現出人物的特徵。以虞集《賀忠愍公神道碑》為例，文章先稱賀勝「公之事君，克盡忠愛，至於蹈死生禍福之變，不以動其心，蓋亦有所受之也乎！」接下來虞集就圍繞其「忠君」選取了賀勝生平幾件大事詳細敘述：一是海內初定，視察吐蕃、雲南等地軍旅；二是隨征乃顏，解衣抱持緩解世祖足寒；三是與象失控，以身護主，受創甚眾；四是言誅奸臣殺桑哥；五是任人惟公，不徇私弊。虞集通過這五件事，塑造了一個忠君愛國、直言上諫、大公無私的忠臣形象，點出了賀勝「盡忠」的特點。在進行了以上對於「忠臣」形象的鋪陳之後，又加以轉折之筆。在面對當權的帖木迭兒時，賀勝不肯與其同流合污，將其家人受賄之事秉公處理，最後即便是在生死關頭也沒有對帖木迭兒表示屈服，這正是賀勝「蹈死生禍福之變而不動其忠心」的表現，而賀勝三人之死，也意味著帖木迭兒的重新得勢，從而使得當時的朝廷又陷入了黑暗之中。虞集以賀勝的死亡來向我們展示了他的「忠」，同時也將元代中期的政治矛盾展現在了讀者面前，既達到了刻畫人物的目的，也記錄了相關的史事。

這種以事寫人的寫作手法，在作者敘述事件的同時，也是人物的個性不斷豐滿的過程，其所帶來的好處是人們對於墓主的性格特徵以及生平有了更深刻的了解，也達到了作者想要藉此存史的目的。此外，有了事蹟的說明，對於墓主品行、功勳的誇耀就不是毫無根據的夸美耀飾，而是有所根柢，文章內容也更加充實而不虛浮於表面。

二、多種描寫手法的運用

在墓碑文創作中，想要生動地刻畫人物的形象，達到「千人千面」的效果，只有事蹟的敘述是遠遠不夠的，作者們往往會將外貌、語言、動作、環境等描寫與事件的敘述進行搭配，使得墓主的形象更加立體而豐滿，不再扁平而單薄。

外貌描寫是墓碑文中較為常用的一種寫作手法，早在漢魏時期，墓碑文中就已經有這類關於人物外貌、風度一類的描寫，比如描寫女性有「淑質淑麗」

「資質妍婉，曠世絕倫」之類，描寫男性則有「宇望魁梧」「姿貌魁偉」等等〔註21〕。此後的墓碑文作品中也一直延續了這種手法的使用，元人對此也有所繼承：

吳澄在《游恭叔墓碣銘》中形容游恭叔「其神情朗朗，如秋月之瑩；其意氣藹藹，如春陽之溫。」〔註22〕寥寥幾筆，就以譬喻的方式將游恭叔的形象生動地展示在讀者面前：神情舒朗，性格溫和，如春陽秋月，再結合吳澄所寫其生平來看，游恭叔為人敦本務實，行事以仁，待人以禮，無分貴賤；善察地理，從容山水之間，悠然自得。舒朗溫和的人物外貌與性格、為人甚是相合，讀罷此文，讀者便可知游恭叔其人的君子形象。

柳貫在為其舅父所作《亡舅故宋太學進士俞公墓誌銘》中也有這樣一段外貌描寫：「府君旦暮冠帶，出入橋門，肌膚澤晳，儀觀秀儼，人以為是藉諸父以成名者，何足與寒畯角哉！」〔註23〕柳貫舅父俞相為宋時進士，二十餘歲即列於朝堂之上，按柳貫描寫，當為翩翩少年郎。可惜宋亡之後便不復出仕，晚年雖有腿疾，但也能晏坐一方，鑽研天文圖書，唯有耆舊造訪之時，方與人飲酒歡欣，猶有承平風流意態。俞相出身世家，年少有為，儀容秀美，翩翩公子，可想見其風流意氣，然而兵亂之後，朝代更迭，雖不免落魄，但是其心不改，其志不移，世道雖變，人心未變。

可以看出，在加入了面貌描寫後，面貌與性格、行事等互相照應，人物形象則更加鮮活飽滿，躍然紙上。值得注意的是，元代墓碑文中的外貌描寫大多都被用於刻畫男性墓主，對女性墓主來說，大部份情況下作者都更注重於表現其德行而非容貌，這大約與當時盛行的理學風氣有一定關係，人們對於女性的要求主要在於其才德而非容貌，因此在墓碑文中也有所反映。

除了面貌外，語言、動作的描寫也是墓碑文中重要的寫作手法，並且二者常常被結合到一起使用。語言能夠表現人物的性格，與動作相結合，更能凸顯墓主自身特點。早期墓碑文中，幾乎很少有關於墓主言行的描寫，唐宋以後才逐漸增多。韓愈在《曹成王碑》中是這樣描寫李皋勸降賊子的：

王即假為使者，從一騎踔五百里，抵良壁，鞭其門大呼：「我曹王，來受良降，良今安在？」〔註24〕

〔註21〕李發：《漢魏六朝墓誌人物品評詞研究》，西南大學碩士學位論文，2006年。
〔註22〕李修生主編：《全元文》卷五一六，第十五冊，鳳凰出版社，1999年，頁510。
〔註23〕李修生主編：《全元文》卷七九九，第二十五冊，鳳凰出版社，2001年，頁374。
〔註24〕〔清〕董誥等編：《全唐文》卷五六一，中華書局，1983年，頁5684。

不費一兵一卒，僅憑其言而使叛逆之人降服，可見曹成王之威信所在；再配合曹成王的動作來看，「踔五百里」「鞭其門大呼」將曹成王的氣勢顯示得淋漓盡致。元代墓碑文中也多採用了這種語言、動作描寫的手法，有些是一方之言，有些是雙方對話，有時是對言行的描述，更能凸顯出人物性格。比如元好問《清涼相禪師墓銘》一文：

> 嘗同遊蘭若峰，道中談避寇時事，師以為凡出身以對世者，能外生死，然後能有所立，生死雖大事，視之要如翻覆手然，則坎止流行，無不可者，此須從靜功中來，念念不置，境當自熟耳。時小雪後，路峻而石滑，師已老，力不能自持，足一跌，翻折而墜。同行者失聲而莫能救，直下數十尺，僅礙大樹而止。予驚問：「寧有所損否？」師神色自若，徐云：「學禪四十年，腳跟乃為石頭所勘。」聞者皆大笑，然亦歎境熟之言果其日用事而不妄也！〔註25〕

元好問在此處敘述了他與禪師同遊蘭若峰之事，二人談起生死的話題，禪師認為要先能將生死置之度外才能有所成，生死雖大，但要將其視為翻手一般的小事，這是一種境界的打磨。接下來情況突變，元好問給出了一段動態描寫，「足一跌，翻折而墜」，讀者讀至此處，不免心驚，同行者未及施救，禪師直下數十尺之地，幸虧有大樹阻攔而止，這又令人稍稍松了一口氣，而禪師「神色自若」的表現與其他人形成了鮮明的對比，且又詼諧幽默言道：「學禪四十年，腳跟乃為石頭所勘。」元好問的「驚問」與禪師的「徐云」形成了對比，表現出了禪師的淡定與超脫，而這種超脫恰恰是剛剛禪師所談到的「境熟」這一境界。元好問在這段話中先是以敘述了禪師的觀點，接下來又採用了動態與語言描寫相結合的方式，將一位豁達而淡然的高僧形象鮮明地展示在讀者面前，整段文字渾然天成。

再如趙孟頫《福建廉訪副使仇公神道碑》：

> 在咸州，民張氏兄弟訟家財，吏展轉賕賂，更數歲莫能決。公召諭之曰：「兄弟孰與吏親？」民曰：「兄弟同氣，吏途人耳。」公曰：「弊同氣以資途人，如何不知之甚？」即大感悟，相抱持以哭，遂為兄弟如初。時屬縣吏李子秀慢令當笞，公即命釋縛，呼前曰：「若軀長六尺，徒甘箠楚間，不知有功業可指取耶？吾與若約，三日，若不力，吾將重置於罰。」後公出安西，有從騎十數西來見公，

〔註25〕李修生主編：《全元文》卷四二，第一冊，鳳凰出版社，1997年，頁661。

遽下馬拜曰：「我當笞吏也，公向脫我罪，又勗我仕，今效節兵伍，

為千夫長，微公豈有今日！」〔註26〕

這一部份用不長的篇幅寫了兩件事，一是兄弟爭產，二是免笞小吏。兄弟爭產一事中，數年無法解決之事，憑藉仇輔數言就令兄弟二人「泣涕慚悔」，恢復如初，可見其言之切中。而免笞小吏一事則是通過二人對話來表現仇輔的仁德之心，因他的善心而使得小吏脫罪，仇輔又助其出仕，效力行伍之中，最終成為千夫長，可見仇輔其人與人為善，以仁為官。如果單單以作者敘述的方式寫出這兩件事，則未免有些過於單調，但是以對話形式展現，就顯得更加生動，讀者對於墓主的了解也更加深刻。

劉敏中的《忠襄珊竹公神道碑銘》也是此類代表之作，在描述墓主純直海的功績時，劉敏中用非常簡略的語言進行了概括：「太祖龍飛，備宿衛，從征不庭，芟帶陽，蹂回鶻，拔唐兀，著勞。」〔註27〕在這短短二十二個字中，劉敏中一連用了五個動詞，文字雖簡略，但是卻將純直海的功績交代清楚。

除了外貌與言行描寫外，有些作者還會使用環境描寫來側面突出人物的特質。如黃溍《袁通甫墓誌銘》中就花費了大量筆墨來寫其所居住之地：

即于所居西偏為堂，曰靜春。甕水成池，周于四隅，池上累石如山，芰荷蒲葦、竹梅松桂、蘭菊香草之屬，敷榮繚繞。而其外則左江右湖，禽魚飛泳于烟波莽蒼間。堂中有書萬卷，悉君手所校定。客至，輒斂卷與縱飲劇談，留連竟夕乃已。君丰姿秀朗。每雨止風收，挾小舟，以筆床茶灶、古玩器自隨，適遙容與，扣舷而歌，望之者識其為世外人。〔註28〕

黃溍以隱居之景、隱居之生活來寫隱士之高雅，頗有《陋室銘》之風範，在依山傍水、竹梅香草、飛禽遊魚這樣清幽雅靜的環境之中設立書室，可謂風雅之極，如此絕佳之境，讀之又怎能令人心馳神往呢？

此外，傳奇筆法的大量應用也是元代碑文的一大特色。以傳奇筆法入碑，並不是元代所獨有的，但是在文章中大量使用乃至成為一種風氣，這是元代文章的特點之一。查洪德、李雪《論元代傳記類文章的傳奇性》中將此傳奇

〔註26〕李修生主編：《全元文》卷六○○，第三十四冊，鳳凰出版社，2004 年，頁307。

〔註27〕李修生主編：《全元文》卷三九九，第十一冊，鳳凰出版社，1999 年，頁582。

〔註28〕李修生主編：《全元文》卷九七五，第三十冊，鳳凰出版社，2004 年，頁304。

性概括為傳奇人物、傳奇手法以及傳奇因素幾種〔註 29〕，其中當屬傳奇手法的使用最多。如王惲筆下的尹志平，他在出生時母親夢見羽儀擁導，仙官迎謁，生而有祥瑞之光盈滿室內；及冠之後，又偶遇一道士相約醮祭，道士卻忽而不見，天空之上只餘下羽流乘白龜，後修行假寐時又見長生師而有所感；去世時沐浴衣冠，書頌而逝，芳香滿室，三日不散，而終南祖冠又有神遊化觀。多處對靈異感應事件的描寫為文章平添了幾分神秘色彩，讓人感覺到似乎尹志平的一生在冥冥之中有「道」的引導，而他是能夠與上天感應之人，使尹志平的形象從「人」近乎「神」。

這種多重描寫配合敘事的創作手法，能更好地凸顯出墓主的人物性格特徵，使得人物形象更加豐滿，也使得墓碑文擺脫了僅有作者敘事的單調性，更富於變化。

三、多樣化的敘事技巧

墓碑文的核心在於人物刻畫，而人物刻畫最重要的方式就是敘事，為了防止千篇一律的作品出現，作家們在敘事過程中須得注意敘事技巧，儘量避免重複。在元代墓碑文中，較為常見的敘事方式有以下幾種：

一是順敘，即正敘，就是按照自然時間的順序來進行敘述。這種寫作方式與史傳比較相似，即是按照墓主生平，將其主要經歷作逐年排比。黃溍的《江浙行中書省平章政事贈太傅安慶武襄王神道碑》即是如此，作者在交代墓主也速䚟兒生平時就採用逐年排比的方法：至元十一年會師襄陽，也速䚟兒跟隨阿尤夜半渡江，後取鄂州，並於丁家洲一役敗宋十三萬大軍；至正十二年，駐守建康，率軍攻揚州，大敗張世傑；至正十三年，宋降；至正十四年，受封中書省斷事官，階懷遠大將軍；至正十五年，轉昭勇大將軍……文章逐年列舉了也速䚟兒仕宦經歷，幾乎與史傳寫法並無區別，這樣寫的好處在於讀者可以清晰地看出墓主生平的經歷與行跡，後世史傳在採用時也較為方便。

再如危素為程鉅夫所作《文憲程公神道碑銘》〔註 30〕，文章也是逐年排比程鉅夫生平事蹟，從至元十三年程鉅夫跟隨季父程飛卿朝於開平開始，直

〔註 29〕查洪德、李雪：《論元代傳記類文章的傳奇性》，《復旦學報》，2018 年 01 期。
〔註 30〕李修生主編：《全元文》卷一四七八，第四十八冊，鳳凰出版社，2004 年，頁 431。

至大德九年議恒陽暴風之變，再到其年七十而薨逝，危素以時間為緒，將程鉅夫歷經四朝、為官為文之事詳盡記錄。又如其《太原郡公王公神道碑》〔註31〕將墓主王成自至元六年入軍開始，直至至元十九年還家為止的事蹟逐年列出，其間十幾年，王成從攻南宋，先後輾轉山城、虎頭山、澧州、普濟鎮、大石平、房州、襄陽、樊城、郢州、沙洋、揚州、蕪湖，又從伯顏北征，戰於禿剌河口等地，從文章中我們可以大略看出元代征伐南宋等地的路線，對於後世研究元初的戰爭史是非常有幫助的。

一般來說，以正敘方式書寫的作品，在敘述過程中，作者往往也會注重把握敘事的節奏，有時詳述有時簡略，在交代墓主的生平簡要或者仕宦經歷時大多較為簡略，對於較為重要的事件則多會詳細描寫。

除正敘外，倒敘也是元代墓碑文中常用的敘事方法。倒敘，是由作者選取墓主生平某事，將其寫於文章最開篇之處，或是從墓主死後之事開始寫起，作為其生平等內容的一種引入。倒敘的方式可以讓文章結構更富於變化，而避免了平鋪直敘的單一性，使得文章更具有可讀性，也有利於作者後文的敘事與抒情。

歐陽玄的《魏國趙文敏公神道碑》就是以倒敘手法來創作的，文章從至元十二年程鉅夫江南求賢一事寫起，之後敘述了趙孟頫歷經三朝的詳細生平事蹟，之所以選擇此事，是因為江南求賢是趙孟頫在元代仕途的開端，也是其人生的重要轉折點。再如張起巖為張養浩所作《文忠張公神道碑銘》，作者先行點出張養浩死後士民皆感念其恩德的情形：「里巷聚哭，繪素以祭，導送歸柩，絡繹相屬於途。群有司大夫士執紼郊送，靡不揮涕痛悼，文而知公者為祭文挽詩，臺察儀曹為之請諡，章疏交上。」〔註32〕由此引出了張養浩為賑災殫精竭慮而死之事，文章開篇就定下了張養浩為國為民鞠躬盡瘁死而後已的基調，後文以幾事來對此做補充說明，末尾又回到賑災一事，文章以倒敘開始，迴環結構又再次著重強調了張養浩為官為人的特點，給讀者以深刻印象。

插敘與補敘兩種方式也是作者在敘事過程中經常會使用到的方法。插敘

〔註31〕李修生主編：《全元文》卷一四七八，第四十八冊，鳳凰出版社，2004 年，頁422。
〔註32〕李修生主編：《全元文》卷一一四二，第三十六冊，鳳凰出版社，2004 年，頁152。

是指在敘述事件時暫時中斷，插入與事件相關的故事，以表現人物或者展開敘事情節。如李謙《都元帥劉恩先塋碑銘》，作者在寫劉恩因功受賞之事後，插入了劉恩早年追隨耶律公入蜀地之事，闡明了其因功受賞的背景，接下來才開始介紹其族源、家世等信息。再如張之翰《大元故榮祿大夫中書平章政事趙公神道碑銘》，文章在先行介紹趙璧的家族世系之後，突然插入了一段對其母年輕時的回憶：「初，母李痛趙氏昆仲不文，嘗仰天自誓：『我若有子，必令讀書』」〔註33〕，並由此引出了趙璧從學李微等事。

補敘一般是在事件或者文章的中間、末尾對事件或者人物進行補充說明，以填補事件的原因或情節等內容，比如虞集在《李仲華墓表》中就一連用了兩個「當是時」來對事件做了補敘：文章記錄了關於至元十九年時宜黃縣（今屬江西）平盜之事，有官員建議採用圍堵方式直接殲滅，但時為行軍令史的李榮對此表示反對，因為此舉會造成擅殺平民的後果，虞集在此處加入了第一個補敘：「當是時，內附未久，守吏率欲以威服衆，軍中又利其子女金帛，往往計皆出此，而莫之爭。」〔註34〕李榮之言引發了在場守將的大怒，甚至有兵官欲射殺李榮，但李榮大義凜然、臨危不懼，最後上官採納了李榮的主張，得民歸附而順利平賊，虞集又再次加入了第二處補敘：「當是時，微榮一言，則枉死者衆。」這篇文章中的兩處補敘，前者交代了當時的背景，由於江南新附，守將大多以武力威懾當地，但也凸顯出來李榮的正直、與衆不同之處；後者則是講述了一個假設性的後果，倘使李榮當時沒有堅持己見，那麼則會造成枉死之人甚多的局面，由此則看出李榮挽救了無數無辜百姓的性命，這正是他的功德所在。虞集的兩處補敘既補充說明了事件的背景以及後果，又凸顯了人物的個性特徵以及其德行之所在，並且避免了平鋪直敘的呆板，運用得可謂恰到好處。

再如虞集《賈忠隱公神道碑》，墓主為賈禿堅里不花，其家族自太祖之時興起，賈禿堅里不花家族三世夫人皆有褒贈、諡號，虞集講述其家族榮耀後又有補敘：「當是時，推恩之典未大行，獨二三世家得之。而夫人之諡，尤異典也。」〔註35〕前文我們提到過，元代的封贈制度大約在武宗至大年間才有

〔註33〕李修生主編：《全元文》卷三八六，第十一冊，鳳凰出版社，1999 年，頁 349。
〔註34〕李修生主編：《全元文》卷八九〇，第二十七冊，鳳凰出版社，2004 年，頁 508。
〔註35〕李修生主編：《全元文》卷八七五，第二十七冊，鳳凰出版社，2004 年，頁 278。

明文確定下來，在此之前一直是小規模範圍內的封贈，但是賈氏一族能夠在這樣的背景下接連三代夫人都有封贈、諡號，這是非常難得的，這也說明了賈氏一族在當時的地位之高。

除了以上這些正敘、倒敘、插敘、補敘手法之外，元代墓碑文也繼承了韓愈對史傳手法的引入，以創作史傳的方法來書寫墓碑文，其中附傳與互見是較為常見的兩種。

附傳最初是史書中常常應用的手法，一些因為各種原因而無法單獨立傳的人，以附屬的形式放置在他人傳記之後，有時也稱「帶敘法」或「類敘法」，被引入墓碑文創作中後，附傳主要是指在一位墓主的文中兼錄他人之事。比如元好問就曾在《雷希顏墓銘》和《孫伯英墓銘》中寫入了高廷玉與李純甫之事，稱南渡以後，可稱為宏傑之士者有三，一曰高廷玉，二曰李純甫，第三就是雷淵，李純甫參淮上軍，有深謀遠慮，然而泰和中士大夫皆忙於宴樂，無心軍政，便不再出仕，高廷玉時為治中，接納各種奇士入門下，有小人非言，稱其聚眾謀反，因此將其入獄，而與高廷玉有所往來之人，如雷希顏、王之奇等也陷大獄之中，兩篇墓碑文中其實記錄了四位墓主的內容。再如虞集《昭州知州秦公神道碑》，本是為秦仲所作的墓碑文中又記錄了秦長卿為阿合馬所害之事。這種附傳手法的應用，算是作者在墓碑文中借題發揮的一種，附傳之人，大多是墓主的親朋好友，之所以將其寫入墓主的墓碑文之中，一是因為幾人之間有一定的關聯，寫在此處更為合適，如秦長卿之事就對秦仲一生產生了重要影響；二是因為附傳之人確實有可書之處，更能表達作者想要抒發的感情或想法，或是能夠保存作者認為非常重要的史料。

互見一法在史書中早有應用，如蕭子顯《南齊書》中的傳記部份，就注重以「互見」記人〔註36〕，歐陽修在《論尹師魯墓誌》一文中也有提及：「若謂近年古文自師魯始，則范公祭文已言之矣，可以互見，不必重出也。皇甫湜《韓文公墓誌》、李翱《行狀》不必同，亦互見之也。」歐陽修以皇甫湜《韓文公墓誌》與李翱《行狀》為例，稱這兩篇文章所述的內容其實可以不必完全重複，而有所互見。元代墓碑中也有這類情況出現，有些作者有時會為一家之內的多人創作墓碑，因此已經提及到的內容多數時候不會重複出現。比如虞集在為教化所作《楊襄敏公神道碑》中對其家世系等內容進行了詳細說

〔註36〕何彥芳：《魏晉傳記作品敘事手法特色—以〈南齊書〉為例》，《收藏與投資》，2017 年 10 期。

明，而在為教化之弟朵兒只所作《楊襄愍公神道碑》中就大致略去了這一部份。再如劉岳申《劉一飛墓誌銘》，文中有「吉水折桂劉氏，其先見余所誌萬翁墓詳矣」〔註37〕一句，劉岳申先後為劉萬翁以及其同族子弟劉一飛作銘，劉氏一族之事，已經在萬翁墓誌中有所說明，因此在《劉一飛墓誌銘》只做簡要處理，但可惜的是，其為萬翁所作之文今已不得見。曹涇《盧州梁縣尉事天先生江公潤身墓誌銘》也是如此：曹涇為江氏父子兩代作碑，祖先世系只在其父之文中詳細說明，而在其子墓誌中稱「存耕公諱師夒，公考也。自存耕公上泝蕭公，十三世，居徙官歷名諱已見存耕公銘內。」〔註38〕互見手法的應用，避免了為同族或同家之人創作墓碑文中可能出現的重複狀況，使得文章篇幅得到了節略，達到了詳略得當的效果。

第三節　多視角的敘述觀念

　　浦安迪在《中國敘事學》一書中曾經對中國的史書提出這樣的看法：「我們必須注意到，斷代史家們一方面保持新聞實錄式的客觀姿態，另一方面又以批評家或者評判人的姿態出現，從《左傳》的『君子曰』到《史記》的『太史公曰』，再到後來各種斷代史的『史臣曰』，均是明證。這種現象不僅說明了中國史文中有『敘中夾評』的傳統，而且透露了史文中有所謂『多視角』的敘述觀念，從而打破中國史文用文件和對話法造成的純客觀的假象。」〔註39〕其實墓碑文的寫作也與此相似：早期的墓碑文，作者一般是隱匿於文章之後的，以「純客觀」的視角與口吻來敘述作者生平與德行，但是隨著墓碑文的發展與革新，作者在墓碑文中也有了屬於自己的身份，有時是事件的參與者，有時是事件的見證者，他可以抒發自己的感情、發表自己的觀點，甚至會出現為自己作碑的情況。從這一角度來說，墓碑文的敘述也是一種多視角的敘述。

一、生死離別的真情流露

　　從作者與墓主的關係來看，墓碑文大約可以分為以下兩種：一是墓主為作者的親友，對其有所知曉；二是作者與墓主並不相識，其所知皆來自墓主

〔註37〕李修生主編.《全元文》卷八し二，第二十一冊，鳳凰出版社，2001年，頁653。

〔註38〕李修生主編：《全元文》卷二九一，第九冊，鳳凰出版社，1998年，頁184。

〔註39〕浦安迪：《中國敘事學》，陳珏整理，北京大學出版社，1996年，頁16。

親屬或他人所作行狀。前一種情況下，作者一般是為自己的親朋至交所作，斯人已逝，往時音容笑貌猶在眼前，生者緬懷過去，回憶此前與墓主交往的點滴，不禁淚從中來，而寫入文章之中，則是真情流露，以情動人。

如歐陽玄《元故翰林學士中奉大夫知制誥同修國史貫公神道碑》，文章開篇從歐陽玄與貫雲石最後一次見面寫起：至治三年，歐陽玄與貫雲石共同徜徉山水之間，半月後，貫雲石即將啟程去杭州，薄暮之時，攜酒離別，謂歐陽玄：「少年於朋友知契，每別輒繾綣數日。近年讀釋氏書，乃知釋子誊有是心，謂之記生根焉。吾因以是為戒，今於君之別，獨不能禁，且奈何哉？」〔註 40〕離別之情盡於言表，可見貫雲石與歐陽玄二人感情深厚。淒然作別後，第二年貫雲石即在杭州去世，歐陽玄得知此事，才知一經離別，即是生死之隔，對於好友的去世，歐陽玄感到悲痛不已。自此後，每至杭州與貫雲石交遊之地，都不免愴然而涕下。文章甫一開篇就交代了兩人的深厚情誼，後貫雲石之子請歐陽玄為其作銘，歐陽玄感嘆「其忍銘乎！」不是不想為好友作銘，而是不忍為好友作銘，一旦作銘，就意味著要承認好友已經永遠離開，從前的交遊點滴如今已經盡數化為對好友的追憶，這對活著的人來說未嘗不是一種殘忍。

再如程鉅夫《吳君載墓誌銘》，程鉅夫少時學於臨川，與延陵吳氏仲季兩兄弟為好友，入朝為官後也與兩人時有交遊，告歸之時，仲兄老病，季弟聖可已逝，由程鉅夫為銘（《故將仕佐郎建昌路儒學教授吳君墓誌銘》〔註 41〕）；大德九年（1305），仲兄時可又逝，其子垕又請其作銘（《故登仕郎吳君墓誌銘》），皇慶二年（1313），時可之子吳垕又去世，短短數年時間，兩位好友與其長子均已作古，這讓程鉅夫如何不感到悲傷呢？因此，他在文章中寫到：「大德五年，聖可死，余銘之。九年，時可死，余銘之。余始痛其離闊之無窮期矣。今時可之嗣垕子又死焉，其仲弟應子亦又以銘累余。嗚呼，以時可為父而喪其蒙嫡，以聖可為季父而殞其猶，子以應子為弟而哭其長兄，豈天故短其命欲余銘耶？何銘之忍也。」〔註 42〕令程鉅夫最悲痛的是，生與死之間

〔註 40〕李修生主編：《全元文》卷一一〇四，第三四冊，鳳凰出版社，2004 年，頁 651。

〔註 41〕李修生主編：《全元文》卷五三八，第十六冊，鳳凰出版社，2000 年，頁 407～409。

〔註 42〕李修生主編：《全元文》卷五四二，第十六冊，鳳凰出版社，2000 年，頁 496～497。

的離別是永恆的，不可跨越的，他恨上天之不公，讓三人如此短命，而他又不得不為好友作銘。

又如張養浩在《文敏元公神道碑銘》中提到的：「嗚呼！曩君不恙時，嘗同過前脩撰貢奎仲章家，飲酒半，君慨然謂余：『昔司馬公與范景仁善，二人約後死者當銘先死者之竁。余與希孟官同如是，氣同如是，而出處之同又如是，其有先死者，即當如二公約。仲章其記余此言。』余聞之，默自度蒲柳之質，君他日必先銘我。」〔註43〕張養浩與元明善、貢奎交好，本是飲酒之時所說起之事，張養浩自以為必當於元明善之後離世，孰料友人先行一步，於是又嘆：「嗚呼！詎意余今乃先銘君耶？誠使君先銘我，雖曰不幸，託君文以傳不朽，適以為大幸。今也余乃銘君，是君不幸中重不幸也。雖然，初公之卒，余方侍先君，家庭雖嘗為位而哭，臨弔賻送，皆未之及，今若不為銘，則冥冥之中，為負滋甚。然計君之沒，今已三閱寒暑，而余始為操筆者，非敢緩且食言。向也每一抒思，輒悲哽不自禁，茲以歲月稍遠，又不忍負所約，遂抑哀為撰次之。」〔註44〕張養浩不及臨弔賻送，若是再不為其作銘，則對元明善負疚之心更重，然而為好友作銘實則並不容易，經過三載張養浩始敢執筆，每一想到舊事，則情不自禁為之哽咽，讀者讀至此處，無不為之動情。

郝經曾為自己早夭之子作有《子阿寶附殯志》，其子阿寶在三歲時因為孩童嬉鬧，將冰屑放在其腹上，結果導致寒氣入腹，入夜即逝，其年春日，郝經之母剛剛去世，不過數月，三歲幼子又早夭，接連兩位至親去世，對郝經打擊甚重，他在銘文中感歎，其母墳土仍未乾，而又再次葬入其子，其中悲辛，不言而喻。

「詩言志，歌詠言」，抒情是中國古代文學的傳統之一，凡作文皆有情寓於其中。早期的墓碑文寫作，作者一般是不出現在文章中的，看上去似乎也與抒情並無太大干係。唐代墓碑文發生變革，作者也以某種身份開始進入文章之中並與墓主發生關聯，人們也逐漸意識到墓碑文可以作為一種抒情文體，並漸漸地把生死離別的悲傷之情明確地表達出來，這種情感的抒發會使得文章更富有感情，具有血肉，到了元代，在墓碑文中抒情已經是較為常見的現象了。

〔註43〕李修生主編：《全元文》卷七七八，第二十四冊，鳳凰出版社，2001 年，頁660。
〔註44〕李修生主編：《全元文》卷七七六，第二十四冊，鳳凰出版社，2001 年，頁660。

二、多發議論

除了抒發情感之外，作者發表議論也是元代墓碑文中經常出現的情況。
這類議論大多是針對墓主生平或是某事，有所感而發於文章之中，而這種現
象的出現與作者的身份與立場是相關的，前文我們曾經提及到，元代很多墓
碑文作家都曾擔任史官或從事過相關工作，因此他們往往站在史家立場對人
物生平與史事進行品評、發出感慨。司馬遷在《史記》中常有「太史公曰」，
以抒發自己對於人物或者歷史事件的感慨，後代史書編撰也繼承了這一特點。
墓碑文中加入這一成份，大約也是始自唐代，韓愈為柳宗元所作《柳子厚墓
誌》就曾經有過這樣一段精闢議論：「嗚呼！士窮乃見節義。今夫平居里巷相
慕悅，酒食遊戲相徵逐，詡詡強笑語，以相取下，握手出肺肝相示，指天日涕
泣，誓生死不相背負，真若可信。一旦臨小利害，僅如毛髮比，反眼若不相
識，落陷阱不一引手救，而反擠之，又下石焉者皆是也。此宜禽獸夷狄所不
忍為，而其人自視以為得計。聞子厚之風，亦可以少媿矣。」〔註45〕後人評
價其「獨異他篇，行議論於敘事中，在昌黎諸碑誌文中為變調。」〔註46〕韓
愈在文中確實有借題發揮，但此言實乃發自內心之感慨，亦是其生平所經歷
而得。這種寫法也為後人所繼承，元代墓碑文中，這種借墓主生平而抒發感
慨的情況也是較為常見的：

如元好問在《恒州刺史馬君神道碑》一文中所發的「生死論」，文章甫一
開篇就探討了生與死的觀念：

> 死生之際大矣！可以死，可以無死，一失其當，不以之傷勇，
> 則以之害仁。然自召忽、管仲折衷於聖人之手，斯不必置論；至於
> 忠臣之於國，義士之於知已，均為一死，而中有大不相侔者，蓋不
> 可不辨也……心為權衡，自量輕重，知有太山之義，而不知有鴻毛
> 之生。〔註47〕

這一段對生死的探討其實就是元好問對於馬慶祥之死與他自己生平的感慨，
生死有大小輕重之分，而馬慶祥是為國盡忠而死，忠義之死自當重於泰山，
因此在元好問看來是死得其所、死而可書之人。

〔註45〕〔唐〕韓愈：《韓愈文集彙校箋註》卷二十二，劉真倫、岳珍校注，中華書局，
　　　　2010 年 8 月，頁 2407。
〔註46〕李道英：《八大家古文選注集評》，廣西師範大學出版社，1996 年，頁 240。
〔註47〕李修生主編：《全元文》卷三八，第一冊，鳳凰出版社，1997 年，頁 605。

再如《文正許先生神道碑》，歐陽玄在文章結尾也發有議論：

> 又嘗切論之：先生天資高出，固得不傳之妙於聖賢之遺經。然
> 純篤似司馬君實，剛果似張子厚，光齊似周茂叔，英邁似邵堯夫，
> 窮理致知、擇善固執似程叔子、朱元晦。至於體用兼該，表裏洞徹，
> 超然自得於不動而敬、不言而信之域，又有濂洛數君子所未發者，
> 宜夫抗萬鈞之勢而道不危，擅四海之名而行無毀。近代元豐之異論，
> 熙寧之紛爭，先生處之，豈有是哉？〔註48〕

這一段論贊之言，對許衡的學術、性格、為人等方面進行了誇讚，也可見其
對許衡學術地位的推崇。而後面之所以會提到元豐、熙寧的紛爭，其實是與
許衡的政治經歷相關的，許衡在朝堂上的數次進退，也是受到了政治勢力與
黨派角逐的影響。從這段話來看，歐陽玄對當時的紛爭是有所思考的，並由
此引發了這段論贊之言，其背後是有深意所在的。

程鉅夫《雲國公楊氏世德碑》中，楊氏一族出身弘農，家世顯赫，楊福
死於釣魚山之戰，其子楊德榮為人輕財好義，德榮之子楊閭為雲國公，楊閭
之妻為英宗乳母，後楊閭助平內亂，武宗即位後封楊閭為壽國公，至大元年
（1308）授開府儀同三司，追贈三代，賞賜之多，不可計數。程鉅夫對此有
言：「蓋楊氏數世願忠而不假以命，願孝而不遂其志，積慶浚澤以底于今，一
旦聯圭而朝，列鼎而祭，高爵厚祿，榮及祖孫。乃基于慶育之一言，而以李夫
人興，豈非天之所命耶？昔漢東武侯母嘗養武帝，被恩穠渥，貴重一時，而
其子孫奴從者，弗率幾危於讒，賴帝慈仁，獲守富貴。若楊氏父子、兄弟，事
上克勤，遇下克恭，難不顧身，寵不忘危，其能保功名、垂竹帛、光祖宗、刻
金石也，宜哉。抑其先固建之以德耶，李夫人乃不少延，悲夫。」〔註49〕程
鉅夫在此處引用了漢武帝乳母，即東武侯之母的典故，此事記載於《史記．
滑稽列傳》中，東武侯之母借武帝之勢，家中子弟橫行無忌，有司上報處置
之事，後因武帝憐惜，赦免乳母之罪而只處罰相關之人。程鉅夫以東武侯之
母與楊氏一族對比，是為了突出楊氏父子本身的功德，他們「事上克勤，遇
下克恭，難不顧身，寵不忘危」，因此才能守得富貴。

前文我們提及過的、危素為王成所作《追封太原郡公王公神道碑》，王成

〔註48〕李修生主編：《全元文》卷一一○三，第三四冊，鳳凰出版社，2004 年，頁
641。
〔註49〕李修生主編：《全元文》卷五三六，第十六冊，鳳凰出版社，2000 年，頁351。

自至元六年開始先後參與了南伐、北征，但若非其子有推贈之功，他的生平或許也無法被保存下來，正如其他千千萬萬的普通將士一樣，危素在書寫王成生平之後又發有感嘆：

> 素惟國家起朔方，一天下，雖一時將帥顯著勳庸，然非集偏裨卒伍之力，詎能克成大功、削平畔亂？去今百年，將帥之功列在國史，而偏裨卒伍，無能道其姓名者。較其竭力捐軀，出入鋒鏑之下，可謂勇且勞矣。卒於漸盡泯沒，非可惜哉！〔註50〕

在危素看來，元代的建立並非只是將帥顯貴的功勞，更多的則是在於行伍兵卒，他們為國捨身，出入戰場，既勇且勞，然而將帥可以有名於國史之中，兵卒之士卻無人知曉，隨著時間流逝而消失於歷史長河之中，令人惋惜，這一感慨正是危素出於一種史家的立場與史官的責任心而發，危素能夠意識到這些行伍兵卒在一個朝代建立中所起到的作用，實屬難得。

三、自誌

墓碑文這一文體，一般來說是他人為已逝之人而作，但是也有一些特殊情況存在，比如「自誌」，自誌是指作者在生前為自己所作的碑文。研究表明，這類作品的產生最早大約可以追溯至漢代〔註51〕，《西京雜記》卷三載有漢代杜子夏臨終自作銘文，這是目前可見的關於自誌的最早記載，其文感情沉鬱，體現了作者在有限生命之中追尋超脫之意，而北魏元景《臨刑自作墓誌銘》是其陷於政治鬥爭而被殺前所作，文辭雖短，卻蘊含其臨終悲鳴。自漢魏後，這種自作銘的傳統也逐漸流傳開來，許多文人如王績、白居易、杜牧等均有自誌留存，唐代的自誌體式較為規範，寫法多樣，撰者除了在文中思考生與死的命題之外，對自己人生價值是否實現也有所涉及；到了宋代，自誌的體式與內容又逐漸趨向於中規中矩，文章顯得平淡而略微乏味。元代自誌的情況又有變化，《全元文》中現存自誌共有四篇，我們逐一來分析：

王義山《稼村自墓誌銘》，按其弟王義端《王義山行狀》中所言，此文作於王義山去世前一年，當時的王義山已經是一位古稀之年的老人。開篇作者交代了自己的生年、名諱、籍貫、自曾祖以下家族世系及妻子、兒女等信息，

〔註50〕李修生主編：《全元文》卷一四七八，第四十八冊，鳳凰出版社，2004年，頁424。

〔註51〕關於自誌的起源與發展，詳見呂海春：《長眠者的自畫像——中國古代自撰類墓誌銘的歷史變遷及其文化意義》，《中國典籍與文化》，1999年03期。

我們注意到，王義山的這篇《自誌》全篇所採用的主語是「余」，而不是墓碑文常用的第三人稱，也即是說，他是以第一人稱的口吻來敘述自己一生的功過，作者與墓主身份合二為一，使得這篇文章帶有很強的主觀色彩在其中。

接下來王義山書寫了自己的生平：自淳祐己酉（1249）至景定辛酉（1261）曾四上春官，壬戌年（1262）參與廷對覆考，本由文天祥批為第一等，擢在首選，但按王義山文中所稱，當時的給事侍郎徐經孫搶先得到王義山之獻策，將其抑之於乙科。這件事在其弟王義端為義山所作《行狀》中也有所提及，並且敘述更詳細：王義山欲獻策言時事，而徐經孫別有他主，於是以言語誘以王義端得到了義山之策，文天祥為此力爭然而不勝。徐經孫此人，《宋史‧列傳》第一六九有傳，後人稱其「清慎有守」，但按王義端《行狀》所言，文天祥將此事播於朝中，眾人皆「不直徐公」。

度宗駕崩後，王義山因章鑑而被彈劾、罷官，內心極為苦悶。《宋史‧列傳》中關於章鑑一事的記載只有寥寥數語：「咸淳十年（1274），王爚拜左丞相，鑑拜右丞相，並兼樞密使。明年，大元兵逼臨安，鑑託故徑去。」〔註52〕後又召其還朝，罷相予祠，不久後章鑑因韓震之事被削官放歸。而王義山的自誌文對這件事的記載是：「乙亥（1275）春，江上報至，丞相杭山先生章公鑑，議國事不合，有睨揆席者嫉公，嗾其徒攻之。公抗章三上，不報，遂去。某以門下客，為監察御史潘希聖所劾，鐫兩官，罷見任。」〔註53〕按王義山所說，章鑑並非「託故徑去」，而是為奸黨所害，抗章三上而不報所以去官，那麼章鑑在此事中是處於一種被動的境地，而王義山則是遭受牽連，因其為章鑑門下之人而被彈劾。因此，這件事的爭論核心在於章鑑究竟有沒有「無故遁走」而導致誤國。從《宋史》一書來看，很顯然後人認為章鑑對此負有責任，但如果王義山的記載屬實，那麼這件事的背後其實是「黨爭誤國」，二者性質完全不同。

王義山因此而發感嘆：「希聖謂章公之議國事，某實誤之。嗚呼！千萬世而下，誰實任其咎耶？……古人謂蓋棺事定，某終身之事已定於此時矣。余薄宦所至，無足稱述，惟以苦硬自將，鮮與世偶。」這一感嘆說出了王義山作文的真正目的，如他所說，此事已然「蓋棺定論」，世人對此事的看法大約與

〔註52〕〔元〕脫脫：《宋史》卷四一八，中華書局編輯部點校，中華書局，1985年，頁12528。

〔註53〕李修生主編：《全元文》卷八七，第三冊，鳳凰出版社，1997年，頁193。

《宋史》中的記載一致，對章鑒及王義山多有怨懟，二人一生都在背負「誤國」這一名聲，在生前作這篇《自誌》，一方面是王義山不想背負如此汙名而死，另一方面，他在試圖為章鑒伸冤。王義山與章鑒，早在其參與科考之時就已經有所交集，後王義山又為章鑒門下客，其《讀書管見》一書也由章鑒為其作序，從《自誌》中可以看出，王義山對章鑒是非常尊崇的，因此在《自誌》中為章鑒所為作出解釋，使得後人明了「真相」，也是其作誌的原因之一。

王義山在文中又發有感慨：「苟獲體其受而歸全，幸也，獨不幸而讀書，又不幸而竊科第，又不幸而立乎人之朝。向使不讀書，不竊科第，不立乎人之朝，豈不陶陶然天地間一民。既讀書，既竊科第矣，既立乎人之朝矣，而謂一民之不如。」這一段中，他對自己的一生進行了反思，歷經政治鬥爭、戰亂雖得以保全，但倘使自己不曾讀書、參與科舉、進入朝堂，想必生活會更加悠然自得。在古稀之年回首一生，是否心有所悔？或許有，或許沒有，但他雖自稱為「壯夫」，言本文不入悲憤淒婉之俗態，但在文章中我們依然能夠感受到作者所傳達的憤慨與苦悶，這篇自誌其實是在書寫作者本身想說但是壓抑許久、只能留待碑文中與後人評判之言，他用《自誌》這樣一種方式向世人表現了自己生前最後的抗爭。

黃仲元《壽藏自誌》也是以第一人稱來敘述自己的家族世系、為學為文、生平經歷等內容，他也是經歷了宋元更替之人，本為咸淳進士，但因不愛仕途而選擇隱居，以經學為業，交遊廣闊，包括南宋末年非常有名的江萬頃、江萬里兄弟以及陸秀夫等人，黃仲元曾與陸秀夫秉燭夜談，不久後好友全家投海，黃仲元作詩以悼念其千古忠義。諸多好友不幸身亡，黃仲元本人也在戰亂之中輾轉各地，可謂感慨頗深。文章中有：「老身自甲戌冬混跡大化，阽死者數。客芝山而免，客瑞安而免，客碧溪王洋而免，客環泉而免，可謂不幸之大幸，非宰物者孰相之？」〔註54〕這句話又體現出了一種天道、命理的思想，在黃仲元看來，實齋、君實、樂山等人的去世與自己的存活或許都是「宰物者所相」，是天理所決定的。在了解到這一點後，我們再回過頭看黃仲元這篇《自誌》，就會明白為何他花費大量筆墨來書寫其鑽研經學之事，可以說，黃仲元的一生在很大程度上是受到了理學的影響，晚年回顧一生，也恍然其命運乃是由天所定。

相比前面兩篇自誌，劉壎在《自誌》一文中並沒有使用明顯的人稱來稱

〔註54〕李修生主編：《全元文》卷二六二，第八冊，鳳凰出版社，1998年，頁412。

呼墓主，即自己，這或許是對自己作者身份的一種迴避。文章開篇稱自己的性格是「寬靜忍辱，然浸成墮弛」，到老都未曾改變，也正是這種性格的影響，使得他似乎總是在做些無用之事——「無位而思救時，無責而喜論事，無財而樂施予」，道不行而守道，學不用而嗜學，概括來說，劉壎認為這就是「迂」，但卻始終未改。這種迂不但表現在性格方面，其為學也是如此，陋巷讀書而以此為樂。從整篇自誌來看，作者其實是對自己的一生進行了總結，他雖然稱為「迂」，但其實志在傳達後世其一生所秉持的理念，也有表明自己不媚世俗、清高之意。

與黃仲元經歷相似的是謝應芳，二人都是經歷了朝代更替所帶來的戰亂之苦，謝應芳的這篇《墓誌銘》篇幅短小，全文使用七言韻語寫成，文章內容主要是對名諱、家世譜系以及生平經歷做簡要介紹，謝氏一族早先多為顯貴，經歷宋元、元末兩次戰亂，萬幸家人獲存，輾轉漂泊後回到鄉里，已經物是人非，正如謝應芳自己所說：「干戈十年浮海避，強名龜巢等遊戲。還鄉無復舊閭里，築室橫山墓山趾」〔註55〕，干戈離亂，遠離故土，可悲可歎。這種心酸而無奈的心情，作者在臨終之前通過這篇口述《自誌》傳遞給了後人。這篇自誌也出現了第一人稱「我」，而不是以第三人稱來敘述全文。

可以看出，自誌與其他墓碑文之間最大的差異在於敘述人稱與敘述視角的不同，作者大多直接採用第一人稱，他們並不避諱將自己的雙重身份——作者與墓主，直接展示在讀者面前，而非隱藏於文章之後，打破了原本「純客觀」的敘事，以第一人稱的敘述視角將自己的一生展現給讀者，在文章中切切實實地表達自己的感情，不論心酸悲愴還是堅守自我，這都是作者對於自己一生的總結，也是他們想要留與後人所知的。

無論是抒發情感或是發表議論，亦或是自誌的撰寫，都是對於作者身份在墓碑文中的一種凸顯，擺脫了隱匿於文章之後的「客觀」敘述者身份，墓碑文作者也越來越以多種視角的轉換來表達自己的思想感情，這種寫作方式在元代墓碑文中實屬常見，說明墓碑文發展到了元代，其抒情功能也已經得到了確立。

〔註55〕李修生主編：《全元文》卷一三五〇，第四十三冊，鳳凰出版社，2004年，頁280。

第四章　元代墓碑文的思想觀念

第一節　「忠孝節義」的道德觀念

　　墓碑文之所以能夠延續千年，一方面是它與傳統儒家禮制相關，記述墓主生平、德行，以達到孝子賢孫所期望之「不朽」；另一方面在於統治者以及儒家學者可以對其進行利用，樹立模範，宣揚忠孝節義等觀念，這種教化含義在很多作品中展露無遺，如神道碑一般是鼓勵以武建功、清正廉明、為國盡忠，朝廷旌表的孝子節婦類則是提倡孝、節觀念等。

一、忠

　　忠一字，含義較廣。一是忠敬，忠實於其上，《說文解字》言忠，敬也。《周禮・大司徒》曰六德，忠即為其一；二是不貳之意，《詩・邶風・北風》箋中稱詩人事君無二志，是為忠也；三是表無私，《後漢書・任延傳》中有「私臣不忠，忠臣不私」之說。

　　從這三條解釋我們可以看出，「忠」一開始只是一種自我修養、自我約束，強調人與人之間的關係，即相處要忠誠，後來逐漸演變成「忠君」，即首先要忠誠於君主，無貳臣之心，其次要盡忠，如何盡忠？無私而盡忠，即全然忘我，一心為君。所謂的忠君思想，一開始誕生於法家，是隨著封建專制社會統治需要而產生的，但是後來漢武帝罷黜百家獨尊儒術，忠君也成為了儒家思想的一部份。《全元文》的墓主中，共有約八十位諡號為「忠」，在他們的墓碑文中，忠君思想的具體體現包括：

一是為國、為君盡忠，鞠躬盡瘁，死而後已。如姚燧《潞國忠簡趙公神道碑銘並序》，墓主趙弼死後諡號忠簡，趙弼一生可謂是為國為民兢兢業業，早年隨世祖、董文忠征伐各地，天下已定，授以文職，則為官勤勉，愛民如子，最後死於任上，稱其鞠躬盡瘁、死而後已並不為過，因此死後得諡號「忠簡」，可見其忠君愛國之心。再如張起巖為張養浩所作《文忠張公神道碑銘》，張養浩為官，施政公平，教化鄉里，不畏強權直言敢諫，陝西兵荒旱災，儲糧一空，當地因饑荒、災疫導致百姓流離死亡，而張養浩任臺事，殫精竭慮救災鄉里，處置豪吏，為民求醫問藥，施粥贈錢，全活他人無數，救百姓於水火之中，最後卻因憂思哭泣過重而染病逝於官位，年僅六十。趙、張二人皆是為君為國盡忠，直至生命最後一刻。

二是直言勸諫。如吳澄為董士選所作《元榮祿大夫平章政事趙國董忠宣公神道碑》就曾提到其諫言忽必烈的幾件事：一是桑哥事敗被誅後，其黨羽也紛紛獲罪，但當時丞相則獨獨庇護沙福丁一人，又復立行泉府司，使沙福丁徵舶商之稅，並稱國家出資使舶商往來貿易，所盈利億萬之數，如若沙福丁被廢黜，那麼商舶則必將多所逃匿，不利國家，世祖信丞相之言，而董士選則非常委婉地勸諫忽必烈，沙福丁曾經在江淮地區為禍，民眾對其恨之入骨，但百姓也多認為忽必烈是被奸人所蒙蔽，並非出自本意，如果沙福丁不除那麼忽必烈將會失去民心，民心一失，再想收復則難上加難；二是言御史臺等事：「公言昔阿合馬、桑哥敗，世祖嘗謂臺臣緘默。今御史舉劾，必令有司覆實，蒙古翰林院、宣政院及僧司所行多壞法亂紀，而御史臺不得預，是沮遏臺臣不使之言也，非世祖意。宗正處斷大辟，但憑言語口宣，無吏牘可覆視。人命至重，寧無枉濫？合如諸司，詳具獄辭。御史臺審覈無冤，乃可施刑。臂鷹隼、飼駝馬之徒，擾民特甚，宜嚴禁戢。京畿、平灤等處饑，請弛山澤之禁，而禁釀，穀價得不踴。」〔註1〕由兩次直言勸諫可見董士選忠君之意，其死後諡號「忠宣」也是對其所言所行的一種表彰。

再如姚燧在為姚樞作碑時，也著重提到了一件事，即姚樞向忽必烈進言「曹彬不濫殺」一事，阻止忽必烈大軍在征伐過程中濫殺百姓的做法：

> 壬子夏，入覲，受命征大理，至曲先腦兒，夜宴羣下，公為陳
> 宋祖遣曹彬取南唐，敕無效潘美伐蜀嗜殺，及克金陵未嘗戮一人、

〔註1〕李修生主編：《全元文》卷五一一，第十五冊，鳳凰出版社，1999年，頁386。

> 市不易肆以其主歸。明日早行，上據鞍呼曰：「汝昨夕言曹彬不殺
> 者，吾能為之。」公馬上賀曰：「聖人之心仁明如此，生民之幸，有
> 國福也。」（《中書左丞姚文獻公神道碑》）〔註2〕

這件事對忽必烈南征之戰影響頗深，虞集就曾經對忽必烈「不濫殺」之作為
大加讚賞，而姚樞之所以以曹彬之事勸諫忽必烈不濫殺，一是為其收攬民心，
二是意圖保全百姓性命，這也是忠的一種。

　　三是不事二主，以身殉國。比如元好問所作《贈鎮南軍節度使良佐碑》，
陳和尚是金代名將，被俘後寧死不屈，作者以生動的語言描寫向讀者展現了
陳和尚臨死前的情形：

> 元年，鈞州陷。北軍下城即縱兵以防巷戰者。鎮南避隱處，殺
> 掠稍定，即出而自言：「我，金國大將，欲見合按白事。」北兵以數
> 騎夾之詣牙帳前。問姓名。曰：「我忠孝軍總領陳和尚。大昌原之勝
> 亦我，衛州之勝亦我，倒回谷之勝亦我，死於亂軍，則人將以我為
> 負國家。今日明白死，天下必有知我者矣！」〔註3〕

蒙古人欲令陳和尚投降，先斷其脛骨，後又割其面部，種種折辱並沒有令陳
和尚臣服，反而至死不降。面對生死，陳和尚臨危不懼，處變不驚，與父兄三
人皆為國身死，其忠義若此，正合其軍「忠孝」之名，如此之人怎能不書之金
石以傳其不朽？

　　這種對於「忠君愛國」觀念的強調，一方面是為了彰顯已逝之人的功績，
使其事蹟傳於千古，永垂不朽，另一方面也與碑文的教化作用有關，其目的
是為了宣揚這種忠君愛國思想，元代不同於前代的一大特徵在於它是由蒙古
人建立的朝代，以儒家的傳統道德觀念來教化臣民，以忠君思想來約束臣子，
並且將忠君作為衡量人物生平的重要道德標準之一，也是蒙古統治者接受漢
地傳統文化並利用的一種方式。而忠君思想也隨著民族文化的交融，也影響
到了少數民族的臣子，比如元代有不少畏兀兒臣子，他們忠於元代，甚至以
生命來表現其忠義〔註4〕，這種以死殉節雖然屬於極端的方式，但也說明統治
者的教化行為確實起到了作用。

〔註2〕李修生主編：《全元文》卷三一四，第九冊，鳳凰出版社，1998年，頁577。
〔註3〕李修生主編：《全元文》卷三八，第一冊，鳳凰出版社，1997年，頁610。
〔註4〕可參見楊富學、王朝陽：《論元代畏兀兒的忠君與報國》，《新疆師範大學學報》，
　　　2017年02期。

二、孝

孝,《說文解字》:「善事父母者。」《孝經》:「夫孝,天之經也,地之義也,民之行也。」「孝」作為儒家傳統道德觀念,一直為統治者所推崇,自漢代開始,孝行就是旌表的重要對象之一。因此,為孝子孝女立碑作傳,宣揚「崇孝」觀念,也是一種符合禮制與儒家教化需求的行為,《水經注·浙江水》中就收錄有《曹娥碑》以及漢代楊孝子墓,文章中提及「縣令度尚,使外甥邯鄲子禮為碑文,以彰孝烈」〔註5〕,這說明作碑文的目的就是為了彰顯孝烈。此後,這種為孝子孝女作碑的行為也流傳下來,人們通過立碑作銘來讚美、謳歌其孝行,「孝」也成為了評價一個人德行的重要標準之一。

元代為孝女所作的墓碑只有兩篇,均為元好問作品。一是《聶孝女墓銘》,聶孝女之父聶元吉的碑文也是由元好問所撰寫,在崔立兵變一事中,聶元吉受傷甚重,舜英為父割肉,竟不得救,在戰亂時,女子不易,孝女連失夫、父,為不受辱而自絕。元好問在敘述聶孝女事跡之後又發議論:

> 嗚呼!壬辰之亂極矣!中國之大,百年之久,其亡也,死而可書者,權參知政事、翰林學士承旨子政、右丞大用、御史大夫仲寧、戶部尚書仲平、大理德輝、點檢阿撒、郎中道遠、省講議仁卿、奉御忙哥、宰相子伯祥、宿直將軍長樂妻明秀、參知政事伯陽之夫人與孝女,十數人而已,且有婦人焉。夫一脈存,不可謂之絕;一目張,不可謂之亂;一夫有立志,不可謂之土崩。痛乎,風俗之移人也!(元好問《聶孝女墓銘》)〔註6〕

國破家亡之時,殉難之人不可勝數,史筆留書傳與後人,此為作銘原因其一;一脈留存,則不可謂絕,匹夫若有志,尚不至崩亂,人紀綱常在戰亂之前土崩瓦解,元好問的「風俗之移人」也是有感而發,然而聶舜英亦孝亦節,敢於殉難而死。《金史》列傳六十八中有《聶孝女傳》,沿用了元好問《墓誌銘》,並做了進一步說明:「舜英頗讀書知義理,自以年尚少艾,夫既亡,父又死非命,比為兵所污,何若從吾父於地下乎。」如聶舜英一般之婦人尚且有殉亡之氣節,如何不令人唏噓?

二是《孝女阿秀墓銘》〔註7〕。阿秀是元好問第三女,其母病逝後,日夜

〔註5〕〔北魏〕酈道元:《水經注》卷四十,陳橋驛校證,中華書局,2007年,頁947。
〔註6〕李修生主編:《全元文》卷三六,第一冊,鳳凰出版社,1997年,頁582。
〔註7〕李修生主編:《全元文》卷三六,第一冊,鳳凰出版社,1997年,頁582。

哭泣，哀痛之聲不忍聞，次年於汴梁得疾，後阿秀死。相比聶舜英在國破家亡面前的大義而言，阿秀只是普通女子，在世人看來，阿秀是因喪母而哀傷過度而死，這種所謂的以死來表現孝道在當時人看來或許是正常的，但其實這是一種非常極端的方式。文章中也可以看出元好問的喪女之痛，尤其是最後「會以汝歸，以慰所望」一句，白髮人送黑髮人已是痛極，卻仍要滿足女兒生前的願望，可感可嘆！阿秀與程氏情況略有相似，均是母亡哀毀甚極而逝，但這種極端方式其實是並不可取的。相比較而言，元好問的作品比之程頤的作品更具感情，以情動人。這兩篇孝女類碑文，《聶孝女墓銘》更多的是對國破家亡的感慨，而《孝女阿秀墓銘》則是充滿了一位父親對女兒去世的悲痛、惋惜之情。

　　為孝子所作的墓碑文共有十四篇，從題名來看，這一類碑文基本都以「孝子」或「孝行」為題，有些題名中有「旌表」二字，有些沒有，但未書「旌表」的並不代表沒有被官方旌表，比如姚燧《奉訓大夫知龍陽州孝子梁公神道碣》，墓主梁琮死後被旌表孝義，其子向姚燧請銘；有些確實是沒有被官方旌表過的，如董樸《柴孝子墓碑》，只是因為有孝子之行所以以此為題。因此，「孝子」實際上是一種泛稱，有孝行之人皆可以「孝子」為稱呼，無論是否有官方旌表。關於元代旌表孝子的方式以及具體孝行，可以參考張麗萍《元代旌表制度研究》一文〔註8〕，從文章中所提以及現存的材料來看，旌表孝行大概在元武宗時就已經出現。根據姚燧的這篇《奉訓大夫知龍陽州孝子梁公神道碣》來看，文末提及至大己酉有司上書後梁琮得到旌表，至大己酉即至大二年（1309）。《元史》中關於旌表孝行最早的記載是在武宗至大四年（1311）：「旌表漳州長泰縣民王初應孝行」，此後仁宗皇慶元年（1312）也有「旌表廣州路番禺縣孝子陳韶孫」〔註9〕，而旌表孝行的重要手段之一就是賜碑。

　　關於碑文中所提及的「孝」的具體內容。張麗萍在《元代旌表制度研究》一文中將元代旌表孝子賢孫的主要根據概括為以下幾點：一是事親篤孝，行著鄉閭；二是居喪盡禮，負土成墳；三是割股療親；四是親陷危境而以身相代。這四點也基本涵蓋了元代孝子墓碑文的主要內容：

　　事親篤孝，行著鄉閭，有如《吳孝子墓碑》，墓主吳大中之父得疾後，他

〔註8〕張麗萍：《元代旌表制度研究》，山東師範大學碩士學位論文，2014年。
〔註9〕〔明〕宋濂等：《元史》卷二四，中華書局編輯部點校，中華書局，1976年，頁549。

朝夕侍奉，衣不解帶，父親去世後，大中哀慟幾死，後十七年間奉養其母，晨昏定省不離左右，母親無疾而逝，大中居喪含哀。有司上其行，旌表為「吳氏孝子」。再如《孝子郤祥墓碣》，郤祥父病，為其親自嘗試湯藥，衣不解帶，父亡後以禮葬，晝夜悲號，哀毀骨立，鄉里稱孝。

居喪盡禮，負土成墳，有如《元武陟縣文廟孝子蕭珝墓碑》，蕭珝在父母去世後，哀痛號哭不止，小祥過後依然守喪不止，二十九歲即去世，後部使者上報，朝廷旌表。還有揭傒斯《靳孝子墓碑》，靳昺在其母逝世後，與兄長護送棺柩回鄉，經過平灘時，雷雨突至，靳昺為護棺而死，天子聞其事以為孝行，令揭傒斯作碑。

割股療親則有陳旅《陳孝子墓記》，此文記錄之事其實發生在宋代淳祐年間，陳亞宗在母親生病時割股為藥，元代至順年間，當地長官聞知陳亞宗一事，即命人重新修整其墓，又作此文。這種「割股奉親」的現象在唐代較為盛行，唐以後成為了一種風俗〔註10〕，究其原因，一方面割骨療親或許具有生理上的療效，唐人陳藏器所著《本草拾遺》就提到過人肉治病的問題，另一方面也許是其子女的孝心促使了長輩的病癒，因此民間一直認為割股療親是一種有效的治療方式。從陳旅《陳孝子墓記》來看，元代對於這類割骨療親的孝行似乎並不反對。但是，根據《元代旌表制度研究》一文中所提及的，有些民眾因避稅、求名等原因而採取自殘方式謀求旌表，因此政府不得不下令嚴禁此類愚孝行為，《元史‧刑法志四》中就有規定：「諸為子行孝，輒以割肝、刲股、埋兒之屬為孝者，並禁止之。」〔註11〕但是實際看來，對於割股之人，人們仍然以讚揚其孝行為主，《元史‧孝友傳》中載有不少這類內容，很多孝子因此還得到旌表。

親陷危境而以身相代有劉因《孝子田君墓表》，貞祐元年（1213）十二月，保州（今河北保定）陷落，居民被兵士所驅，有令下，命兵卒殺老者，田喜挺身而出，願代其父受死，當時兵卒無暇細看，田喜腦項中兩刀而死，半夜復甦。兩日後，又有令下，老幼盡殺。田喜本以藝被選，已行至安肅（今河北徐水縣），聽聞其父死訊後，逃歸，尋得父親屍體並與母親合葬，而眾人未察覺。

〔註10〕 詳見于賡哲：《割股奉親緣起的社會背景考察──以唐代為中心》，《史學月刊》，2006年02期。

〔註11〕 〔明〕宋濂等：《元史》卷一百五，中華書局編輯部點校，中華書局，1976年，頁2682。

又如虞集《孝子談君節婦廖夫人墓銘》一文，談采之父談濟重病，醫不可為，於是談采祈求上天以己命延續父壽，不久談采去世，而父痊癒。

　　元代墓碑文在表現孝行時也經常伴隨著對靈異感應事件的書寫。任士林《孝子錢府君墓誌銘》一文中記載，錢興祖生時有異夢，成年後其母病，兩年未愈，死後因家貧無以葬，「孺子泣者五年」，葬後，「白鳥千百集墓木上，二大鶴巡行墓旁，卒百日而後去，人以為至孝所感。」〔註12〕《羅孝子墓誌》中，羅以中在母親去世後，扶棺柩下葬，伏墓大慟而卒，年僅二十五，此後天色昏暗，群鳥哀鳴。這種將靈異感應與孝行節義相聯繫的寫作手法，在文學史上是比較常見的，這種方式的運用增強了事件的神秘感，通過上天與萬物的異動使得更多人相信「孝」的力量，從而去遵從「孝」這一道德準則。

　　此外，從作者與墓主之間的關係來看，這幾篇孝子類碑文中，墓主與作者之間幾乎都沒有直接關聯，有些是墓主家人請銘，有些是應邀或奉敕而作，因此墓主對於作者來說是幾乎完全陌生的人物，所撰寫的事蹟也來源於他人所提供的材料依據，因此這類碑文大多教化意義更為濃厚。這種教化思想與理學思想在元代的傳播有一定關係，孝是理學家所大力提倡的道德觀念，而孝子事蹟的記錄與傳播也在一定程度上代表了官員的政績，即教化民俗，《孝子陳道周母墓記》中有：「事有關於倫紀，無間古今，要可以興教化、勵風俗，則長民者尤宜究心焉，此民裔所由以立也」〔註13〕。為前代孝子作碑更是凸顯了這種教化意義，如《蔡孝子順墓表》，此文疑似殘篇，蔡順是東漢孝子，范曄《後漢書》有傳，渭南縣相傳有蔡順與其母之墓，作者為其墓再行撰文，又附有他人所撰之詩，詩中記錄了蔡順的孝行，並說明其作詩目的乃是使其德行流傳千古，風化民俗。

三、節

　　節在元代墓碑文中有兩種含義，一是貞節，二是氣節。前一種主要針對女性，後一種主要指男性，我們分別來看。

　　貞節，即強調女性守節，這是自古以來為封建統治者和禮制所提倡的一種行為，元代由於理學與漢地習俗的傳播，對女性守節這一行為較前人更為提倡，並且形成了基本的節婦旌表制度，家中子孫、當地官員往往也多為節

〔註12〕李修生主編：《全元文》卷五八五，第十八冊，鳳凰出版社，2000年，頁464。
〔註13〕李修生主編：《全元文》卷五八六，第十八冊，鳳凰出版社，2000年，頁481。

婦立碑，並延請文人為其作碑銘，歌頌其「貞節」之行，甚至有「女之於夫，猶士於君，從一而終，其節乃伸」〔註14〕這樣的說法，將夫妻關係與君臣關係比附，可見元代對於女性守節一事的看重，節婦墓碑文的寫作也與此相關。

《全元文》中為節婦所作墓碑文共有十二篇，從篇名來看，我們可以發現元代節婦墓誌題名主要分為兩種，一種是「貞」，一種為「節」，雖然題名有差別，但是在這十二篇墓誌銘中，「貞」與「節」表達的意思並無不同，因此在本文中我們並不進行區別。其實「節婦」的內涵分為兩種，第一種主要是指在戰亂年代，女性為不受辱、保持自身尊嚴而採取各種方式了結生命，這一類一般稱為「烈女」；第二種是丈夫去世後為夫守節、撫育子女、孝順舅姑、支撐家業等為主，這一類一般叫做「節婦」，董家遵先生在其《中國古代婚姻史論叢》中對此有所提及。單就這十二篇墓碑作品來說，似乎區分並不明確，「烈女」也被歸入為「節婦」，如《譚節婦碑》《謝節婦墓銘》。譚節婦是在世祖至元十四年（1277）元兵下江南入吉水城時，抱嬰兒與舅姑一同藏匿於大成殿，有兵卒欲侵犯譚氏，譚氏不從，與嬰兒具死。而謝氏個性剛烈，至正十九年（1359），建德兵亂，謝氏攜子女避入金華山中，途中幼子走失，謝氏與其女俱跳巖而死，義不受辱。第二類如《孝子談君節婦廖夫人墓銘》，談採之父談濟重病，醫不可為，於是談採祈求上天以己命延續父壽，不久談採去世，而父猶存。其妻廖氏成婚五年，丈夫即去世，守節三十五年而卒，其間奉養舅姑，撫育子女，這一類節婦也是元代墓碑文的主要表現對象。因此，我們統一以「節婦」來稱呼這類文章中的女性。

關於元代女性貞節觀念的問題，學術界一直有所關注，但目前並未形成統一的結論，有觀點認為元代時期蒙古及部分少數民族的婚俗觀念，如「收繼婚」等對女性的守節觀念造成了一定的衝擊，因此當時的女性貞節觀其實是慢慢弱化的〔註15〕。但是根據李卓婭在《元代女性墓誌銘研究》一文中所展示的統計數字來看，元代的節婦數量比之前代有較大幅度的上漲，也就是說，當時女性的貞節觀念可能並非弱化，而是強化。作者認為其原因有三，一是來自元代社會的動亂，即我們所說的第一類節婦，在兵亂之時為保全自

〔註14〕李修生主編：《全元文》卷一六四一，第五十三冊，鳳凰出版社，2004年，頁537。

〔註15〕關於元代貞節觀是否強化的討論，詳見張延昭：《元代儒學教化研究》第四章，中國社會科學出版社，2015年。

身名節、尊嚴而結束生命；二是程朱理學對女性的教育以及生活中的耳濡目染，《謝節婦墓銘》一文中曾經提到過謝氏是出身儒家，在理學思想熏陶之下成長的女性，守節觀念要更強；三是旌表所帶來的利益刺激，研究表明，節婦的旌表制度在元代得到基本確立〔註16〕。

大約在至元年間，旌表節婦列女的行為就已經出現，後作為制度正式實行。其程序大致為：首先由中央「詔行」，其次由宗族、縣官等申報，然後各郡、州、府、路、省逐級上報，最後由禮部確認，批准下旌表：

> 婆之人知吾母行若是，縣儒士具實言於縣，縣下於鄉，加察考
> 焉，縣是以達於郡。郡復移於所居州，州明於禮部，然後悉如詔旨
> 旌於其鄉。（袁桷《侯母王夫人墓誌銘》）〔註17〕

而旌表節婦帶來的不僅僅是名號上的榮譽，更有一定的物質利益，因此求取旌表、互相攀比蔚然成風，地方豪族甚至以此逃避賦稅。有時真正能夠求得旌表的，除了一些確實為鄉里聞名的孝子節婦之外，往往也是一些世家大族，或是子孫為官的家族。

但或許正是因為旌表制度的出現，才會使得元代節婦在數字上遠超前代，一方面是戰亂、利益和理學所致，守節人數確實超過以往，另一方面，前代並無官方旌表制度，那麼很多節婦或許並不為人所知，因此在統計時無法計入其中，數字代表的只是留名文獻之中的節婦數量。戴良在《衛節婦墳記》中有言：「古者婦人不識廳屏，笑言不聞於鄰里，名不出其境，而善行止於閫以內。今節婦生則署其行以表焉，沒則紀其事以傳焉，不亦戾古之道乎？雖然世不古若，自公卿大夫無完節，而彼婦人者能之，則表而傳焉宜也，是亦道之熄也。」〔註18〕

在筆者看來，不少女性堅持守節，除了以上三點原因造成的貞節觀強化之外，更在於情感因素，即子女問題，很多女性丈夫去世時，兒女年紀較小，有些甚至在襁褓之中，而家中喪失成年勞動力，一旦改嫁，則子女生活缺乏

〔註16〕關於元代節婦旌表制度，詳見譚曉玲：《衝突與期許——元代女性社會角色與倫理觀念的思考》第四章（南開大學出版社，2009 年），作者認為元代的這一旌表制度在至元年間確定，後不斷補充完善，建立了審批、復審制度，奠定了明、清旌表制度的基本格局。

〔註17〕李修生主編：《全元文》卷七三八，第二十三冊，鳳凰出版社，2001 年，頁663。

〔註18〕李修生主編：《全元文》卷一六四〇，第五三冊，鳳凰出版社，2004 年，頁507。

保障，為了撫育兒女長大而選擇留下來的情況也是存在的。如同恕《任正卿妻曹節君墓誌銘》一文中，曹氏的公婆、夫君與小叔相繼去世時，長子只有七歲，「兩房五女，襟前裾後，族黨憂不能濟。」在這種情況下，選擇守節一方面是由於其可能受到貞節觀念的影響，另一方面也是因為幼子尚需撫育。《張節婦墓誌銘》中，張氏丈夫馬天祥去世時，兒子馬珍也才十幾歲。《蔡節婦夏氏墓誌銘》中，夏氏嫁入蔡家僅三年丈夫就去世，其子不超過兩歲，尚屬幼兒。因此，撫育子女對於女性來說，也是影響其守節的重要因素之一。

但是，這種貞節之風看似非常盛行的情況之下，其實難副。

> 三代盛時，詩書之教，非獨行之賢士大夫，雖至女婦之間，亦未始不加諸意。以故上而后妃，下而諸侯大夫之妻，與夫江漢、汝墳之婦，一皆以禮自防，見諸歌詠。去三代遠矣，內外之教舉廢，自賢士大夫固已鮮能知所自守，而況於女婦乎！（戴良《唐節婦姜氏墓誌銘》）〔註19〕

從這則材料中我們可以看出，在元代夫亡守節其實並不是一件普遍的事，反而改嫁才是社會主流。究其原因來看，一是在律法上，元代官方規定，只有朝廷封贈的命婦不許改嫁，因此女性守節在根本上只是一種道德行為，而並不是一種嚴格的制度；二是在生活上，孀居節婦雖然被免除賦稅，但是一般平民之家，失去了壯年勞動力，沒有了收入來源，生活自然窘迫，再加上元初戰亂未平，在生存問題面前，「餓死事小，失節事大」的道德要求似乎失去了約束力。《任正卿妻曹節君墓誌銘》中，曹氏與弟妹一起在家中守節：「始自謀曰：『農桑衣食之原，無田以給，口眾，非久計也。』盡斥奩具，買田南山下，課童婢耕蠶。」可以說，穩定的生活來源是支撐守節的重要因素，但是能像曹氏一樣斥奩具買田雇人耕種的畢竟是少數，對於大部分女性來說，守節生活是寂寞而清苦的，因此也有女性無法堅持，中途改嫁：「鄰有嫠婦，嘗相與誓死守義，後竟易其心。」（戴良《蔡節婦夏氏墓誌銘》）

三是女性娘家在改嫁問題上具有一定的話語權。《孔雀東南飛》中劉蘭芝由其兄改嫁他人的故事說明在當時孃家對於女性的婚嫁仍有一定的權力，到了元代雖然三從四德要求「夫死從子」，但若子女年幼，女性仍然會受到娘家影響，不少節婦在丈夫去世後娘家都有「欲奪其志」的行為，這表明娘家一

〔註19〕李修生主編：《全元文》卷一六四一，第五三冊，鳳凰出版社，2004 年，頁536。

開始也是支持改嫁的;《蔡節婦夏氏墓誌銘》中,夏氏嫁入蔡家三年,夫即死,父母兄弟憐其年壯而寡,欲令其改嫁,可見當時平民社會的主流傾向仍是改嫁而非守節。因此,出現「自兵戈離亂後,婦人守節者蓋不多見」〔註20〕這種現象並不奇怪。在這種情況下,墓碑文中「節」這一觀念的寫入,從根本上就是一種文人官吏宣揚節義、教化風俗的手段。

　　首先,從寫作時間來看,元代節婦墓碑大部分都寫作於元代中後期,即大德、延祐至順帝至正年間,前期只有兩篇。這是因為理學自南宋末年才為官方所尊崇,學術的傳播需要一定的時間,因而到了元代才慢慢顯現出來,前文所說的造成節婦數量上升的部分原因即此,再加上墓誌的寫作是要在墓主過世之後,所以具有一定的滯後性。另外,元代自至元後期,戰亂已平,基本進入了穩定恢復的階段,社會經濟得到發展,大部分百姓溫飽問題得以解決,「化風俗」一事也成為了眾多文人官吏的主要職責,尤其是地方官吏,教化民眾被看作是很重要的職責與政績。在這種情況下,理學所提倡的守節也成為了教化的主要內容之一,為節婦作傳立碑,廣而告之其德行事跡,正是其中一種方式。最旗幟鮮明地體現其教化作用的當屬曹裕《譚節婦碑》,前文提到過,譚節婦死於至元十四年(1277),而貞節之碑確實樹立,已經是其去世後六十六年之久的至正二年(1342),知事王克敬欲立貞節之碑,託曹裕作碑銘以記之。從文章內容來看,其寫作目的不過就是「表節義有著令,人倫風化與焉」,為了宣揚節義,以達到教化之用。譚節婦之死,是戰爭為女性帶來的悲劇,但對於後世文人官吏而言,不過是可稱嘆的對象、可樹立的道德模範罷了。我們再仔細思考,為什麼當地官吏要為一位已經去世六十餘年的女性作碑?從文章中看,既不是因為要重修大成殿,也不是因為譚節婦家人的原因,那麼難道這六十年間當地竟再未出現一位可資「稱頌」的節婦嗎?

　　再如王褘《謝節婦墓銘》,王褘慨嘆:「頃歲以來,天下大亂,彝倫之斁甚矣。自學士大夫猶不敢望其盡節,而況於女婦乎!當是時,謝氏乃能秉節以死,賢於人遠矣。」〔註21〕王褘作銘的目的,一是為好友,二則當時戰亂,其所強調的無非是要女性在遇險之時以死守節,但戰亂時,大夫士人尚不能

〔註20〕舒頔《二節婦傳》,李修生主編:《全元文》卷一六〇三,第五十二冊,鳳凰出版社,2004年,頁279。

〔註21〕李修生主編:《全元文》卷一六九二,第五五冊,鳳凰出版社,2004年,頁627。

盡守氣節，卻將希望寄託於女子之身，實在諷刺。虞集《孝子談君節婦廖夫人墓銘》一文，一家之內既有孝子又有節婦，可謂兩全，朝廷旌表其門，而虞集身在史館，以此執筆而作。通觀全篇，則內容無外乎在於宣揚「孝」與「節」，其目的則是為了宣揚「孝」、「節」，樹立道德模範，教化風俗之類。在這一層面來看，墓碑文的教化風氣功用可謂發揮到了極致。戴良的《唐節婦姜氏墓誌銘》一文也說明這一點，在文章中戴良自己也認為其寫作目的是宣揚教化，恢復禮制。

　　值得注意的是，守節的觀念並不僅僅對漢人女性具有約束，同樣也影響到了其他民族的女子，如馬祖常《故貞節贈容國夫人薩法禮氏碑銘》就是為一位回回女性所作。這位薩法禮夫人世居於闐，是花剌子模後裔，祖父雅老瓦赤，太宗時期曾被任命為中州斷事官，父親阿里伯是忽必烈藩邸舊人，後曾任宰相，正是前文我們所提到的死於阿合馬之手的阿里伯。從家世背景來看，薩法禮可謂出身世家大族，後嫁與帖木兒普化。夫君建功立業開疆拓土之時，夫人遵循婦道，為賢內助。隨夫入江南後，知民間疾苦，自抑貴習。或許因為家中祖父曾主管漢民之事，夫人似乎受儒家影響頗深，文中寫帖木兒普化去世時，「哭泣、喪服葬具有法。既有喪，亦不事塗澤，面髮殆如槁者。」後孀居守節二十六年，旌表「貞節」。再十年後，夫人去世，其子請追封容國夫人，由官方下詔作碑。薩法禮夫人與其夫容國公的合葬墓就在今南京溧水縣附近的韋家山上，清代光緒《溧水縣誌》中對此曾有所記載，但此墓後來被毀，墓碑也被砸碎，在文物普查時僅找到部分殘石，修復專家將原墓碑拓片拼接復原，今藏於溧水縣博物館，此碑在當地也被稱作「娘娘碑」〔註22〕。

　　除了專門為節婦所作的墓碑文之外，普通的墓碑文中也可見其對女性守節的讚美：

　　　　適廖之女兄未半年間寇虜其夫不歸，夫兄抑使改嫁，私受人聘。
　　女兄誓死不從，聘者高其義，不願彊婚而罷。蔬食箄笋，不釋喪服
　　一十七年，終于夫家。（吳澄《石城胡際叔妻徐氏墓表》）〔註23〕

〔註22〕關於此碑的詳細情況，可以參見吳大林、李厚發：《「娘娘」碑的由來與史實》（《江蘇文史資料》第71輯《溧水風情》）以及許婷婷：《溧水元代容國公容國夫人墓碑摭談》（《南京藝術學院學報（美術與設計版）》2008年06期）。
〔註23〕李修生主編：《全元文》卷五一三，第十五冊，鳳凰出版社，1999年，頁446。

暨康里公薨，屏居一室，稱未亡人，非歸寧不至門外。（吳澄《魯
國太夫人王氏墓誌銘》）〔註24〕

由此可見，「貞節」是元代墓碑文中評價女性的重要道德標準之一，也是
其所宣揚的重要觀念之一。

對於男性，人們同樣讚美其氣節。李源道《故宋文節先生謝公神道碑》
就是為南宋遺老謝枋得所作。至元二十三年（1286），程鉅夫薦宋遺士三十人，
謝枋得即在其中，數次徵召皆辭職，去世後門人為其題「文節先生」。謝枋得
曾於南宋寶祐年間薦於鄉，後試中禮部高等，因詆時宰閹臣而被抑為二甲第
一。因奸相黨國，履召不赴，閉門講學。宋軍戰敗，而謝枋得也家破人亡，但
其氣節高岸，拒仕二朝，所以以「文節」稱之，而且神道碑這一題名歷來為高
官所用，但為謝枋得所作的碑文也採用了「神道碑」的名稱，這也說明當時
人對於謝枋得的尊崇之意。再如楊維楨《高節先生墓銘》，墓主嚴侶生而有奇
氣，不仕舉業，宋亡後曾與謝翱於雪夜登西臺絕頂，祭酒慟哭，作楚客之歌；
《新安節士俞君墓誌銘》，俞士英家中為新安世族，至正年間兵亂四起，攜糧
詣義軍請其復婺源，然義軍敗走，士英率家中子侄及鄉中義勇之人與賊寇交
戰，力盡而死。李祁以「節士」之名稱呼俞世英，正表現了其節義之風。

由此可見，在元代墓碑文之中，節的體現是多樣的。這種對於節的提倡，
一方面是繼承了前代的道德觀念，對於貞節、氣節較為看重，另一方面則是
由於理學的興盛，對於女性貞節觀念的強調更勝以往，因此在文中也有所反
應，通過碑文的教化作用來宣揚「節」的觀念。

四、義

義，《康熙字典》有「《說卦傳》立人之道，曰仁與義。」早期的義是一種
哲學範疇，代表倫理、道德等含義，常常與仁相伴，稱為「仁義」。程朱理學
興起後，理學家們重視對於經書義理的闡發以及學術思想和社會實踐之間的
關係，也就是所謂的「格物致知」，因此「義」的含義，或者說是範疇也有所
變化，程顥提出了「以仁為義」的觀點，天理是義的來源，義理是社會倫理道
德的普遍原則，具體表現在夫婦、長幼、朋友等人倫關係之間，並且主張義
重於利；程頤所闡發的「義」則偏重於道德原則與行為規範角度，而朱熹則
進一步豐富了「義」的內涵，認為義就是「天理之所宜」，同時朱熹也強調義

〔註24〕李修生主編：《全元文》卷五一五，第十五冊，鳳凰出版社，1999 年，頁 492。

與知行之間的關係，即要正確處理理性與道德實踐之間的關係〔註25〕。墓碑文是以稱揚墓主德行為主要目的的文字，因此在碑文之中所強調的「義」多半還是指倫理道德層面上的一種實踐行為，而經過理學家的發展，其所包含的內容更加豐富，在元代墓碑文中，義的表現主要有以下幾方面：

一是在兵亂、饑荒等災難中全活他人。如《義士周光遠墓誌銘》〔註26〕，墓主周顯，少時遊龍虎山，後父親去世，居喪盡禮；所居之地百姓困於重斂，秋季饑荒，以家中米糧賑災鄉里；江南創行包銀法，周顯以其困民而率父老泣拜使者，後免除。再如《胡義士墓表》〔註27〕，墓主胡元祚所居之地多賊寇，濫殺無辜，胡元祚散家財，集鄉里壯丁，起為義兵，退盜寇。

元代人對於這種「全活他人」之事是非常看重的，這大約是因為元初時先後滅金、南宋，兵亂頻發，而戰爭也帶來了饑荒、賊寇等問題，使得民不聊生，而能於此時襄助他人之人，必為有義之士，這種「義」也是三不朽中「德」的一種，是值得書寫入碑文之中的，如：

> 世之言陰德者必曰活千人。夫一日而活千人誠未易能也，而力有不逮其心者矣。若以歲以年不怠，則朝之一二，暮之四三，有萬且億而不可知。（劉將孫《歸來阡表》）〔註28〕

> 再世樹德，傾身出口，活人於大難，其豐報蓋有以也！（袁桷《武義將軍梁公神道碑》）〔註29〕

> 傳曰：「活千人者有後。」元帥生逢末世，手搏鬥諸盜，以完黔首者眾矣，奚啻千人哉！則其後碩大昌熾，遭遇聖明以成其名、以顯其親者，揆之于天道何疑焉！（馬祖常《敕賜御史中丞趙公先德碑銘》）〔註30〕

〔註25〕關於程朱理學對於「義」範疇的發展，可參見李亞信：《程朱理學的「義」範疇研究》，山東大學碩士學位論文，2015年。
〔註26〕李修生主編：《全元文》卷一四〇五，第四十五冊，鳳凰出版社，2004年，頁335。
〔註27〕李修生主編：《全元文》卷一五七〇，第五十一冊，鳳凰出版社，2004年，頁328。
〔註28〕李修生主編：《全元文》卷六四〇，第二十冊，鳳凰出版社，2000年，頁423。
〔註29〕李修生主編：《全元文》卷七三三，第二十三冊，鳳凰出版社，2001年，頁570。
〔註30〕李修生主編：《全元文》卷一〇三九，第三十二冊，鳳凰出版社，2004年，頁459。

一般認為，在戰亂之際全活他人者，是在積累自己的「陰德」，這種「陰德」在人死後會有「陽報」到其子孫頭上，保祐子孫成材。

二是平時多方賙濟他人，如為貧者贈藥，興建義塾等。《義士吳公墓銘》〔註31〕中的墓主吳森，不喜仕進，而好風雅。曾出資田建義塾供鄉里子弟進學，又興建衢路千百丈，死者則施棺槨，病者則送醫藥，不分親疏而賙濟他人，後連訪司旌表為「義士」，晚年疾病，遺令家人免除種戶所積欠三千餘石之米糧。再如《故義士呂公墓誌銘》〔註32〕的墓主呂良佐，以及《義士吳先生墓誌銘》〔註33〕的墓主吳轍，皆與之相似。蕭𡑋《故孝義張君墓碣銘》〔註34〕也是這類作品，墓主張貴生於金代承安年間，家中以醫術聞名，曾有言「人命所繫至重」。貞祐南渡，又逢饑荒，張貴與父母弟妹逃難，弟妹又不幸散失。戰事初歇，張貴攜父母迴歸故居，營生業。有盜欲搶其粟米，張貴稱必誓死為雙親護米，因此，盜取一半而走。又訪求宗族，有貧而不能葬者為其棺斂，後聽聞弟妹為人所俘，以金帛贖出，骨肉相聚。寓居河東，收養四孤女，擇婿嫁之。逃難之時曾為人所擄，有主帥欲坑殺老者而以壯年充軍，張貴乞求以身代死，哀號感人，遂免。

上述這些墓主，大多都是以其德行過人而載於墓碑之中，他們或者樂於助人，惠及鄉人，或者全活他人，救命無數，稱其為「義士」絲毫不為過。

在以上我們提到的「忠孝節義」這些道德觀念之中，忠是與君的關係，孝是與家族長輩的關係，忠、孝仍然是作為主體的存在，而孝、悌、節、義等則是在此基礎上對於自身以及對待他人的關係。那麼，為什麼要在墓碑文中強調這些道德觀念呢？

葛兆光在《中國思想史》中曾經提到過關於宋代皇帝與中央政府曾經試圖以權力推進生活倫理與道德秩序之事，包括禁淫祀、巫風，興建學校，倡導儒家禮制，這一行為自北宋開始，直至南宋年間一直延續。事實上，這種禁淫祀、巫風的行為自魏晉就已經出現，但是到了宋代，官方極力壟斷這種對於祭祀的權力，將具有道德缺陷的神靈撤換，士大夫更是以興道德教化、

〔註31〕李修生主編：《全元文》卷五九八，第十九冊，鳳凰出版社，2000年，頁264。

〔註32〕李修生主編：《全元文》卷一三一七，第四十二冊，鳳凰出版社，2004年，頁63。

〔註33〕李修生主編：《全元文》卷一三五〇，第四十三冊，鳳凰出版社，2004年，頁277。

〔註34〕李修生主編：《全元文》卷三九八，第十一冊，鳳凰出版社，1999年，頁783。

同風俗為己任，人們逐漸以官方推行的社會道德為準則，使其成為百姓之中的普遍道德、倫理規範。〔註35〕

到了元代，這種行為也得到了繼承。從官方來看，理學成為了官方所肯定的學術。元人取代宋王朝，以何種文化思想來統治漢地是其所面臨的一個大問題，宗教雖然傳播廣泛，但是在千年傳承的儒家文化面前，很顯然完全行不通，而早在忽必烈為藩王之時，就已經在其身邊集結了一批儒士，為其出謀劃策。選擇理學，則有其必然條件所在。但是對於大部份民眾而言，理學仍是一種學術而非日常，倘若想要在百姓之間流傳，勢必要進行世俗化、普及化的改革。陳谷嘉在《元代理學倫理思想研究》〔註36〕中就曾經提及元代將理學世俗化的方式，一是將經學世俗化，二就是將倫理道德學說作為突破口，進行普及。在元代，無論士大夫或是地方官吏，均以「興教化」為己任，而除了以祭祀、雜劇等形式來進行傳播之外，立碑作銘也是教化風俗的一項重要內容，將官方所提倡的忠孝節義等道德觀念通過立碑作銘、表彰模範的方式來廣而告之，使得這種道德倫理規範逐漸深入人心。而無論元代墓碑文文體、寫作手法有何變化，以「忠孝節義」為主的道德觀念依然作為思想內涵貫穿於整個元代墓碑文的發展之中，這一方面是傳統道德觀念的延續性發展，人們對於這種思想觀念有所繼承；另一方面將這種觀念寫入墓碑中，樹立於各地，更便於統治者宣揚這種「忠孝節義」的思想，教化百姓。

第二節　元代墓碑文中的生死觀

墓碑文是連接生者與墓主之間的一種媒介，文章中的墓主是死者，而作者是生者，因此墓碑文又可以被看做是生者與死者之間的一種對話，沒有哪種文體比墓碑文更適合抒發作者對於生死觀念的看法，元人也不例外。生與死歷來是人們所關涉的主題，倘使從現代科學的角度來看，死亡是人生所必然走向的終點，任何人都沒有辦法對此進行改變，但倘若從傳統的哲學與宗教學中來看，生死又是一種觀念、一種心態，其內涵包括人們如何看待生死、面對生死、超越生死，而死亡後的世界又是怎樣的，究其本質而言，這種生死觀念其實是為了使人們在面對生命與死亡時能夠獲得心靈與精神的慰藉，

〔註35〕葛兆光：《中國思想史》，復旦大學出版社，2013 年，頁 225。
〔註36〕詳見陳谷嘉：《元代理學倫理思想研究》，湖南大學出版社，2010 年。

但它也反映出了當時人們對於人與自然、生命之間的理解與思考。

　　死亡是強大的，也是不可避免的，無論是大權在握的帝王將相，亦或是為生計奔波的販夫走卒，所有人都不可能逃脫出死亡的最終點，面對死亡，人們無疑是有所畏懼的，而越是恐懼死亡，人們對「生」越是看重，這種「重生而畏死」的觀念在古代社會中一直佔據主流。在北朝的碑誌作品中，常常會流露出人們對於「生」與「長壽」的渴望與追求，具體表現在文章中對於長壽的讚美以及墓主功業未成而去世的惋惜遺憾等方面〔註 37〕。這種對於壽數與長生的渴望在元代依然存在，趙孟頫在《程氏先塋之碑》中對於程氏家族的長壽表示了欣羨，並將這種長壽的原因歸結為先代的「積善」。在為兒童取名時，人們往往也會使用與「壽」有關的字眼，如《武寧軍節度使夾谷公神道碑》中，墓主夾谷土剌的侄孫就叫做「壽童」，這與當時兒童多有早夭的情況有一定關係，長輩以「壽」為子孫命名，無非也是希望子孫能夠壽數綿長。

　　除了「重生」，人們對於「死」還有畏懼與厭惡，為了能夠不去直面死亡，在書面文章中經常避免直接使用「死」這一字眼，而是使用很多替代性的字詞，如「薨」「逝」「卒」等等，誠然這些字詞所產生的背後也有早期禮制對於等級的嚴格區分，雖然這種等級限制在後世逐漸模糊，字詞的使用也逐漸超越了等級的限制，但人們對於死亡的畏懼與迴避依然如故：

　　　　過家，以疾卒，實庚子八月二十八日也，年三十有五。麾下莫
　　不流涕感惜。娶劉氏，靈壽大族也，後公二十二年卒。（魏初《總押
　　七路兵馬邸公神道碑》）〔註 38〕

　　　　沐浴衣冠，就枕而逝，享年六十有七。（元明善《嘉定路總管奧
　　屯公神道碑銘》）〔註 39〕

　　　　其年秋七月，竟以疾薨於位，春秋六十有九。（王惲《大元故大
　　名路宣差李公神道碑銘》）〔註 40〕

因此，如何面對死亡，如何克服對於死亡的畏懼，對元人來說也是一個非常重要的命題。

〔註 37〕魏宏利：《北朝碑誌文研究》，西北大學博士學位論文，2008 年。
〔註 38〕李修生主編：《全元文》卷二六七，第八冊，鳳凰出版社，1998 年，頁 485。
〔註 39〕李修生主編：《全元文》卷七六二，第二四冊，鳳凰出版社，2001 年，頁 388。
〔註 40〕李修生主編：《全元文》卷一八四，第六冊，鳳凰出版社，1998 年，頁 399。

一、傳統的儒家生死觀

儒家對於生命的所有觀念都建立在同一個基礎之上，即「以道德為本」，孟子將「人」與「仁」等同，說明儒家對於人的理解是立足於道德角度的，無論是支持「性本善」還是「性本惡」，其本質都在於強調人在生時要以道德來進行修養，因此儒家所強調的仍然是「生時」而非「死後」，他們並不執著於死亡。對於生死的問題，他們主張通過「生」來了解「死」，孔子就曾有「未知生，焉知死」之言，知生方能知死。一方面，儒家學者們更重視「生」的價值，反對輕生與草率赴死；另一方面，他們也將生死與道德價值相結合，主張生而踐行道德，死而為道義才算是「正命」。儒家的生死觀念中更重視生前的行為以及面對生死的態度，但是對於死亡以後的世界則罕有說明，不過儒家也在精神上追求超越死亡，其方式就是通過功、德、言的不朽來進行死亡的超越〔註41〕。

（一）生死有命

孔子在《論語·顏淵》中曾經提到過「死生有命，富貴在天」，這一「生死有命」的觀念一直影響著後人，在元代這一觀念也依然盛行，人們認為生、死、離、合乃是由天命所定，並非偶然，也非人力可以更改，因此在強大的天命面前，渺小的人類只能，也必須學會接受。王義山在《先妣壙記》中有曾感嘆其母之死：「死生離合，固不偶然也。」〔註42〕王母聶氏的娘家與夫家在當時皆是興旺之族，其子孫也多有出仕者，最後於八十四歲時壽終正寢，對其子來說，倘若要為聶氏的死來找出一個原因，那也只能是「天命」了。

在死亡面前，人們是渺小的，既然無法改變現實，但要為死亡找出依據，便只能認為這是「命」所定的生死，通過用「生死有命」這種說法來說服自己接受生死離別的現實，死去的人已經消逝，活下來的人則要更好地生活。陸文圭在《縉雲縣主簿朱君墓誌銘》《故稅使陳君壙誌》《俞時齊墓誌銘》三篇墓碑文中均以墓主之口說出來「死生，命也」這樣的語句，這是墓主在臨終之前對於子孫的教誨，也是他們為自己的死亡所找到的理由，是說服自己也是說服子孫，而他們能夠「知命」的原因在於其生前的修生養性、積累德行，由於死於「正命」，因此墓主們也並不對死亡感到遺憾，而是能夠坦然地去面

〔註41〕 關於儒家的生死觀念的討論，可參見張英：《傳統儒家生死觀研究》（黑龍江大學博士學位論文，2007 年）、陳戰國、強昱：《超越生死——中國傳統文化中的生死智慧》（河南大學出版社，2004 年）等。

〔註42〕 李修生主編：《全元文》卷八七，第三冊，鳳凰出版社，1997 年，頁 192。

對、接受死亡。可以看出，孔子這種「死生有命」的思想對元人影響也是很深的，而這種影響也並不僅僅局限在漢人士子之內，甚至連高麗人都對這一觀念持認同，李穡在《文僖柳公墓誌銘》中就載有墓主柳淑所言「生死有命，固當順受」，可以看出這一觀念影響之廣。

孟子也繼承了孔子的這一思想，並將死亡分為「正命」與「非正命」兩種：「盡其道而死者，正命也；桎梏死者，非正命也。」〔註43〕按照孟子的解釋，所謂「正命」是要盡其道而死，怎樣算是盡其道呢？通俗來說，就是生時修養其身，壽終正寢，死於正命者往往被認為是順應天道、積累福德之人，而死於畏（兵戈）、死於桎梏（刑罰）、死於巖牆之下（處境危險），都屬於死於非命，戴表元在其《安陽胡氏考妣墓誌銘》中就提到，不以正命而死則無顏面對父母妻子。

無論「正命」或是「非命」，都是「天命」，既然生死是由天命所決定的，人們只能順受，但以何種心態來面對死亡的來臨，也是需要探討的問題，孔子面對死亡的態度是達觀，元人也多強調要以淡然的態度來面對生死，視死生為去來、為晝夜、如雨霽，不為之惑亂，不為之憂懼。前文我們曾提到過王義山的《稼村自墓誌銘》，文中有言：「余最愛杜樊川諸君子自誌其墓，彼直以死生為晝夜耳。」〔註44〕杜牧年五十，以星辰看命認為自己壽數將至，為自己撰寫墓誌，其視生死坦然如此，也令後人欽佩。元人對於這種看淡生死的態度也有所繼承：

> 觀君於死生之際，瞭然無所惑亂。（黃溍《松溪縣丞王君墓誌
> 銘》）〔註45〕

> 死生如去來，人之恒理，何憂懼之有？（元好問《尚書右丞耶
> 律公神道碑》）〔註46〕

> 參悟死生，如雨日霽。（黃仲元《歐陽君厚墓誌銘》）〔註47〕

只有看淡生死，人們才不會為生命的逐漸流逝而感到恐懼與憂慮，在死亡來臨的時候，也可以坦然、從容地面對，這就是元人所主張的「生死有命」。

〔註43〕〔清〕焦循：《孟子正義》，沈文倬點校，中華書局，1987 年，頁 880。
〔註44〕李修生主編：《全元文》卷八七，第二冊，鳳凰出版社，1997 年，頁 194。
〔註45〕李修生主編：《全元文》卷九八四，第三十冊，鳳凰出版社，2004 年，頁 498。
〔註46〕李修生主編：《全元文》卷四三，第一冊，鳳凰出版社，1997 年，頁 688。
〔註47〕李修生主編：《全元文》卷二六二，第八冊，鳳凰出版社，1998 年，頁 390。

（二）生死義利之辨

生死義利之間的關係，歷來是儒家學者辯論的重點之一。孔子有云：「志士仁人，無求生以害仁，有殺身以成仁。」〔註48〕孔子強調，當仁與生死發生衝突時，應選擇仁而舍生忘死。孟子也提及過義與生之間的關係：「生，亦我所欲也；義，亦我所欲也，二者不可得兼，舍生而取義者也。生亦我所欲，所欲有甚於生者，故不為苟得也；死亦我所惡，所惡有甚於死者，故患有所不辟也。」〔註49〕在孟子看來，義與生死之間發生衝突時，要舍生取義。因此，傳統的儒家觀念是重義而輕生死的，這也與儒家學說的道德基礎有關係。這種重義而輕生死的觀念在元代墓碑文中也隨處可見：

> 先大夫履正奉公，惟義所載，死生禍福，無所顧藉。（元好問《朝
> 列大夫同知河間府事張公墓表》）〔註50〕

> 公天資雅重，自律為甚嚴，而其待人者寬以約，交分一定，死
> 生禍福不少變。（元好問《內相文獻楊公神道碑銘》）〔註51〕

> 雅重然諾，顧義所在，雖死生以之。（王惲《大元故蒙溪先生張
> 君墓碣銘》）〔註52〕

但是，儒家同樣反對為意气輕率赴死。漢代司馬遷在《報任少卿書》中提出了死有輕於鴻毛、重於泰山之說，區別在於人的死亡是否有价值。元好問在其《恒州刺史馬君神道碑》一文就討論了這個問題，在他看來，死要有其價值所在，生死之際唯有仁人志士才能做到死得其所，求仁得仁，而不是以一死而求得千載之名。墓主馬慶祥雖為俘虜但以身殉國，為國而死，正算是死得其所。這種反對輕率赴死的觀念在其他文章中也有所體現：

> 其死生義利，胸中權衡素定，決非奮不慮死徼取美名者。（王惲
> 《大元故懷遠大將軍萬戶唐公死事碑銘》）〔註53〕

在元好問看來，輕率赴死以博取所謂的「美名」是一種愚蠢的行為，為義而死，才是真正的死得其所。

〔註48〕〔春秋〕孔子：《論語》，〔魏〕何晏集解，〔宋〕邢昺疏，清阮元校刻《十三
經註疏》本，中華書局，2009 年，頁 5468。
〔註49〕〔清〕焦循：《孟子正義》卷二三，沈文倬點校，中華書局，1987 年，頁 783。
〔註50〕李修生主編：《全元文》卷二八，第一冊，鳳凰出版社，1997 年，頁 469。
〔註51〕李修生主編：《全元文》卷二九，第一冊，鳳凰出版社，1997 年，頁 474。
〔註52〕李修生主編：《全元文》卷一九三，第六冊，鳳凰出版社，1998 年，頁 537。
〔註53〕李修生主編：《全元文》卷一八八，第六冊，鳳凰出版社，1998 年，頁 462。

（三）超越生死的不朽觀念

在緒論部份我們曾經提到過，墓碑文的產生與「三不朽」的價值觀有著密切的聯繫，「三不朽」最早在《左傳》中被提出，即「立德、立功、立言」三種，因為三不朽的價值觀念與儒家傳統的、追求自身道德修養的觀念具有內在的一致性，因此儒家學說對於三不朽的觀念也很重視。到了漢代，司馬遷也提出，君子所貴之事即立德、立功、立言。墓碑之文，昭行而旌德，正是三不朽價值觀念的最好載體，而三不朽也是人們創作墓碑的最終目的之一。三不朽的觀念，在一定程度上解決了儒家學說所罕及的「死後」世界的問題，三不朽強調的是肉體雖然消亡，但是人生前所建立的功德、所流傳的言辭都能夠超越生死而永存於世，因此這是一種在精神上超越生死的觀念。

早期的「不朽」觀念一般只針對貴族階級而言，但是隨著墓碑文的發展，其所使用的對象逐漸由貴族階級擴展為官吏乃至平民，《濟寧李氏祖塋碑》曾有言：

> 近世習俗，祖、考既葬，不問貴賤，皆為之立碑。人有疑而見問者，曰：「禮歟？」余應之曰：「禮也。」夫碑碣固同，而立□之意各異。□閥之家，不止軒冕焜燿，有大功德，可以上衛國而下庇民，子孫榮之，於是為神道碑；其次德行文章，顯然為時聞人，慮其湮沒於世，則有墓表、墓誌紀其實，以貽不朽，二者古今皆然。〔註54〕

從這段話我們可以看出，立碑已經成為一種「不問貴賤」皆可的行為，而三不朽的具體指稱也有所變化，其內涵的範圍逐漸擴大，所謂的「立德、立功、立言」不再僅僅指為國家、百姓做出極大功勳之人，而是有德行或是有文章存世之人，這種德行的範圍也愈加寬泛：

> 夫立德、立功、立言三者而有一焉，皆足以不朽。公之曾大父遂初先生，不朽人也。事高孝光廟，以姜特立之召□□丞相，出范村不能挽，得疾而終。公之伯父木石先生，不朽人也，事理廟，以丁大全擊董丞相，擅勢威虐，上疏訟之，由是去國不起。名節家傳，不但以文章照耀天下。公好學嗜古，恬退雅淡，所存詩雖不多，而句之佳者多，自足似為立言之不朽者矣。（方回《跋尤冰療詩》）〔註55〕

〔註54〕閻鳳梧主編：《全遼金文》，山西古籍出版社，2002年，頁1994～1996。
〔註55〕李修生主編：《全元文》卷二一六，第七冊，鳳凰出版社，1998年，頁184。

平定天下、治理地方是功德，因此為文臣武將作碑是三不朽；而孝悌友愛、全活他人、高風亮節也是德行，因此為孝子、節婦、義士、隱逸作碑也是三不朽；而有學問、能作文也算是立言的一種，因此為文人學者作碑依然是三不朽的體現。這種對於墓主生平事蹟的記錄其實就是將其所行之事、所立之功、所著之書、所撰之文載於碑上，以圖不朽。

元代的墓碑文也繼承了前人這種三不朽的價值觀，親人好友去世後，延請名家大儒為其作碑銘，就是為了記錄其生平德行，以達到「不朽」的目的。

如劉敏中《故行中書省參議裴公神道碑銘》：「嗚呼！以公之才氣，使返而假之年，其功業所至蓋未可量。而遂止於是，良可惜哉。雖然，始以早歲自達青雲，遇知九重，登貴四品，終之效命絕域，得王臣匪躬之節，生固足以為榮，死亦足以不朽矣。」〔註56〕墓主裴國佐為世祖所稱「俊才」，三十五歲即登四品之官，本可有無限前程，但因出使日本，回程之時遇暴風，英年早逝，不過其德政惠民，剷除奸佞，在劉敏中看來，其生為榮耀而死為不朽。

這類例子在元代墓碑文中也有不少：

> 聞之諸公，謂吾子紀述國來名卿賢大夫言行，以傳不朽。（元好問《順安縣令趙公墓碑》）〔註57〕

> 今襄事有日，思得當世立言之士敘德撰銘，將以誌諸冥寞，用圖不朽，庶幾少慰罔極之恩。（李庭《元朝故洵州三河縣令兼鎮撫軍民李公墓誌銘》）〔註58〕

> 嗚呼！古人有言：養生不足以當大事，唯送死可以當大事。若元帥綦公者，生則致其榮養，歿則極其悲哀。以舊墳頗隘，則增大而新之，既增大而新之，則又發揮潛德，勒銘豐碑，昭示後世，以為不朽之計。（王磐《綦公元帥先塋之碑》）〔註59〕

從這些材料來看，「三不朽」的觀念在元代依然盛行，人們相信，為自己的親人立碑作銘，將其生平事蹟記錄於碑文之內，就能令其言行功德永傳於世，是為不朽，而所謂的德行，也從早期的大功勳逐漸演變成了以「忠孝節義」為主的道德品行。

〔註56〕李修生主編：《全元文》卷三九八，第十一冊，鳳凰出版社，1999年，頁554。
〔註57〕李修生主編：《全元文》卷三一，第一冊，鳳凰出版社，1997年，頁504。
〔註58〕李修生主編：《全元文》卷五五，第二冊，鳳凰出版社，1997年，頁154。
〔註59〕李修生主編：《全元文》卷六二，第二冊，鳳凰出版社，1997年，頁266。

二、宗教思想中的生死觀

　　除了傳統的儒家生死觀念外，宗教思想同樣影響了人們對生死的看法。道家傳統主張趨利避害、珍惜生命，老子認為一切身外之物都沒有人的生命重要，因此要「惜身」「避禍」，同時也「畏死」，只有愛惜生命的人才能避開死亡的危險，而儒家的「三不朽」並不能超越生命的局限，反而會損害其本真。庄子繼承並發展了老子的這種觀念，他認為生命的本質是自由的，人世間的生死、貧富、貴賤、功名等等對於生命的自由是一種限制，想要獲得自由，就要能夠去除這種對世俗的執著，從而獲得超脫。同時，莊子提出「生死如一」的理論，強調生與死二者相互聯繫，可以自由轉換，且生死具有同一性，莊子消除了生死之間的矛盾，由此克服了死亡的挑戰，從生死的困惑中解脫出來。然而，道家與儒家在實現現世價值的理論中又持有相同的態度，二者都主張將人生價值的實現放在「此岸」世界，注重現實生活，而非追求不可知的彼岸。〔註60〕然而隨著時間的推移，儒、道兩家關於生死的思想觀念也在互相影響，我們在元代的墓碑文中也可以找到相關線索：

　　　　視人世之死生，猶旦夜與陰陽。（王博文《棲真子李尊師墓碑》）
　　〔註61〕

　　　　死生常事，夫何畏焉？（何道寧《終南山重陽萬壽宮無欲觀妙
　　真人李公本行碑》）〔註62〕

從上面兩則材料可以看出，與儒家相同，道家也主張將生死看成一種自然而平常的事情，如晝夜、陰陽，並強調人們不應該畏懼死亡。元代的道教，尤其是全真教，都主張看淡生死，但這並不意味著他們不在乎「生死」的問題，相反，道教主張通過精神與肉體上的修行來獲得永生，這種永生並不僅僅指靈魂或者說是精神上的永生，而是包含了肉體，危素《桂先生碑》中，墓主桂義方的族人桂公武是修道之人，其下葬後，家人在半夜聽到異動，第二天晨起時去墓旁查看，才發現棺中已空，棺中為空，這就說明桂公武的肉體與他的精神一同，並非隕滅，而是得道，也就是道教所提到的「羽化成仙」的境界，再如：

　　　　大抵以虛無為宗，以謙慈為門，以靜功為日用，以行化為雲遊，

〔註60〕路曉軍：《中國傳統文化的生死觀》，《求索》，2004 年 06 期。
〔註61〕李修生主編：《全元文》卷一四〇，第五冊，鳳凰出版社，1997 年，頁 102。
〔註62〕李修生主編：《全元文》卷二四七，第八冊，鳳凰出版社，1998 年，頁 54。

以菲薄為性分，以死生為夢幻，以萬物為遊塵野馬，以鈞天清都為
歸宿之所。(高鳴《張鏈陽先生碑銘》)〔註63〕

這篇碑文中，張鏈陽就是通過修習道法得以羽化，最後將死生視作夢幻，到
達「鈞天清都」，從而達到了永生。再如王惲為全真掌教尹志平所作的碑銘，
尹志平死前沐浴衣冠，書頌而逝，可見其明了死生之事，其頌曰：「觀化八
十三歲，澹薄全真活計，臨行踏破虛空，開放光明無際。」〔註64〕從這一
頌言來看，對尹志平來說，在淡泊世間之事後，死亡對於他來說是一種踏破
虛空、一種超脫，超越了死亡，就會達到「光明無際」的未來，達到所謂的
「道」。

由此可見，道教是主張要超越「死亡」獲得超脫的。齋醮也是一種重要
的方式。齋醮是道教獨有的一種儀式，人們認為，通過齋醮可以超度亡靈，
使死者得到精神的解脫與超越。《通玄大師李君墓碑》中就記錄了李大方奉旨
祈嗣設大醮之事，其時萬鶴下臨，百官表賀，文人贊詠，百姓之家設醮之事
也時有發生，可見齋醮在當時是非常普遍的一種儀式，這也反映了生者對於
死者的一種期許：希望往生之人可以獲得靈魂的超脫，而不為死亡所束縛。

此外，與老子反對儒家「三不朽」不同，元代道家也講求死後不朽：

至元癸酉秋重陽日，提點吳志恒每念練師燻陶切磋之惠，思而
不忘，丐予為文，用刻貞石，以垂不朽。(李道謙《終南山圓明真人
李練師道行碑》)〔註65〕

乃暨門弟子眾人等，謀為不朽計，狀其師平昔所行之大概，請
文於予，將刻之石。(李鼎《沖虛大師于公墓碣銘》)〔註66〕

立碑作銘本身就是儒家追求超越生死達到不朽的方式，而元代也開始興起為
道人作「道行碑」，這或許說明，道家的生死觀在發展過程中漸漸受到了儒家
思想的影響，而非一成不變的。

同儒、道兩家相同，元代的佛教也主張將生死之事視若自然：

至元三十一年正月十九日，師示微恙，會下明□問疾，師云但
飲食不調，□對眾從容談笑自若。至二十四日寅末，喚侍者修遺書，

〔註63〕李修生主編：《全元文》卷六八，第二冊，鳳凰出版社，1997年，頁420。
〔註64〕李修生主編：《全元文》卷一八九，第六冊，鳳凰出版社，1998年，頁485。
〔註65〕李修生主編：《全元文》卷一一六，第三冊，鳳凰出版社，1997年，頁484。
〔註66〕李修生主編：《全元文》卷二八五，第九冊，鳳凰出版社，1998年，頁61。

封印付囑行李別監崔洪。旦振身端坐，舉揚《華嚴經》十地品，俄頃泊然而逝。色貌鮮白，三日不改，大地遍白。（金晅《高麗弘真國尊塔銘》）〔註67〕

自古以來，佛教對生死持「無常」「無我」的態度，他們認為生命的本質是一種痛苦的過程，人也不例外，所有的生命都要在六道之中不斷輪迴而不會消亡，除非達到涅槃境界，才能夠擺脫這種痛苦，而涅槃的達成就要靠不斷的修行。佛教主張人要破除「我執」，獲得超脫生死的真實自我，使人能夠從生、死矛盾中解脫出來，達到涅槃境界，禪宗雖然與以往的佛教有所區別，但是他們也承認佛教「超越生死」的根本宗旨，只不過對此的理解有所不同，禪宗在面對生死問題上也一如既往地講求「悟」，悟是為了讓人能夠恢復本心，生死只是人生中的一種迷悟，參透生死之後，人就恢復了本心，這才是涅槃，正所謂「迷時有生死，悟了無生死，迷時是生死，悟了是涅槃」〔註68〕。

在元代，一般禪師在圓寂前都會留有偈詩或偈語，如楊維楨《靜庵法師塔銘》中，法師臨去之前，留下偈語：「七九六十三，光陰一指彈。浩歌歸去來，清天月如水。」〔註69〕再如《和公大禪師塔記》一文中有：「生死去來猶空花水月，何足為訝。」〔註70〕從這些詩文中我們可以看出，佛教也主張將生死看做順其自然的事，生生死死猶如空花水月，只有參悟生死、超越生死，才能獲得精神上的超脫，這種對於生死的參悟與超越正是禪宗所強調的生死觀念，這一觀念在元代佛教中也是較為普遍的。虞集《鐵關禪師塔銘》中，禪師死前留有佛偈：「本無來去，一句全提。紅霞穿碧落，白日繞須彌。」〔註71〕後一句詩則是引用了宋代道禪師的一首詩，「相見不揚眉，君東我亦西。紅霞穿碧落，白日繞須彌」〔註72〕，意指其已看到得道成佛之後的光輝之景。來去皆空，唯有了悟一切，得道成佛，才能看到彼岸的未來。

再如《玉案祖師雪菴塔銘》，雪菴禪師圓寂之前有曰：「人世幻軀，如露

〔註67〕李修生主編：《全元文》卷四五一，第十三冊，鳳凰出版社，1999 年，頁 158。

〔註68〕陳戰國、強昱：《超越生死──中國傳統文化中的生死智慧》，河南大學出版社，2004 年。

〔註69〕李修生主編：《全元文》卷一三二八，第四二冊，鳳凰出版社，2004 年，頁 281。

〔註70〕李修生主編：《全元文》卷一二，第一冊，鳳凰出版社，1997 年，頁 237。

〔註71〕李修生主編：《全元文》卷八六二，第二七冊，鳳凰出版社，2004 年，頁 104。

〔註72〕〔宋〕普濟：《五燈會元》卷十五，蘇淵雷點校，《中國佛教典籍選刊》，中華書局，1984 年，頁 971。

電泡影，一切生滅，亦須如是。禪教定慧，汝曹勉之。道豈從吾往也？」〔註73〕又有偈語：「昨日天寒雪凍，今朝滿林風雨。正時臨時到來，撒手還鄉歸去。」〔註74〕前一句中的「人世幻軀，如露電泡影」很明顯是源自佛教經典《金剛經》，其喻意就是以金剛斬破眾生之妄念，達到智慧彼岸。生、老、病、死是人類必然面臨的困境，人們想要長生不老，想要追名逐利，由此則會產生心靈上的「妄念」，妄念使得人們產生種種不安，由此限制了心靈的自由，這是人類痛苦的根本所在。如何解決這種對於生死名利的困惑，是人們要面對的重要問題。在佛教看來，「凡所有相，皆是虛妄」，所有外在的這些生死名利都是虛妄，只有擺脫這些虛妄，不受外物為役才可以迴歸本真，因此要做到遠離慾望無所奢求，並通過布施等方式來修行，以獲得般若這種大智慧，從而達到超越，獲得本心的清淨與心靈的自由狀態。〔註75〕《金剛經》所反映出的超越心靈，就是要人們看淡生死苦痛，獲得心靈的自由，元代佛教所強調的生死觀念與其具有一致性。

又如《無一禪師塔銘》，禪師圓寂之前對眾人笑曰：「何天而非吾夜旦，何地而非吾遊戲之場耶？吾其逝乎！」〔註76〕再如《崑山薦嚴寺竺元禪師塔銘》，竺元禪師臨去之前書偈：「佛壽八十，我多九年。世間情盡，寂滅現前。」〔註77〕二位禪師皆是將世間的情感苦痛生死等一切看作為虛無，才能獲得生命的超脫。

佛、道兩教這種「超脫式」生死觀念在當時影響還是較大的，柳貫在《盧氏母碣銘》中曾經提到：「予惟杭故俗，家有喪，用浮屠老氏之法，建壇場，設齋祠，歌唄作樂，越月踰時。」〔註78〕壇場齋祠，歌唄作樂，這種對於宗教喪葬方式的認可正是代表生者希望且認為死亡對於死者來說是一種生命的超越與升華。

〔註73〕李修生主編：《全元文》卷一四三八，第四六冊，鳳凰出版社，2004 年，頁534。

〔註74〕李修生主編：《全元文》卷一四三八，第四六冊，鳳凰出版社，2004 年，頁534。

〔註75〕關於《金剛經》中的生死觀念分析，詳可見韓傳強：《生存與超越——論〈金剛經〉之終極關懷》，《佛學研究》，2008 年 02 期。

〔註76〕李修生主編：《全元文》卷一一四四，第三六冊，鳳凰出版社，2004 年，頁189。

〔註77〕李修生主編：《全元文》卷九七三，第三十冊，鳳凰出版社，2004 年，頁268。

〔註78〕李修生主編：《全元文》卷八〇〇，第二五冊，鳳凰出版社，2001 年，頁399。

　　總的來看，元代墓碑文中所反映出的生死觀念主要來自儒、釋、道三家，這三家看法有同有異，相同之處在於都強調要看淡生死，但不同之處在於，儒家認為人的生死是由「命」來決定的，而人生中也有比生死更重要的——義，在生死與義發生衝突時，義要排在生死之前；人死之後，並非是完全消失，人們也可以通過某種方式來達到一種物質與精神上的不朽，這種方式就是立碑作銘，留存青史。與儒家不同，佛、道兩家則主張死亡是一種獲得心靈解放的超脫方式，因此要將生死視作平常。對於道家來說，他們的思想從原先的「畏死」「避禍」轉變為了看淡生死，獲得超越；對與佛家來說，人們只要通過修行破除對於生死等等的妄念，參悟生死，就可以獲得般若，達到涅槃。